# 你因灵魂被爱：张爱玲传

THE SKETCH OF ZHANG AILING

闫红 著

CNS PUBLISHING & MEDIA 中南出版传媒
湖南文艺出版社 HUNAN LITERATURE AND ART PUBLISHING HOUSE
博集天卷 CS-BOOKY

**图书在版编目（CIP）数据**

你因灵魂被爱：张爱玲传 / 闫红著．—长沙：湖南文艺出版社，2014.10
ISBN 978-7-5404-6858-3

Ⅰ.①你… Ⅱ.①闫… Ⅲ.①张爱玲（1920~1995）—传记 Ⅳ.①K825.6

中国版本图书馆CIP数据核字（2014）第197517号



**上架建议：畅销·人物传记**

**你因灵魂被爱：张爱玲传**

作　　者：闫　红
出 版 人：刘清华
责任编辑：薛　健　刘诗哲
监　　制：蔡明菲　潘　良
特约策划：董晓磊
特约编辑：刘　筝
营销支持：尤艺潼
封面设计：壹诺设计
版式设计：李　洁
出版发行：湖南文艺出版社
（长沙市雨花区东二环一段508号　邮编：410014）
网　　址：www.hnwy.net
印　　刷：北京嘉业印刷厂
经　　销：新华书店
开　　本：880mm×1230mm 1/32
字　　数：228 千字
印　　张：10.5
版　　次：2014年10月第1版
印　　次：2014年10月第1次印刷
书　　号：ISBN 978-7-5404-6858-3
定　　价：36.00 元
（若有质量问题，请致电质量监督电话：010-84409925）

自序
Preface

# 没有人比张爱玲更适合为民国女子代言

胡兰成的文章写得花哨，随便说个什么事，都要请来天王菩萨各路神仙护法，力证他的境界有多么高。还常常一连串的“连”“亦”并用，文白夹杂加上浙中土话，显得特别古雅。但也有较真的人上来追究，一追究，就现了原形。

即便如此，也不得不承认，他长于观察与概括，比如，他说张爱玲是“民国女子”，这个词看似普通，但实在找不出第二个词来替代。也没有人比张爱玲更适合为“民国女子”代言，短发旗袍的背影鱼贯而过，终寂灭成旧时代的底纹，唯有她从内到外是全新的，从不曾被时代的洪流裹卷拖拽。

像萧红，恋了一场又一场，起初也热烈如飞蛾扑火，一旦遭遇磨难，便说："……都是因为我是个女人。"以新时代的姿态开场，最终却要躲进旧时代的说头里，纵然有大才，那种妥协与依赖，并不脱旧女子的窠臼。

张爱玲却不同，纵然欢喜到"从尘埃里开出花来"，她也不曾放任自己在爱情里沦陷。当胡兰成向她求婚，她清楚明确地说："我现在不想结婚。过几年我会去找你。"她知道他必将穷途末路，她的想象中，他们的未来不过是战败他逃到边城时，她去找他，他们在昏黄的油灯影里重逢。"与君同舟渡，达岸各自归"，她并不当他是自己的归宿。

不管是对胡兰成，还是对其他人，张爱玲都不说抛弃。因为，没有人可以弃她。她对胡兰成的诧异怨恨，不过是因为没想到他是这样没底线。《今生今世》的华美叙述，被《小团圆》一一剥离，只剩一把骨架，傲然遗世，形销骨立。

和桑弧的爱情亦是如此，她希望能够跟他到白头，想跟他过小日子，但现实明晃晃地摆在眼前，荒芜亮白如赤地千里。换成别人，很可能以新式的两情相悦开头，以旧式的死缠烂打结尾，变成怨偶，变成观众嘴里的八卦狗血桥段。只有张爱玲，她审慎地、独立地、有尊严地面对她的爱情，聚也好，散也罢，她从来，也没有向人群索要过同情。

我想象中的民国女子，就该是这样，像她那张照片，扬眉，孤高，以血肉之躯去迎向风起云涌，即便有伤痛，也不会向外界，向所有怯懦的陈词滥调求援。她的所有说法，都是从自己的内心生长出来的，从这个角度看，张爱玲也是超越时代的。

据说作家的每部作品，都是他（她）的自传，换言之，作家的人生，亦可当成作家的另一部作品，这或许是我不惮担了八卦的名声，去挖掘张爱玲的每一段恋情的原因，她情事里的起承转合，如她笔下的白纸黑字一样精彩，那是张爱玲在小说之外更值得回味的存在。在她的欢喜与悲伤之间游走，你会发现她，也会遇到自己。

这本书，也梳理了张爱玲和父母、姑姑、弟弟、炎樱，乃至她不曾见面的祖父母的关系，即便有些人只是睡在她的血液里，有些人只能和她共青春，但没有他们，就没有这样的一个张爱玲，与他们在一起的日子，终成她灵魂的养分。

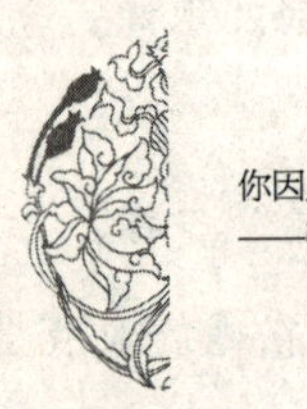

你因灵魂被爱

——张爱玲传

# 目录

Contents

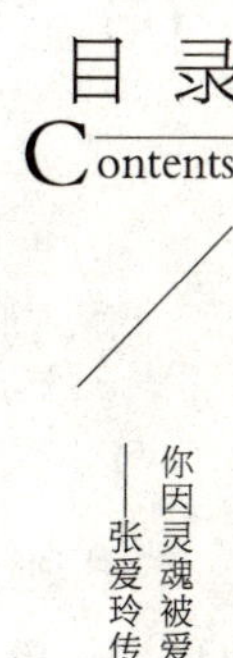

“生活自有它的花纹，我们只能描摹”，张爱玲如是说，“源于生活，高于生活”，这应该是傅雷的文学主张。张爱玲是一个窥视者，探身望一望，最多嘴角挂一抹冷嘲，一切留给读者去感受；傅雷则是亲自上场，给那些人排队，好坏分明，他要么是激赏，要么是批判。



于是，我们看到，张爱玲打碎了胡兰成，打碎了母亲与姑姑，打碎了“荀桦”，也打碎了她自己。若不是在那样的心境下，张爱玲回忆“荀桦”时，会不会也能闪烁一丝“故人别来无恙乎”的温存呢？



没有哪一种爱不是百孔千疮的。这句话在张爱玲总结她和母亲的关系时出现，问题是，百孔千疮的爱也是爱啊，也能够温暖人心。作为资深张粉，我对她最不赞成的，就是她这种感情上的完美主义。她一向反对文艺腔，可是，我得说，她对于完美整齐的感情的追求，实在是太文艺腔的一件事。



张爱玲的父母，一个过时得让人叹息，一个新锐得让人侧目，但是，正是有了这太旧的父亲，和太新的母亲，正是触及灵魂地感受到两种思想的交融与碰撞，撕扯与挣扎，才会诞生如此绝世而独立的张爱玲。她立于时代之上，不被成说牵制，不随潮流而动，孤独地固执地揭示人性的幽微之处，她的文字，也因此如河底美玉，几经时间之水的洗涤，愈加璀璨。

NO 01

# 佛朗士，
# 也许他是张爱玲的初恋



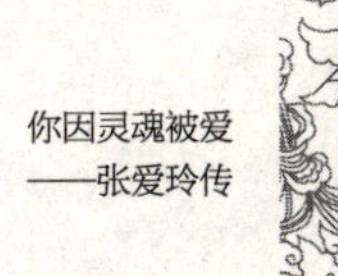

若是他稍露一丝温柔，这段情谊也就立即混浊，也许，她的内心就要“像给针扎了一样”。

不是所有的“喜欢”都要落到实处，变成一幕把肉麻当有趣的对手戏，有些“喜欢”只是为了经过。

许多年前就听说有《滚滚红尘》这部电影，三毛做编剧，以张爱玲的故事为原型，我很想看。但当时的小城，电影院几乎要改成录像厅，翻来覆去放映的都是香港武打片，张艺谋的电影都要公映大半年后才能看到，文艺片基本绝迹，当然看不到。

连剧本也难觅，人民广场上就两家书摊，我也没听说有剧本出版。只能无望地期待着，期待有一天，我能够混入文学圈，有一个阿里巴巴的宝库向我打开，我想看什么都能看到。

到现在我也没能混入文学圈，但网络给草根提供了一切可能，当我终于能够从网上下载这部电影时，内心的欢欣自不待言，但它却在两分钟之内将我骇住。

我看见女主角的初恋情人在楼下咆哮，对老地主一般的女方家长说，等我发了财一定回来抢你的女儿。这句台词要多low（低端）有多low，能跟这样的人寻死觅活地恋爱，他的心上人也高明不到哪儿去。我说寻死觅活，还真是实指，因为接下来，女主角掷物撞墙一通未果后，居然，拿了个玻璃片割腕自杀了，鲜血拖了很长。

这让我想起张爱玲最信得过的朋友庄信正的回忆，当他和张爱玲谈及三毛自杀时，张爱玲说，她怎么就死了。他听出了不以为然之意。

张爱玲是不会自杀的，她也不会刻意和穷小子恋爱，那些惊天动地迎合大众审美的事，她都不会干。相对于三毛热衷于将自己往浪漫唯美里扮，她更喜欢自黑，不但清楚地告诉我们，她是因为家常口角被父亲囚禁，还说，她从父亲那里逃出来之前，认真地考虑过，她母亲没钱，父亲有钱，但父亲的钱不见得就给她花，还耽误了最好的求学时间，权衡了利弊之后，她才从父亲家里逃出去，逃到马路上之后，她还冷静地和三轮车夫谈了会儿价格。

像这样一个真实警醒的人，怎么会闹那样荒唐的恋情，即使是初恋也不可以。张爱玲的初恋自有她的烙印，现实、缄默，却有大的震动与疼痛，是她比一般人都要匆匆然的青春里，最为温暖而又残酷的事件。

那时她已经去了香港大学读书，离从父亲家逃出来又有好一段日子了。有一天，她母亲来看她，她见到母亲总觉得尴尬，从上海到香港，她母亲在她面前永远像个债主。

"'我懊悔从前小心看护你的伤寒症，'她告诉我，'我宁愿看你死，不愿看你活着使你自己处处受痛苦。'"这是《天才梦》里的一段。初看时觉得她母亲是在开玩笑而张爱玲是自嘲，因为她生活能力差，让她母亲十分不满。到了《小团圆》，我们才知道，她母亲给她形成的压力是如此巨大。她的出逃，使得她母亲不得不为了她留在中国，与外国男友分手；在她生了重病时，她母亲冲进病房，对她吼：“你活着就是害人。”

我知道在这里我犯了一个错误，我把《小团圆》和张爱玲的真实生活等同了。把张爱玲与小说里的盛九莉等同了。但《小团圆》里，除了有些部分她刻意做了技术处理之外，都有太多的蛛丝马迹证明，在这部小说里，她实现了自己最为推崇的写实主义。她给宋淇的信里也说：“我在《小团圆》里讲到自己也很不客气，这种地方总是自己来揭发的好。当然也并不是否定自己。”

且说那个还未长成的盛九莉，也就是张爱玲，她满心抱歉，但也没有办法，她拿不出什么来对她母亲证明她的存在是有意义的。在上海时，她跑到楼顶上，“西班牙式的白墙在蓝天上割出断然的条与块。仰脸向着当头的烈日，我觉得我是赤裸裸的站在天底下了，被裁判着像一切的惶惑的未成年的人，困于过度的自夸与自鄙。”

在香港她唯有拘谨地沉默，就是在这关键的节点上，盛九莉收到一个邮包，里面是一些面额大小不等的钞票，一共八百块。是一个名叫安竹斯的老师寄来的。

安竹斯附了一封信，说知道她没有拿到奖学金，这是他自己给她的一笔小奖学金，如果明年她能保持这样的成绩，相信她一定能够得到奖学金。

没有像张爱玲那样，经历过母亲催债般的压力的人，很难想象那个女孩的震动与欢喜。她说，这是一张生存许可证。除了金钱的现实意义外，她还可以拿去给母亲看，以证明，她的存在，不像母亲以为的那样。

当然，也是因为那寄钱的人是可爱的人，不然就会像个猥琐的陷阱。在《小团圆》里，安竹斯是英国籍的历史教师，出身剑桥，水平很高，但只是个讲师。不愿意住校内，宁可骑很远的车去校外。他的形象是：砖红的脸总带着几分酒意。

十分的名士派。

张爱玲的散文《烬余录》里也有他，叫作佛朗士，是英国籍的历史教授，也不住校内，最重要的是，最后也和安竹斯一样，应征入伍，作为后备军死去。这是后话。只说在《烬余录》里的佛朗士，造房子养猪，家里不装电灯也不用自来水，不赞成物质文明。唯一的一辆破汽车是给用人赶集买菜的。他“有孩子似的肉红脸，磁蓝眼睛，伸出来的圆下巴，头发已经稀了，颈上系一块暗败的蓝字宁绸作为领带”。

那篇文章里没有提到他和自己的关系，所以张爱玲像介绍路人甲那样介绍他：

> 佛朗士是一个豁达的人，彻底地中国化，中国字写得不错，（就是不大知道笔划的先后），爱喝酒，曾经和中国教授们一同游广州，到一个名声不大好的尼庵去看小尼姑。

但是她的这句话曾让我暗自诧异：“他研究历史很有独到的见地。官样文字被他耍着花腔一念，便显得非常滑稽，我们从他那里得到一点历史的亲切感和扼要的世界观，可以从他那里学到的还有很多很多，可是他死了——最无名目的死。”

张爱玲像这样赞扬过谁？写胡适都很节制，在炎樱跟她说胡博士不如林语堂有名时，张爱玲替他辩解说，外国人不了解现代中国，不知道五四运动的影响。言下之意，是把胡适当成五四运动的代表人物来看重的。她认同胡适是偶像，长得像古铜像，脚下有黏脚土，算是极高的评价，但还是来得太正式，没有多少私人感情。

她读书不会觉得有不可亵渎的经典，看人也不会有圣人，在圣玛丽女校读中学的时候，她写打油诗拿老师开涮，险些不能毕业。起点太高的她眼高于顶，再喜欢也耻于赞扬，像“可以从他那里学到的还有很多很多”这种话，实在超出了她的底线，她一生也只这样说过这一个人。

她这样崇拜他，他又是对她这样欣赏与照顾，要是放到琼瑶笔下，马上奔着《窗外》的路子去了。但安竹斯不是那种多情的男教师，他虽然独身，但对盛九莉并没有额外的感情，除了提问时拿她当撒手锏震慑那些答不出来的同学，他也没有表现得特别喜欢她，甚至更愿意跟别的女学生开玩笑。但正是这种“不喜欢”，使得他们的交往格外清洁，她也只有收到这样一个人的钱，才会满心欢喜。

张爱玲曾说，爱一个人能爱到跟他拿零花钱的程度，那是很严格的考验。就张爱玲的性格而言，收一个人的钱而不感到压力，那也说明她是真的喜欢他。

她说那钱：“存到银行里都还有点舍不得，再提出来也是别的钞票了。这是世界上最值钱的钱。”

她把那钱拿给她母亲看，第一次在她母亲面前如此有底气吧，她都庆幸她母亲当天喊她去，她一分钟也不能忍。

就是那样佯作镇定地呈到母亲面前，她母亲没怎么说话，过了一会儿，才让她搁下，就打发她回去了。

她坐立不安地等了两天，再去她母亲住的酒店，听说，那八百块钱，已经被她母亲轻描淡写地在牌桌上输掉了。

我不知道她母亲为何单单要拿这笔钱出来赌，也许她只是凑巧手边没钱，拿来挪用一下，但更主要的是，她母亲虽然貌似浪漫，有过很多情人，内心却粗糙乃至粗鄙，她没有能力理解一个女孩子内心最为温软的感情。

盛九莉说她就此对母亲死了心，但当时她还是反应不过来，她母亲叫她不要写信，要去安竹斯那里面谢，她也就听从了。安竹斯是可想而知的不耐烦，她自己也尴尬，说了几句话就告辞出来，这也符合他二人的做派。

他的名士派注定他不喜欢故事，不喜欢任何煽情的情节，也只有这样的他，会为她所喜欢。若是他稍露一丝温柔，这段情谊也就立即混浊，也许，她的内心就要“像给针扎了一样”。

不是所有的“喜欢”都要落到实处，变成一幕把肉麻当有趣的对手戏，有些“喜欢”只是为了经过。所以，你发给我奖学金很好，你的不耐烦也很好，若是太平盛世，就这样在我心里留个影子，留个一般人不能挑战的高度也很好，可是，战争来了，它成全了白流苏和范柳原，却让你，死了。

《烬余录》里介绍，战争发生后，英籍教师都应征入伍，佛朗士也在其中，每逢志愿军操演，他总是拖着长腔说：“下礼拜一不能同你们见面了，孩子们，我要去练武功。”然后，他被自己人枪杀了，他在黄昏里回军营去，保持着习惯性的若有所思，“没听见哨兵的吆喝，哨兵就放了枪”。

听上去非常荒谬，但荒谬是他所喜欢的，所以，也还好。

张爱玲在《烬余录》里写这些非常节制，她只说“一个好先生，一个好人。人类的浪费……”，还是像说路人甲。她根本不敢认真写他，因为她那么喜欢他，喜欢到连这喜欢都像亵渎，跟自己说都是错。

写《小团圆》，是几十年以后的事了，下笔要用力得多。当盛九莉的女同学告诉她安竹斯先生死去的消息时，她的第一反应竟然是占有欲爆发，觉得你才来几天啊，就知道什么安竹斯先生了。她继续洗袜子，抽泣，流不出泪来的抽泣，抽了半天才迸出几滴痛泪——

> 本来总还好像以为有一天可以对他解释，其实有什么可解释的？但是现在一阵凉风，是一扇沉重的石门缓缓关上了。

她要跟他解释什么呢？那八百块钱的去向？还是其他她一直不能说出来的话？她并不欠他什么话，但是有一份喜欢在那里，在将来，她就有对他说点什么的义务，不管那要说出来的是什么。

她还想开玩笑，用玩笑抵挡疼痛，所以她突然抬起头来，“在心里对楼上说：‘你待我太好了。其实停止考试就行了，不用把老师也杀掉。’”这是她对上帝说的。

这是世界上最伤心的黑色幽默。我觉得她爱他。

历来写女学生爱慕男教师的小说很多，比如我前面提到的《窗外》，还有亦舒的《人淡如菊》，不胜枚举。但所有的那些，都太落了痕迹，为了故事而故事，最后弄到不能收场。张爱玲的这段往事，好在那份真实与淡然，悠然而现，悠然而去，只留下淡远的影迹，影响她的一生。一直到胡兰成时代，他的影子都在。

有过这样一种恋情的她，看到《滚滚红尘》里那种哭着喊着要私奔要自杀的桥段，自然不忍卒睹。最后，自杀的是三毛，不是她，这种选择，也许是从一开始就注定了。

NO 02

# 胡兰成：谁不曾爱过个把人渣

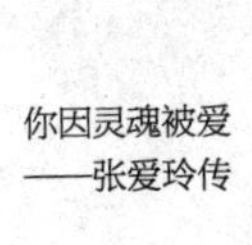

即使你有着钻石般锐利的眼神，能够穿越万事万物的外壳，你仍然逃不出自己的宿命。想要在一个男人面前展现作为女人的千娇百媚，你就必须忽略掉那些小小的bug（缺陷），装作视而不见，径直走向自己的目的地。

## 1. 人生若只如初见

1943年，10月，南京。敲下这些词，眼前的屏幕也有些恍惚，隔了时间沙，天地忽然黑白，旧电影的清灰，记忆里的物是人非，一漾一漾地闪动着，绰约得看不分明。

这部怀旧电影的第一场，是一个男人坐在院子里的藤椅上，落叶缓缓下坠，带得时光也优柔起来，其中一片金色的叶子，落在旁边茶几上搁着的一摞杂志上。他随手抽出一本，封面上题了大大的两个字"天地"，是一位名叫冯和仪的女士寄来的样刊，发刊词也是这位冯女士写的，他无可无不可地看了，继续朝下翻，有一篇叫《封锁》。

他看了一两段，不由自主地坐直，这姿势维持到把整篇小说看完，然后又翻回来，重看。他看了一遍又一遍，又向朋友推荐，朋友也说很好，他仍然觉得不足，因为那一声"好"太平淡，可以给所有事物，而这个小说的“好”，在一切事物之外。

这个名叫胡兰成的男子于是写信跟冯和仪——笔名叫苏青的编辑打听，苏青说，作者是个女子。那句大抒情的感叹就是这会儿冒出来的，胡兰成说：“我只觉世上但凡有一句话，一件事，是关于张爱玲的，便皆成为好。”

这是胡兰成所描述的他和张爱玲的开头，在《今生今世》里。许多年后，《小团圆》里也写到这一段，却凶猛很多。认识很久之后，汉奸高官邵之雍对女作家盛九莉说：“你这名字脂粉气很重，也不像笔名，我想着不知道是不是男人化名。如果是男人，也要去找他，所有能发生的关系都要发生。”

邵之雍是胡兰成，盛九莉是张爱玲。

胡兰成看到的，到底是怎样一篇小说，让这个人到中年的男子如此激动？以下是它的内容梗概：

银行里的会计师吕宗桢，和大学女教员吴翠远，都是普通意义上的好人，你把这个“好人”翻译成“凡人”也可以。那个毫无预兆的下午，他们凑巧上了同一辆公交车，遇上了封锁。

“封锁”，是张爱玲所处的乱世经常发生的形象，《色·戒》中，王佳芝暴露之后，封锁开始了，有人扯着根绳子拦断了街，行人与车辆在此止步。吴翠远和吕宗桢遇到的这场封锁不知有什么内情，总之，将他们较长久地置于一个封闭的空间里了。

吕宗桢原本坐在车厢另一端，突然看见一个厌烦的人，慌不择路，挪到吴翠远的旁边。但那人还是看到了他，吕宗桢干脆把一只胳膊放在吴翠远身后的窗户上，让对方以为他搭上新欢而尴尬避开。

吴翠远有足够的理由反感这突然冒出的轻浮男子，然而她没有，她的脸上甚至有着忍不住的笑意，男人的轻度冒犯，会让女人发现自己的可爱。他跟她搭话，献殷勤，眼角的余光却在瞥另外一个人，那个人果然识趣地走了，从小说中抽身而退，把剩下的世界交给偶遇的这一对男女。

吕宗桢并不喜欢这萍水相逢的女人，她太白，太规整，跟他太相似，一个“好人”不会被另一个“好人”诱惑。但就算打发封锁的时间也好，何况还有另一种刺激——他发现，自己原来也可以“这样”，即使是对一个兴趣缺缺的女人“这样”。

他跟她抱怨他的妻子，痛说革命家史，但还是带出了心底的一点儿诚意来。又说他们银行里的人际纠纷，家里怎样闹口舌，他的秘密的悲哀，读书时代的志愿……无休无歇的话，可是她并不嫌烦。他发现了她的善解人意，她温柔的美，他看着她的脸，像一朵淡淡几笔的白描牡丹花，额角上两三根吹乱的短发，便是风中的花蕊。吴翠远的脸红了，他们恋爱了。

吴翠远的爱，来自寂寞，吴翠远的寂寞，缘于她是一个好女人。她的世界，被一个“好”字包围着，像那城堡里的睡美人，必须等待着一个王子冲进来，把洁净的、无辜的她吻醒。但是王子不来，她也看透那只是个童话，周围的人还要让她自欺欺人地把公主扮演下去，她早就不耐烦了。

在公交车上，与一个来路不明的男子邂逅并恋爱，这当然是不好的，但不好的东西，是对那个“好世界”的冲撞，更真实、更生动、更有诱惑力。就像张爱玲曾经写过的单车上的少年，在冲向人群的一瞬间突然松开车把，人生的可爱常常就在那一撒手之间，吴翠远立定心意，要挑衅她烂熟的那个规整的社会。

他跟她要电话号码，她说得飞快，以此考验他的爱情，就在他手忙脚乱地掏自来水笔准备记下的时候，封锁解除了，电车当当当地朝前开去了。而吕宗桢一弹而起，就像他最初突兀地出现在吴翠远眼前一样，又突兀地消失了。

吴翠远以为他下车了，自顾自地想象下一节：假如他打来电话——就在这时，她看见吕宗桢遥遥地坐在原先的位子上，他没下车，和吴翠远的一场恋爱，只是封锁中的一个插曲，一个不近情理的梦，梦已经结束，他也该走了。

吴翠远和吕宗桢，都是凡俗男女，却不能完全收起渴望传奇的心，一点点不甘，朝着轰轰烈烈的人生的些微试探，成就了这场电车上的艳遇。然而，当时间的封锁取消，不再是那样绝对的暂时，而重新进入无尽的过去与将来时，他们也任凭红尘淹没，不做挣扎。

胡兰成跟吕宗桢的相似之处是，人到中年，渴望传奇，愿意在平凡时日里搅上一些浪漫，但骨子里是现实的。张爱玲准确地刻画出了这类男子的情态，胡兰成激赏的背后，是他的潜意识看到了镜中的自己。

一切就这样开始了。

## 2. 江山，美人，荡子

胡兰成，浙江嵊县（现名嵊州）胡村人，父亲是茶叶店里的帮工，母亲是寻常村妇。在他的笔下，父亲豁达慷慨而母亲平静和悦，俩人闲时对坐小饮，举案齐眉，若一对不老的金童玉女。

他这话说得漂亮，但拨开华丽字眼，从字缝里看真相，原来他祖上也曾“阔”过，到他父亲这里开始潦倒，家中长年累月地欠债，直到胡兰成后来做了“高官”（胡兰成自言）才还清。

艰难生计里，金童玉女也是要打架的，两人打得从楼梯上滚下来。胡兰成说，他的母亲恼父亲，为的是父亲家里的事情不管，到外面去管闲事。说起父亲管闲事这一桩，胡兰成也有点儿啼笑皆非，说是叫人真不知道怎样说他才好，经常出力不讨好。

比如说吧，一个邻居打官司，胡老爹跑前跑后，倒贴旅费诉讼费陪人家告状，好不容易打完了官司，那位邻居的老婆却不领情，因为一场官司打下来，开销倒大于所得，那女人就很怨怼，嘀嘀咕咕抱怨个不休，胡老爹听了也无话，只有默然惭愧而已。

怪哉！胡老爹又没有占到什么便宜，分明就是一个乐善好施的活菩萨啊，就算愚妇人只顾眼前利益瞎嚷嚷几句，他也大可以不放在心上，先贤早准备了现成的两句话“岂能尽如人意，但求无愧我心”，胡老爹惭愧个什么劲呢？

如果我们只是把胡老爹看成一热心肠，那就是把他想简单了，他的惭愧，是因为冒充了一次“人物”。

胡兰成说，别人家打官司，为人家调和的人是由乡绅充任的，轿进轿出，鲁迅先生的小说《离婚》中，那位调和爱姑离婚事件的七大人，就是个实例。他的缎子马褂闪闪发光，脑门上也像抹了猪油似的发亮，更不用说手里把玩的那件珍贵无比的“屁塞”，成功地隔开了他与普通民众的距离。所以，他一个喷嚏就能吓得泼悍的爱姑心脏一停，他一发话别人不敢不从。

这种“管闲事”的调和人，是中国乡村社会民间自治中的一环，由有身份地位压得住阵势的人充当，胡老爹向往这样的角色，虽然没有金刚钻，也想揽那瓷器活，于是，这勉为其难的充任就带了几分尴尬，但他老人家却乐此不疲，难怪胡兰成他娘要跟他从楼上打到楼下来。

这样的一幕，其实可以入周星驰的电影，一个小人物荒诞的野心与辛酸。

胡老爹这类人物，我曾在乡下多次见着，虽然不无猥琐狼狈，但确实有本分人不能及的见识与胆气，他们的尴尬亦因心气和环境不能相容，若换一个出身，也许还真能干出一番事业。

胡兰成随他爹。读了几年书，胡兰成也不能像普通小知识分子那样，找个糊口的工作，谨小慎微地守着，辛苦着委屈着，一辈子过完了。一个“荡子”的志向要远大得多，他在杭州邮电局找到了第一份工作，薪水也尚可，却凭着年轻气盛，随随便便就与上司闹翻了。天下如此广大，世界有无限可能，他一路借钱做路费，由杭州，经上海，还到北京做了一阵子北漂，在燕京大学的副校长室弄了份抄写员的差使，后来又辗转于南宁、百色、柳州各地，做中学教员。

凭着一股劲，他从浙江乡下来到外面的大世界，野心时时蠢动，自卑忽而泛起，眼花缭乱的物质生活，传说中三头六臂的“人物”，化作风云万千，劈面而来，径直迎上去的他，是一无所有的。

在燕京大学，他很荣幸地认识了一个名叫卿汝楫的人，此人虽不过是个学生，但是一直追随李大钊，早早成了一个优秀的革命者。李大钊被张作霖杀害后，此君的处境甚是危险，有事必须出校门时，胡兰成总是守在身边，想着万一遇上什么事，自己可以挺身相代。

听上去，胡兰成有热忱，大无畏，但我对于其真实性却很有些怀疑。多年后，他的红颜知己周训德受他连累入狱，他也说要挺身而出的，但思虑千百转，还是以一个无奈的姿势作罢。起初的激烈，与其说是慷慨，不如说他爱这种戏剧化的姿态，两条长袖一甩，可以让激情来得虎虎生风。

在意念中对这卿汝楫的“以身相许”，也有这种表演成分，牺牲小我，成就大业，历史的舞台上从来不缺少类似的戏码，而胡兰成生平酷爱各种舞台腔，弄个什么，都要拿诗词歌赋里的人与事做比。

另一方面，浩荡的江湖里，他是渺小的，渺小到只有牺牲才能吸引大众的眼球。他后来还跟卿汝楫说要刺杀张作霖，近乎大话欺人，就凭他这手无寸铁未经训练的文弱书生，即使张作霖就在眼前，估计也不知如何下手，所以卿汝楫只淡然道，那可用不着。胡兰成又说，我因佩服他，才没有舍身。

他到底是否因此没有舍身且不论，一个初涉江湖的小青年的自卑与野心，在这样一番心理活动中却表现得淋漓尽致。

那些年，他如片羽飞蓬，在世间辗转，看人眉高眼低，贫困如影随形。20世纪30年代初，他妻子玉凤死去，留下一岁半的小女儿棣云，因付不起保姆费，小女婴患上了奶痨，葬在母亲身边。

就是在他出道之后——两篇文章被《中华日报》赏识，邀他出任主笔之初，口袋里也没几个大钱。续娶的妻子待产，他得充任家庭妇男，洗衣做饭加带孩子，蹲在后门口的风地里生炉子。好容易小儿出世，却患上了肺炎，他到处借贷，一无所获，只能眼睁睁地看着婴孩来这世上二十天，便殓入小棺木中。

胡兰成写到这些，仍然喜欢天上地下七拉八扯，他习惯于粉饰苦难，把自己打扮成苦界中拈花而笑的君子，但真的不痛吗？我不相信。胡兰成曾自言年轻的时候，常习惯地默念一个“杀”字，潜意识里有戾气。

一开始，他并不是汪精卫的宠臣，“艳电”发表之后，胡兰成想了一想，决定还是跟着他。难得“汪先生”对他如此赏识，月薪六十元虽然不多，可那年月兵荒马乱的，另谋个生计也不易，胡兰成并没有太多选择。

他从小地方出来跑江湖，残羹冷炙，磕磕绊绊，好在脸皮足够厚，寄人篱下也能“端然”（这是胡兰成最喜欢用的一个词，出处在后面有介绍），但总归是无奈，好容易弄到这么个位置，老大看上去还很赏识自己，怎么舍得离开呢？

胡兰成的跟随，换回老大的恩典，汪精卫给他加薪了，从六十加到了三百六，隔三岔五，还给发个一千两千的“机密费”。汪老大给钱很有特点，喜欢从内室里面掏出一摞大钞，甩在小弟跟前，这场景，可以参看《龙城岁月》《旺角黑夜》之类的黑帮片。胡兰成却也有他的一种解释，说汪先生这样给钱，透出民间人家对朋友的一种亲切。汪太太倒是个会说话的，对胡兰成说，你就当汪先生是你兄长，我是你姐姐，按年龄我也做得你姐姐。胡兰成当时没接腔，很有成色的样子，只是在多年后顺手写进了回忆录。

经常看见有人一说起胡兰成，就说汉奸高官云云，言下之意，倒是张爱玲傍了他。殊不知他听说张爱玲是在1943年，两人相识于1944年，这时胡兰成跟了汪精卫不过四五年，每月薪水三百六十元，也就是一个金领的水准，加上那一千两千的，去掉开销，估计也就刚刚完成原始积累，开始脱贫致富奔小康。

而这貌似平淡的世间，隐藏着无尽的繁华富贵，文明与智慧的积累，深不可测，任你已然人模狗样，它冷冷一瞥，就能把你打回原形。新发迹的人，心里是没底的，胡兰成的所谓高官，在张爱玲那样不动声色的高贵面前，马上还原成一个“死跑龙套的”。在他遇到张爱玲之前，连艳羡都不敢有，他找不到大门，甚至找不到踪迹。

遇到张爱玲之后，才开始一切皆有可能。

## 3. 胡兰成和苏青

还没等胡兰成跟张爱玲见面，他就因为“政见”与汪精卫不和，干脆“越级”直接去勾搭日本人。汪精卫大为不满，把他投进了监狱。胡兰成说，后来张爱玲告诉他，那期间，她曾和苏青去周佛海家为他说情，胡兰成后来听张爱玲说起，连连叹她幼稚，他跟周佛海就不是一派的。

别管汉奸们都有哪些派系了，只说矜持到以热心肠为耻的张爱玲，为什么要去周佛海家为胡兰成说情？她怎么就知道有胡兰成这么一个热心粉丝？

《小团圆》里，张爱玲写道，女作家盛九莉告诉她的女友比比，有人在杂志上写了个评论夸赞自己，然后编辑写信告诉她，那人被关进监狱了。她是当成个笑话说给女友听的，笑这乱世的翻云覆雨。她没有告诉比比，编辑把那评论的清样寄给她，雪白的纸上有大字朱批，线装书一般美，她舍不得寄回去。

她还想去救他出狱。

书里没说，她只是想去，还是真的去了。但我严重怀疑她只是那么一想，她的行动力没有那么强吧，而且她说，她鄙视年轻人的梦。

最后是日本人把他救出来的。

胡兰成说：“及我去上海，一下火车即去寻苏青。苏青很高兴，从她的办公室陪我上街吃蛋炒饭，随后到她的寓所。我问起张爱玲，她说张爱玲不见人的。问她要张爱玲的地址，她亦迟疑了一回才写给我，是静安寺赫德路口一九二号公寓六楼六五室。”

这一段也简洁，但我看着总想在某个句号后加点什么。被胡兰成刻意省略掉的那些话，苏青替他写出来了。她用了化名，却也有明眼人看明白了：

> 《续结婚十年》中第十一章《黄昏的来客》，写了原型是胡兰成的“谈维明”来到苏青房间，胡兰成是撰文赞扬过苏青的，苏青对他很有好感。这位“谈维明”在苏青面前大谈鲁思纯（陶亢德）、潘子美（柳雨生）的坏话，还分析金总理（陈公博）“老而昏庸，一个典型的糊涂者”，戚先生（周佛海）“有小聪明而其实不足道”，一来二去的，苏青“开始对他感到惊奇。这是一个十足像男人的男人，他的脾气刚强，说话率直，态度诚恳，知识丰富，又有艺术趣味”。“他虽然长得不好看，又不肯修饰，然而却有一种令人崇拜的风度！他是一好宣传家，当时我被他说得死心塌地的佩服他了。”最后，苏青“竟不由自主地投入了他的怀抱”。
>
> 胡兰成是解读苏青与张爱玲关系的一把钥匙，苏青笔下的胡兰成，因为各种精彩的话语折服了独居的苏青，两人竟上了床，这是苏青对自己性生活坦率的披露，然而情况忽然产生了转变，一阵激情之后，“谈维明抱歉地对我说：‘你满意吗？’我默默无语。半晌，他又讪讪地说：‘你没有生过什

么病吧？’”这样的质疑使两人刚才建立起的脉脉温情立时消散殆尽，苏青感觉到了侮辱，“我骤然愤怒起来。什么话？假如我是一个花柳病患者，你便后悔也已嫌迟了。”随后的情节发展很有戏剧性，苏青对谈维明翻了脸，当胡兰成谈到自己对女人的征服快感，并以自己的性能力炫耀时，苏青不干了，她说：“……因为在我眼前的男人不像个男人，所以我便不屑以柔声相向了。”刚才还是一个“十足像男人的男人”，不一会儿，就成了“不像个男人”。苏青在大发一通议论之后，用这样一段对话为这一章做了结束：

“你恨我吗？”他严肃地说。

“……”

“恨我什么呢？”

“你不负责任。”

“我要负什么责任？”他忽然贴着我的脸问，“同你结婚吗？”

“谁高兴同你……”

“这样顶好。”他又严肃地说，“我可从来没有想到要同你结婚过。你不是一个安分守己的女人，怀青。谁会向你求婚便可表明他不了解你，你千万别答应他，否则你们的前途是很危险的。一个聪明能干的女人又何必要结婚呢？就是男人也是如此……”

“那么你又为什么同我……？”

他哈哈大笑道："这因为我欢喜你。怀青，你也欢喜我吗？"

我骤然把脸闪开来，笑道："我是不满意。在我认识的男人当中，你算顶没有用了，滚开，劝你快回去打些盖世维雄补针，再来找女人吧。"

他显然愤怒了，但却又装得鄙夷不屑地说："你怎样可以讲这样的话？"

"我本来就是一个这样的女人，哈哈！"

他郁郁地走了；听他脚步声走远后，我这才伏枕痛哭起来。

上面这段文字出现在黄恽的博客，是在2008年7月1日发布的。黄恽简直是"预言帝"，因为《小团圆》直到2009年4月才出第一版，里面写道：

她从来没有妒忌过绯雯，也不妒忌文姬，认为那是他刚出狱的时候一种反常的心理，一条性命是拣来的。文姬大概像有些欧美日本女作家，不修边幅，石像一样清俊的长长的脸，身材趋向矮胖，旗袍上罩件臃肿的咖啡色绒线衫，织出累累的葡萄串花样。她那么浪漫，那次当然不能当桩事。

"你有性病没有？"文姬忽然问。

他笑了。"你呢？你有没有？"

在这种情况下的经典式对白。

他从前有许多很有情调的小故事，她总以为是他感情没有寄托。

在苏青笔下，是胡兰成问苏青，是在他想听到苏青对他性能力的称赞而不得之后，报复性地询问；在张爱玲笔下，则是苏青问胡兰成，是一个风流女人偷欢之后，突然想到要了解情况。不管胡兰成跟苏青的这段是两个当事人中的哪一个告诉张爱玲的，她写《小团圆》时，应该已经看到了苏青的这段文字，她还是不由自主地袒护了胡兰成，她说她不忌妒，但还是不小心露出恨意。

苏青的文字算是彻底，但也露一半藏一半，比如，她没说胡兰成跟她要张爱玲的地址的事。在胡兰成笔下，苏青写给他之前的那点“迟疑”亦大可玩味，不知道是在他们那次见面的哪个节点上。

反正胡兰成是拿到了张爱玲的地址。他说，他第二天就去找她了。

## 4. 你怎么可以这么高？

这天张爱玲在家，但她不愿意接待这位不速之客，她的个性一向如此。和张爱玲曾有交往，后来又闹翻了的潘柳黛，生动地刻画过张爱玲的孤介脾气：

> 如果她和你约定的是下午三点钟到她家里来，不巧你若时间没有把握准确，两点三刻就到了的话，那么即使她来为你应门，还是照样会把脸一板，对你说："张爱玲小姐现在不会客。"然后把门嘭的一声关上……万一你迟到了，三点一刻才去呢，那她更会振振有词地告诉你："张爱玲小姐已经出去了。"

胡兰成不在意这个，从门洞里递进去一张留有电话号码的字条，转身离开。第二天中午，张爱玲打来电话，说要亲自登门拜访。

许多年之后，一个超级张迷水晶接到张爱玲的邀请电话，兴奋无比的同时，联想起张爱玲给胡兰成的这个电话，总结道：她总是主动。确实，她总是主动，但对于胡兰成的主动，和对水晶的这次主动，却有所不同。

《小团圆》里，在盛九莉与胡兰成初见之前，张爱玲写了那么一小段："这天晚上在月下去买蟹壳黄，穿着件紧窄的紫花布短旗袍，直柳柳的身子，半鬈的长发。烧饼摊上的山东人不免多看了她两眼，摸不清是什么路数。归途明月当头，她不禁一阵空虚。二十二岁了，写爱情故事，但是从来没有恋爱过，给人知道不好。"

有多少女子的爱情，起始于这空虚。

《牡丹亭》里，杜丽娘游春到芳园，"良辰美景奈何天，赏心乐事谁家院！朝飞暮卷，云霞翠轩；雨丝风片，烟波画船——锦屏人忒看的这韶光贱！"好风景引起身世之感，她叹道："昔日韩夫人得遇于郎，张生偶逢崔氏，曾有《题红记》、《崔徽传》二书。此佳人才子，前以密约偷期，后皆得成秦晋。吾生于宦族，长在名门。年已及笄，不得早成佳配，诚为虚度青春，光阴如过隙耳。可惜妾身颜色如花，岂料命如一叶乎！”

你看，其实她并没有遇到如意郎君，像张爱玲曾自陈是看多了爱情小说才知道爱情这件事，她的情感一样也是间接来的。只是天气太好，时间很对，她希望与一个合适的人相爱，她的爱情是由季节、时令、她的年龄以及阅读经验而起，这时，只要来个差不多的人，就会遇上她热切的爱情。

深闺之中，她没有崔莺莺那样的运气，她做了一个梦，梦见一个男人，她爱上了他。但换个角度看，崔莺莺看上的，未必就不是自己梦想中的那个人，张生只是赶巧走过来，与她心中的幻影合体。

上帝说，要有光，便有了光。女人说，我要恋爱，便开始恋爱。不管走过来的男子是谁，只要有那么个人影在，她们就会把他变成自己的恋人。

张爱玲也想恋爱了。所以她看到印有胡兰成评论的清样纸会觉得美不胜收，甚至动念想去救他。而他亲自登门，她却无法猝然与之相对。胡兰成说，她是做什么都要用大力的人，哪怕开一个罐头，脸上都有全力以赴的郑重。我因此又怀疑张爱玲是奉行完美主义的，她的刻板，是因她对许多事物看得珍重，要准备好了才可以开始。在家中接待女友，也要盛装以待，第一天对于胡兰成的拒绝，大约也有未做准备的心慌。

但是，即使有备而来，当她一个人，坐在那个陌生男子的客厅里，仍然不能从容。有一种女子，只有在确信自己安全之后，才能够把自己打开，表现自己生动机智具有弹性的一面。这种“安全”，不只是不受侵犯，还要确定对方足够聪明，对自己足够喜欢，每一句话都会被认真倾听，而不会白花花地流失。

在得到验证之前，她们抱紧双臂，姿态僵硬，小心翼翼地遵从常规的言行方式，尽量删繁就简，不做任何个性化发挥，看上去灰暗而无趣，不过又有什么关系呢？对于一个完美主义者来说，宁可保守地乏味，也不可飞扬着出丑，这个阵营中永远不可能出现芙蓉姐姐这样的“网络精英”。

这一切落到胡兰成眼中，又是一番感觉。他首先是不喜欢，他在关于前妻的文字里表示，他喜欢那种下巴尖尖的、烟视媚行的俏丽女子，而张爱玲是身材高大、面孔则如平原缅邈的。其次，胡兰成是跑江湖的，最擅长掂量对方的分量，这分量不只由身份背景决定，还和姿态有关，一般说来，谁主动，谁就落了下风。

昨天他吃了个闭门羹，很狼狈，今天张爱玲自个儿巴巴儿地上门了，还这么拘谨，还这么愿意听他说话，加在一起，就成了一种可怜相。他怀疑她是一个穷女人，心里想战时的文化人原本苦，问她每月的收入，明知道这样是失礼的，可是那又有什么关系——一个“高官”面对一个没见过世面的“穷女孩”，冒失一下也是无所谓的。他是曾佩服过她的才华，可是眼前的张爱玲使他不能当她是个作家。

他不觉得她美，也不喜欢她，但这一点儿都不妨碍他在她面前大秀口才。他是那种话多的男人，前生后世，见解多多，正如张爱玲引用过的那句俏皮话：“他们花费一辈子的时间瞪眼看自己的肚脐，并且想法子寻找，可有其他的人也感到兴趣的，叫人家也来瞪眼看。”有趣的是，张爱玲引用这句话时，正在和胡兰成恋爱，这叫灯下黑吗？

胡兰成一口气说了五六个小时，批评时下流行作品，又说她的文章好在哪里，还讲自己在南京的事情，张爱玲这时倒是一点儿不尖锐，只管孜孜地听着。

张爱玲曾说，和人谈话，如果是人说她听，总是愉快的；如果是她说人听，过后思量，总觉得十分不安。但就算她是一个乐于倾听的人，坐在陌生男人家里，听他唾沫星子乱飞地讲上五六个小时，也是不正常的，除非，她特别愿意听这个人讲话。

让我们还原一下当时的场景，五个小时，从中午到傍晚，这个半老男人，在安静的小女生面前，滔滔不绝，喋喋不休，用第三者的眼睛看过去，不但可笑，简直可耻了！况且他说了那么多，表达了那么多的观点见解，一定会说错一些吧？后来他跟张爱玲熟了之后，简直没法子在她面前说话，相对于她的聪敏灵慧，他说什么都说不到点子上，不准确的地方夸张，准确的地方贫薄不足。那么，在那之前的这场演说，又该有多少破绽？

然而，正是这些破绽，拉近了他们的距离。完美的东西是让人紧张的，因为会让对方照出自己的不足，张爱玲多年来，正是生活在完美的紧张中，包括她母亲，包括她姑姑，都是那种不肯有破绽的人。张爱玲曾说，她姑姑的家，对于她是一个精致完全的体系，无论如何不能让它有丝毫毁损，哪怕只是打破桌面上的一块玻璃，又碰上自己的“破产期”，她还是急急地把木匠找了来。

破绽则让人松弛，张爱玲回忆，在雾一样的阳光里，和父亲坐在堆满了小报的房间里，谈谈亲戚间的笑话的情景，那里的光阴永远是下午，坐久了便觉得沉下去、沉下去——两个词叠用，带出恋恋的惆怅。

我不知道，在那个下午，在胡兰成的房间里，她是否有一种时空交叠的感觉，仿佛回到从前，但起码，这个男人无休无止的话语，应该让她感到安全，有埋在松弛里的安稳。

送张爱玲出来时，两人并肩走，胡兰成忽然说，你的身材这么高，这怎么可以？言下之意，是和我怎么可以？这是在调情。他说了并不喜欢她。只是作为一个调情爱好者，见到个女的就想练练手热热身，贼不走空。

说起调情这件事，张爱玲的段位肯定更高一些，看看她写的《倾城之恋》吧，范柳原说白流苏穿着雨衣就像一只药瓶，凑近了——你是医我的药；《沉香屑——第一炉香》里乔琪乔说薇龙是他的眼中钉——这颗钉再没希望拔出来了，留着做个纪念吧。相形之下，胡兰成的这句撩拨实在粗蠢得露了痕迹，张爱玲很诧异，几乎要起反感了，但终究没怎么样，“没怎么样”之后，俩人就很近了，张爱玲的心动了。

即使你有一颗七窍玲珑心，照得见世间一切的可笑与猥琐，即使你有着钻石般锐利的眼神，能够穿越万事万物的外壳，你仍然逃不出自己的宿命，你想要爱，想要在一个男人面前展现作为女人的千娇百媚，你就必须忽略掉那些小小的bug（缺陷），装作视而不见，径直走向自己的目的地。

认识胡兰成这年，张爱玲已二十三岁，知道爱情的美，却没有可以爱的人，积攒下那么多经验得不到实践——是生活圈子太小，还是她小女孩式的生涩看上去很像一种傲慢，有自尊的普通男人不敢亦不肯靠近？这高处不胜寒的落寞，是让人难耐的。

胡兰成没那么讲究，他不在乎在女人面前受挫，在他眼中，女人分为两种，搭理他的和不搭理他的。他能把前者夸上天，恨不得拿观音菩萨去比喻；对于后者，比如他在广西教书时，那些不怎么待见他的女教员，他就称人家为娘儿们，用鼻子哼一声，心里想“你就省省吧”。他才不会因为被拒绝而受伤，见个女的就想一试身手。他的冒犯，正好击破了张爱玲的水晶外壳，外面的光线与温度涌进来，让她心里的那朵花，可以热烈地、招展地，就此开放。

胡兰成曾说，江山与美人，注定要落入荡子的怀中。忽略掉他的自鸣得意，心平气和地想这句话，也不是没有道理。君子矜持，习惯于停在原地；荡子无所谓，不吝于大胆出击，就算出击的过程中留下破绽多多，可这破绽，未尝不是一个入口。

## 5. “因为懂得，所以慈悲”

虽然胡兰成说他不喜欢张爱玲，但她愿意听他说话，这就够了。

第二天他跑去看她，做好了体恤一个贫穷女作家的心理准备，但是，当张爱玲的房门终于向他打开时，他大大地吃惊了。

他用“华贵”这个词来形容，并不是里面的陈设家具很值钱，红木古董满坑满谷，那是暴发户的热闹心劲，张爱玲已经进入“后贵族”时代，超越了炫耀性消费的肤浅粗鄙。她的房间里，是一种现代的新鲜明亮的色调。如果说这几个字比较难以想象，我们可以增加一个细节：张爱玲十来岁时，就在她母亲的公寓里看见了瓷砖浴盆和煤气炉子，而张爱玲现在住的这间公寓，正是她母亲布置的。

想当年，胡兰成在浙江乡下，看见邻村的大小姐打他们那儿下轿歇息，那种大家女子的新打扮，以及背后透露出的富贵荣华，尚且让他心生爱意，眼前的张爱玲，富贵在骨子里，在他的想象力之外。这间装饰得出乎意料的香闺，就像童话里压在多少床羽绒被之下的那颗豌豆，证明她是一个真正的千金大小姐，胡兰成深深地折服了，他说，很刺激。

回去之后，胡兰成就给人家写信，写得很吃力，像五四时候的新诗，张爱玲看了都觉得骇然可笑，后来胡兰成自己回想起来，也觉得惭愧，怎么可以那么矫揉造作？

不过没关系，张爱玲一点儿也不介意，没有什么可以阻挡她对爱情的向往，她的一颗慧心能从不伦不类的东西里看出庄重的好。胡兰成信上用“谦逊”二字来形容她，张爱玲认为道着了自己，她对于世间万事万物，即便已看破，还有一种俯首低眉的虔敬，于是她给胡兰成回信，说他“因为懂得，所以慈悲”。

我总觉得，胡兰成的这个“谦逊”，怕是没有这番深意，倒可以按照常理去推，她的家世这么显赫，她的才华这么横溢，她的世界这么富贵，她却羞涩安静得像个女学生，这不是谦逊是什么？

误解碰撞上误解，却溅出爱情的火花，张爱玲和胡兰成的这段情缘，老是让我想起《不能承受的生命之轻》里，萨宾娜与弗兰茨的爱。

弗兰茨崇拜忠诚，热衷于向萨宾娜描述他对母亲的忠诚，他希望她被自己的这种品行打动。萨宾娜更着迷于背叛，在背叛中寻找自己，她不停地背叛上一次的背叛，直到抵达自己真实的内心。

弗兰茨喜欢音乐，他认为音乐能使人迷醉，是一种最接近于酒神狄俄尼索斯之类的艺术，“谁能克制住不沉醉于贝多芬的第九交响乐、巴脱克的钢琴二重奏鸣曲、打击乐以及‘硬壳虫’乐队的白色唱片集呢？”萨宾娜恰好相反，她说，音乐越放越响，人反会变成聋子。因为他们变聋，音乐声才不得不更响。

还有光明与黑暗，墓地与纽约之美，他们的看法从来都没有合拍过，他们对每一个词的理解都不同，“如果把萨宾娜与弗兰茨的谈话记录下来，就能编一部厚厚的有关他们误解的词汇录了”。可是这一点也不妨碍他们相爱，我想原因在于，当人们想要爱的时候，他们总是可以用误解来诠释误解，从而达到一种匪夷所思的和谐统一。

那些日子，胡兰成每隔一天必去看张爱玲，去了三四次以后，张爱玲突然变得很烦恼，而且凄凉，某日送来一张字条，让胡兰成再不要去看她。

换成一个没经验的男子，一定会手足无措；换成一个真心爱她的男子，一定会很严重地自我反省；而胡兰成只是一笑了之，可能还有没说出来的得意。凭着经验，凭着居高临下得以隔岸观火的洞察力，他知道，这女子这般言行，是因她爱上了自己。

不错，张爱玲烦恼，是因她感受到了自己的爱。《小团圆》里说，他坐在沙发上跟两个人说话。她第一次看到他眼里有轻藐的神情，很震动。她崇拜他。

这句话口气轻淡，却似自嘲，他眼里轻藐的神情为何让她震动？是否因为轻藐里有一种高高在上的力量感？她接触过的男子，谁能如此有力？所以她说，她崇拜他。

而那凄凉，更让胡兰成得意，一个女人只有面对不确定的爱时，才会变得凄凉，因为有所求，因为不得不，这种凄凉意绪在古典诗词里比比皆是，是女人仰面等待回复的姿态。

他对她说："我不喜欢恋爱，我喜欢结婚。"自以为送了她一份大礼。她却迟疑，说："我现在不想结婚。过几年我会去找你。"他当她是欲擒故纵，张爱玲心里却浮现出了一幅图景，战争结束后，他逃亡到边远的小城的时候，她千山万水地找了去，在昏黄的油灯影里与他重逢。

她从一开始就知道日军必败，他作为汉奸日暮途穷，但她没打算要一份一定有前途的爱情，甚至于，当他对她说"我们将来"，或者"我们天长地久的时候"，她都不能想象，"感到轻微的窒息"。但她后来与桑弧在一起时，则对两个人的生活有很具体的想象。

这是张爱玲的聪明之处，崔莺莺爱上张生便想到一世一生，张爱玲却清楚这不过是一段如烟花般灿烂又短暂的乱世情缘，那边远小城的油灯影，是她想象的尽头，是电影终场时，打在屏幕上的那个大大的“完”字。

听上去好像有点儿玩弄感情是不是？但感情本来不就是用来玩弄的？——假如你不把“玩弄”二字作贬义理解的话。爱情是这现实人间愉悦自己的游戏，你可以玩得天长地久，也可以花开一瞬，而张爱玲跟胡兰成这一段，若只做一段处理，对两人也许都更好一些。

“等于走过的时候送一束花，像中世纪欧洲流行的恋爱一样绝望，往往是骑士与主公的夫人之间的，形式化得连主公都不干涉。”

假如《封锁》里的吴翠远有这份悟性，也不会陷入自作多情的窘境了。

但在抵达那边远小城之前，他们还得漫长地恋爱。当他提出为她离婚，她虽然迟疑，却也半推半就。他有些日子没来，她有如释重负的轻快，却也不无惆怅，当他再次登门，她高兴了起来。

胡兰成在叙述中，总是有意无意地透露，都是她主动，是她先动了心。他说他曾跟她提起她登在杂志上的那张照片，并没有跟她要的意思，但她取出来送给他，还在照片背后题字：

> 见了他，她变得很低很低，低到尘埃里，但她心里是欢喜的，从尘埃里开出花来。

这段话经胡兰成卖弄之后，流传得非常广，以至于我用搜狗拼音敲字，刚打出前面的几个字，后面就出来一大串，都成词组了。

这些话，给了胡粉们说事的由头，看看，张大才女，当年也是如此卑微地爱着我们胡才子的，低到尘埃里，得倾倒成什么样了才会这么说。

我以前看这段话，也有点儿替张爱玲难堪，不是说女生要矜持一点点吗？用不着这么夸张吧？要是我，就不会说。数年之后，再看，发现，这貌似卑微的言语背后，正体现出张爱玲的彪悍和飞扬。真正自感卑微的人，是不会这么说的，因为太看重对方，不敢逾矩一点点，生怕对方觉得自己“贱”，敢于这样恣肆地传情达意的人，心里已经吃定对方。具体到张爱玲身上，也许是因为她看透了这只是一场乱世之恋，她亲眼见过战火能焚烧掉一切，想到立即去做恐怕都来不及，又何须那么多的铺陈？这是她的真，也是她的明白。

而张爱玲的低眉，更大程度上是对于“爱情”本身的谦卑。眼前的男人，也许没那么聪明，没那么伟大，但他是“爱情”的使者，“爱情”的形象代言人，她不由得恭顺起来，在“爱情”面前，再怎么谦卑也不丢人。

## 6. 照花前后镜，花面交相映

对于张爱玲，那场恋爱，亦是一场精神狂欢。她在人群中，向来是缄默的自闭的，但那不过是一种自我保护，她的内心，同样有着想要讲述的愿望。可是，她没有听众。

曾几何时，她的父亲是她谈话的好伙伴，他看重她，珍爱她，但那样的好时光，已经被继母的挑拨加上她少女时代的叛逆性格给毁掉了。她投奔母亲，母亲教她如何做个淑女，一个淑女是笑不露齿的，滔滔不绝是为大忌。不久母亲也出国了，但她的生活里还有姑姑。姑姑是个聪明的有灵性的女子，也把张爱玲照顾得不错，但她太喜欢安静，常常抱怨“和你住在一起，使人变得非常唠叨（因为需要嘀嘀咕咕）而且自大（因为对方太低能）”。就算是玩笑吧，老是听到这样的玩笑，也会下意识地收敛表达的愿望。张爱玲只剩下一个倾听者，就是女友炎樱，可是苏青说了，女友只能懂得，男友才能安慰，胡兰成的到来，给张爱玲带来了前所未有的欢喜。

胡兰成也确实是太好的听众。他在见识了张爱玲房间的华贵之后，又见识了张爱玲精神世界的丰富，她的写作天分自不必说，更让他开眼界的，是她的学贯中西。张爱玲的弟弟曾转述她姑姑的话：你姐姐真有本事，随便什么英文书，她能拿起来就看，即使是一本物理或化学。

要知道，姑姑可是留过学的啊，英文应该不会太坏。

这样的水准，当然能让半瓶子晃荡的胡兰成自愧不如。胡兰成于是想，就算西洋文学咱不在行，中国古书我总能压你一头，不承想，俩人一块读《诗经》《乐府》，那上面的字只跟张爱玲打招呼，她懂它们懂到了骨子里。而他勉为其难的表述，总像生手拉胡琴，每每荒腔走板，道不着正字眼，他心里沮丧得紧。

他完全被折服了，只剩下一件事，就是努力跟随她的脚步，崇拜她，赞扬她。说起胡兰成恭维人，那是一绝，他流亡途中，去结交梁漱溟，写信给他说：

> ……于学问之诚，可算今日中国思想界第一人，惟于己尚有所疑，未能蔚为众异，如内丹未成，未能变化游戏，却走魔走火，诸邪纷乘……

不朝下引用了，这段话啥意思呢？就是说，梁先生您啊，学问已经做到横向排名第一，但在你自己，还没修炼到极致。他把对方夸上了天，千穿万穿，马屁不穿，就是梁漱溟，估计也吃这一套。可是，光这样的恭维，也太廉价，人家胡兰成高明的是第二点，指出梁漱溟坐定天下第一的位置后，还说他自身还存在一些问题，这就点到了七寸上。

一个真诚的学者，即使在同侪面前白眼向天，在真理面前仍然是归心低首的，谁也不会认为自己已到达了真理的彼岸，还常常苦恼于不得其门。胡兰成的话，正好击中梁漱溟的心事，而内丹未成、走火入魔这样的词，则如算命先生的含糊的谶语，适用于一切命运，但众人都会以为是给自己特设的，并对这神机妙算大感惊奇，梁先生果然被他蒙住了。

晚年胡兰成在台湾，蒙朱西宁、朱天文、朱天爱父女抬举，少不得要投我以桃报之以李，居然说，他以前不大懂得李白，看到朱天爱之后，就豁然开朗了。

一个高明的恭维者，会让对方以为自己的字句发自肺腑，以为只有他能衡量出自己的价值，居心叵测遂变成了高山流水，听者找到了过电的感觉。马屁和知音，长得实在太像了。

张爱玲也未能免俗，何况胡兰成的马屁里，更夹杂着情话，他说得到位的，是懂得，说得不到位的，是爱，从未有人那样全方位多角度长时间地观看她倾听她，张爱玲真是欢喜得欲仙欲死，要把自己整个世界秀给他看。

她跟他谈文学、艺术、哲学，从清晨到黄昏，再夜以继日，连欢娱都成草草。她有无穷无尽的小感觉，说给姑姑听，又要被抱怨嘀嘀咕咕。说给苏青听，她眼睛里一定会有藐然的笑容：你说的是文学吧？我不大懂。说给炎樱听呢，她倒是有那个悟性，可中文程度有限，未必能领略其中的微妙，而且，她们也太熟，认识了那么多年，可以说的话，早已说过了……现在好了，天上掉下个胡兰成，她可以跟他说，桃红色是有香气的；姓黄好，姓牛不好，张字没颜色，还不算太坏；给他看小时候母亲从埃及带回来的玻璃珠子，与他一道看浮世绘，看塞尚的画，看到画中人眼里的小奸小坏，就会笑起来；她也跟他讲《子夜歌》，里面有云：欢从何处来，端然有忧色。张爱玲叹道：“这端然真好，而她亦真是爱他！”这句话给胡兰成留下深刻印象，一本《今生今世》里，他这也端然，那也端然，横竖不知道端然了多少回，然而，任他怎样忸怩作态，都是无效劳动了。

那段日子，张爱玲把胡兰成当成了一面可心的镜子，照花前后镜，花面交相映，越看自己越是美不胜收。他想形容她的行坐走路，却心有余而力不足，张爱玲替他挑一个句子，说，《金瓶梅》里写孟玉楼，行走时香风细细，坐下时淹然百媚。

这样形容自己，大有芙蓉姐姐之风，不过，芙蓉姐姐之所以成为热点，很大程度上是因为每个人心中都住着一个芙蓉姐姐，区别只在于，芙蓉姐姐让心里话见了天日，而大多数人只是放在心里，最多在最亲近的人面前猖狂一下。张爱玲对胡兰成这么说，可见她对他不设防，她认为，他可以，因为懂得，所以慈悲。

似乎，没有人比他更懂得自己了，于是她说，你怎么可以这么聪明，她用手指抚过他的脸，说你的眉毛，你的眼睛，你的嘴，你嘴角这里的窝我喜欢……那时，她对于未来一无所知，她高估了这个男人的德行，却低估了这个男人的记忆力，她不知道，很多年后，她所说的这些将作为呈堂证供，出现在白纸黑字之间，曾经那样孤傲的她，变成人们茶余饭后消愁破闷的谈资。

## 7. 欠揍表情和误伤的“板砖”

胡兰成从这段爱情中受益良多，他学习了文化知识，学会了领悟文艺之美，用他的话说叫开了天眼，后来在逃亡途中，他就仗着这套功夫，把同事蒙得一愣一愣的。这些还是虚的，胡兰成更有一个实际的收获，他终于得到了一个有档次的女人，李鸿章的曾外孙女，张佩纶的孙女，学贯中西，才华横溢，通身上下时髦得紧，这是他在浙江乡下时做梦也没想到的，做梦也想不到的繁华世界，终于，真正地向他打开了大门。

胡兰成和项羽一样，是个不肯衣绣夜行的主，他得意扬扬，容光焕发，恨不得全世界都来打听他的秘密，可是别人老不问，他只好主动说了。

他说，对于有一等乡下人与城市文化人，我只可说爱玲的英文好得了不得，西洋文学的书她读起来像剖瓜切菜一般，他们就惊服。又有一等官宦人家的太太小姐，她们看人看出身，我就与她们说爱玲的家世高华，母亲与姑母都西洋留学，她九岁即学钢琴，她们听了当即吃瘪。爱玲有张照片，珠光宝气，胜过任何淑女，爱玲自己很不喜欢，我却拿给一位当军长的朋友看，叫他也羡慕。

对自己的肤浅，胡兰成这样解释，爱玲的高处与简单，无法与他们说得明白，但是这样俗气的赞扬我亦引为得意。

可问题是，为什么非要别人明白？别人又怎么肯明白？当时也许会敷衍着做些羡慕的表情，一转身，就会随便找个理由，潦草地亵渎了——恨人有笑人无也算人性的一种，何况你也没安什么好心，巴巴儿地非要压别人一头。

真的珍重，是要秘密地放在心里的，不肯与人分享，不肯轻易放在天光之下，怕它落了色，怕它氧化了。而胡兰成不但说，还要写，他在《杂志》月刊上发表数千字的长文《论张爱玲》，这样写道：

张爱玲先生的散文与小说，如果拿颜色来比方，则其明亮的一面是银紫色的，其阴暗的一面是月下的青灰色。

是这样一种青春的美，读她的作品，如同在一架钢琴上行走，每一步都发出音乐。但她创造了生之和谐，而仍然不能满足于这和谐。她的心喜悦而烦恼，仿佛是一只鸽子时时要想冲破这美丽的山川，飞到无际的天空，那辽远的，辽远的去处，或者坠落到海水的极深去处，而在那里诉说她的秘密。她所寻觅的是，在世界上有一点顶红顶红的红色，或者是一点顶黑顶黑的黑色，作为她的皈依。

…………

如果说，这种句子，还只是犯了堆砌和言不及义的毛病，接下来，他又拿她和鲁迅作比：

鲁迅之后有她。她是个伟大的寻求者。和鲁迅不同的地方是，鲁迅经过几十年来的几次革命，和反动，他的寻求是战场上受伤的斗士的凄厉的呼唤，张爱玲则是一枝新生的苗，寻求着阳光与空气，看来似乎是稚弱的，但因为没受过摧残，所以没一点病态，在长长的严冬之后，春天的消息在萌动，这新鲜的苗带给人间以健康与明朗的、不可摧毁的生命力。

鲁迅和张爱玲的可比性且不论——我认为确实是有可比性的，可是，把张爱玲形容为一枝新生的苗，带给人间以健康与明朗的、不可摧毁的生命力，让人读来未免要骇笑。不过在当时，似乎也没人跟他掰扯这个，最让人受不了的是，他再三明示暗示张爱玲的贵族身份，还在文中时不时来上一句“她这样对我说”“她这样的性格，和她接近之后，我渐渐地了解了”……主动爆料，点到为止，存心去撩拨读者那根八卦的神经，我都能想象那张故作高深的面孔，看上去，很欠揍。

估计当时和我有同感的不少，但大家都是文明人，不大会去身体力行，唯有一个人，真的把思想变成了行动，拎着板砖就上去了。这个人，女作家潘柳黛是也。

冲上来的人叫潘柳黛，看这个名字，潘而柳而黛，又风流又妖冶，但她老人家行事，大有黑旋风李逵上来三大板斧的风格。当时她和张爱玲的私交还算不错，却没弄明白张爱玲和李鸿章到底是个啥关系，只是道听途说，以为张爱玲爸爸，娶了李鸿章的外孙女，为啥不直接说张爱玲的妈妈是李鸿章的外孙女呢？她可能以为那个外孙女，是张爱玲爸爸的前妻或者填房，跟张爱玲并无血缘关系。

按说，不管张爱玲跟李鸿章是怎么一回事，看在朋友的面上，心里笑一声也就罢了，可这位旋风小姐却是个直肠子，属于有话就说有那啥就放的那种，一时心血来潮，就胡兰成那篇大作，写了一篇《论胡兰成论张爱玲》。

她首先把“胡兰成独占当时政治家第一把交椅”的事大大挖苦了几句，又问他赞美张爱玲“横看成岭侧成峰”是什么时候“横看”？什么时候“侧看”？这还不算，最后把张爱玲的“贵族血液”调侃得更厉害了：

> 因为她张爱玲是李鸿章的重外孙女，这关系就好像太平洋里淹死一只老母鸡，上海人吃黄浦江的自来水，他自说自话是“喝鸡汤”的距离一样，八竿子打不着一点亲戚关系，如果以之证明身世，根本没有什么道理，但如果以之当生意眼，便不妨标榜一番。而且以上海人脑筋之灵，行见不久将来，“贵族”二字，必可不胫而走，连餐馆里都不免会有“贵族豆腐”“贵族排骨面”之类出现。

这篇文章发表之后，后果很严重——张爱玲从此不搭理她了。解放后，张爱玲到了香港，有人问她可曾去见潘柳黛，张爱玲余怒未消地说，潘柳黛是谁？我不认识。又跟宋淇说，她到香港见到了两个蛇蝎心肠的人，其中一位，指的就是这位潘柳黛。可怜潘小姐还是没弄明白她怎么会把张爱玲得罪到这个地步，我倒是不明白她的不明白，换成别人这样说你试试？

## 8. 无法演一场对手戏

不管胡兰成是怎样浅薄不堪，都与潘小姐没有一毛钱关系，仔细推敲，这世上哪有不含杂质的爱情，重要的是，谁不想在合适的时候，来一次不动脑筋只动心的爱情。

她写他，如写心中的幻景：

> 他一人坐在沙发上，房里有金粉金沙深埋的宁静，外面风雨淋琅，漫山遍野都是今天……

可是，即使你选择闭上眼睛，世界也不肯真的消失。就算张爱玲立定心意，对胡兰成说，你以后在我这里来来去去的也可，胡兰成的女人也未必愿意。

这个胡兰成的女人，不是他的妻子全慧文，而是他的“妾”应英娣。

结发妻子唐玉凤去世一年之后，胡兰成觉得老婆好歹得有一个，他娶了同事介绍的全慧文，一见面就定了下来，大概因为她看上去宜室宜家——之前曾有漂亮的女同事要跟他，被他以“不宜于家室”拒绝了，他骨子里是现实的。

据胡兰成的侄女青芸说，她见过的胡兰成所有的妻“妾”里，全慧文最丑。但她陪他度过了最为艰难的岁月，给他生儿育女，尽到了一个妻子的责任。

认识张爱玲的时候，全慧文还是他的妻，但已经从他的生命中淡出，他身边的女人叫应英娣，严格地说来，算是他的妾。全慧文还住在胡家，但是她得了“神经病”。

青芸说，全慧文的“神经病”，是在香港得上的。卢沟桥事变之后，胡兰成一度在香港工作，每每出门，总有邻家妖艳的妇人过来招呼，一边问好一边贴在胡兰成身上，全慧文从窗口看见了，心里很不舒服。她转脸去质问胡兰成，他说香港女人都这样。他跟别人说全慧文有“神经病”，不许他出门，但他总要上班的，两人就此疏远。

接下来的桥段实在俗套，胡兰成回到上海之后，泡上了个歌女应英娣，艺名叫小白云还是小白杨的，在一家名叫“新新公司”的旅馆里弄了个小公馆。全慧文有“神经病”，当然管不了，倒是侄女青芸不干了。那会儿她当家，胡兰成在外面泡欢场女子，开销一时大起来，几乎要弄到入不敷出。

青芸姑娘智勇双全，她先侦查后跟踪，终于在旅馆里，把正在那里鬼混的六叔胡兰成抓了个现行，与他做了一番有理有据有情的谈判。

很多年后，九十老妪胡青芸绘声绘色地跟作家李黎描述她和胡兰成的对话：

> 进去我问伊：“侬在迭搭地方介许多日脚，屋里不管啦？”“哪能哪能，”搞七捻三跟伊搞了一段，“那么侬在迭

搭也弗来三，这个女人好伐啦？”“我现在跟这个女人成家了。”“噢，侬成家成了咯搭啦？旅馆里钞票多少贵了，屋里要开销的。”我讲，“既然侬要这样……”伊讲：“我在屋里写字写不好，神经病要吵的。”我讲：“侬回去罢。一个女人带回去。”带回去还是我讲的，将英娣带回去，带到美丽园住了，钞票好节省点。

把这段浙江方言翻译一下：进去我问他，你在这个地方这么多天，家里不管啦？胡兰成说，哪能哪能。我搞七捻三地跟他搞了一段，说，那么你在这里也可以，这个女人怎么样？胡兰成说，我现在跟这个女人成家了。我说，噢，你成家了？旅馆里花钱多厉害啊，家里也要开销的。胡兰成说，我在家里没法写东西，神经病要吵的。我说，你回去吧，这个女人带回去，带回去就说是我说的，把英娣带回去，带到美丽园住了，钞票好节省点。

这段对话非常传神，胡兰成的“哪能哪能”，简直能让人看见他那张讪讪的满是油汗的笑脸，“我跟这个女人成家了”，则有点无赖兮兮。顺便说一句，他到哪儿都喜欢说人家是他的妻子，他是人家女婿，跟《西游记》里的猪八戒有一拼，可能还没有悟能同学来得真诚。那句“我在屋里写字写不好，神经病要吵的”只能让人借用凯歌导演的名言了：人不可以无耻到这个地步。难不成你弄个小公馆是为了“写东西”？口口声声“神经病”三个字也跟他风流教主的扮相大相径庭，感谢青芸，感谢超级八卦的李作家，提供了胡兰成的另一面。

青芸的一句“带回去还是我讲的”，也真是掷地有声，看得出，全慧文早就形同虚设，小侄女青芸才是这家的女主人。当然了，她是为胡兰成着想，毕竟胡兰成跟《色·戒》里的老易没法儿比，别说拿出一枚八克拉的粉红钻了，在宾馆里包个二奶就见了底。

这应小姐当时也不过二十来岁，大概比张爱玲还小些，生得不高不矮，鹅蛋脸，白白胖胖，很漂亮。她以二奶之身进了门，也没把那位大奶放在眼里，自觉得是胡先生的掌上明珠，所以，张胡之恋如火如荼之际，大奶倒没发话呢，应小姐已然冲锋陷阵，招呼过去了。

和胡兰成共过事的张润三在《南京汪伪几个组织及其派别活动》一文中说，应英娣在胡兰成对头的调唆下，曾去张爱玲的住处大闹。这样煞风景的桥段，胡兰成当然不会写进文中，不过若是有过这回事，张爱玲应该会写进《小团圆》里，可书中只是说，盛九莉在朋友家遇到邵之雍和他妻子绯雯，当着众人的面，绯雯满面怒容，过后还和邵之雍动了手。这位绯雯，就是英娣了。

英娣打了胡兰成，还是气不过——大概之前被老爷子忽悠得很有感觉，受不了这个落差，一怒之下提出离婚。胡兰成说，英娣竟与我离异，言下大诧异，大无辜，更离奇的是这句：英娣与我离异的那天，我到爱玲处有泪，爱玲亦不同情。

爱玲应该怎样表同情呢？像琼瑶剧里，小三成功撬掉大奶之后，还要跟她的男人叽叽歪歪一场吗？内疚啊，抱歉啊，掉上几滴鳄鱼的眼泪，再互相安慰，互相鼓励，最重要的是互相吹捧对方不但有旷世奇情，还透着道德高尚，堪称一场低投入高回报的道德消费。

张爱玲从来不玩这一套，她太真实。她在《童言无忌》里写道：

> 有天晚上，在月亮底下，我和一个同学在宿舍的走廊上散步，我十二岁，她比我大几岁。她说："我是同你很好的，可是不知道你怎么样。"因为有月亮，因为我生来是一个写小说的人。我郑重地低低说道："我是……除了我的母亲，就只有你了。"她当时很感动，连我也被自己感动了。

她一直记着这事，有着长久的不安，因为这感情来得夸张，而且是假的，是迎合，不是迎合某一个人，是迎合某一种情调，同样是可耻的。

所以，在胡兰成准备好要在她跟前演一场感情戏的时候，张爱玲沉默了，她的沉默，让胡兰成惊奇、失落，还有一点点不知所措。

但不管怎样，应英娣的拂袖而去，似乎成全了张爱玲的碧海蓝天。胡兰成在给她的婚书上写上"岁月静好，现世安稳"。他俩可以踏踏实实地在一起了。但这于他和她，都不见得是件好事。张爱玲是在大家庭里长大的，习惯于事事要跟人解释，成天在姑姑眼皮子底下跟胡兰成谈情说爱，她老是得猜测姑姑会怎么想。也许在她心里，她永远是那个在姑姑面前需要仰起脸的小女孩，她不好意思让姑姑知道，自己已经长大了。

胡兰成也未必想跟张爱玲在一起。胡兰成喜爱张爱玲，这一点没问题，可是他的喜爱，始终隔了一层，他不是把她当成一个女人，而是当成一个仙女去爱的，当他想到她是一个仙女的时候，他的快乐才能更多一些。

与一个仙女谈恋爱，这是一件多么荣耀的事，但胡兰成的“遇仙记”与董永不同，他无法想象他的仙女是可以柴米油盐生儿育女的——她也买菜，但她买菜都像行为艺术，他不可以想象她下降到平凡女子的那个档次，若她下降，他骄之众人的资本，那种被狗屎运砸中的狂喜就会大打折扣。收起天使的翅膀，放弃炫目的光环，变成凡人的张爱玲，魅力可能还赶不上应英娣，他要这样一个女子，又有何趣？

在她面前，他是乐于自我贬抑的，越是不如她，越是看轻自己，越能获得巨大的快感——是这样卑微浅陋的我，得到了这样的女子，反差带来的沾沾自喜，值得再三回味。尽管她说，女人要崇拜才快乐，她甘心在爱人面前低下去，但是他们都知道，她的低，是想好了的，是理性的，如一朵花俯身向下，她要嗅一嗅自己的香气。

他俩在一起，太像一幅画，屏风上的折枝牡丹，鸟啼风语，摆好了放在那里，看上去很美，而且，用胡兰成最喜欢的那个词，叫端然。可是，再美的姿态，摆得时间太长，也会有些累，还闷。多年之后，胡兰成说，夫妻间就应该像狗咬狗，叮叮当当的才好。不过，这样的格局与他和张爱玲不相宜，所以，在他的书中，又有这样的句子：伴了几天，两人都觉得吃力。好在胡兰成公务繁忙，制造了许许多多的小别，这种吃力，随之得到缓解。

## 9. 长江岸边的“洛丽塔”

1944年11月，日本人眼见得大势已去，胡兰成也预感到自己的末日，还要再做垂死挣扎。

他作别张爱玲，来到武汉，接手《大楚报》，住在汉阳医院。在同事中间，他实在找不到乐趣，因为“我这样随和，但与侪辈从来没有意思合作”。这是为啥呢？胡兰成这样评价他的同事们：那个小潘啊，他爱机锋，我说话就用机锋逼他，他着实佩服，但知道我并不看重他所辛苦学来的东西，他总想从我面前逃开；还有一个小关呢，读了苏联的小说，就当真学起斯拉夫人下层社会的粗暴来，他不能安宁，因为一静下来他就要变得什么都没有。

这俩人还不算最讨厌的，胡兰成最不爽的是第三个人，周作人的大弟子沈启无，说他风度凝庄，但眼睛常从眼镜边框外瞟人，又说他的血肉之躯在艺术外边就只是贪婪，他要人供奉他，可是他从来不顾别人。

胡兰成甚至把沈启无比成会作祟的木偶，说是“木偶做毕戏到后台，要用手帕把它的脸盖好，否则它会走到台下人丛中买豆腐浆吃，启无亦如此对人气有惊讶与贪婪”。

胡兰成骂人，跟他夸人一样，上天入地，搭七搭八，只说结论，不说依据，所以尽管恶毒，却非常缺乏说服力。看胡兰成举出的两个小例子，什么沈启无让他替自己拎箱子啦，他给沈启无做了件丝棉袍子沈还抱怨不够热啦，都不过是人与人交往时的小小龃龉，一个大男人能将这个惦记许多年，只能说他心胸狭窄。沈启无真正得罪他，应该是因为前者一度试图破坏他的桃花运。

胡兰成曾说过，张爱玲是不会吃醋的，他有很多女朋友，乃至有时挟妓出游，她都不放在心上。

不知道是张爱玲掩饰得太好，还是胡兰成有意把她这样神圣化，总之，这给了胡兰成很大的心理宽松度。一纸婚书不能给他形成任何束缚，来到武汉没多久，新婚还不到半年的胡兰成，又搭上了一个十七岁的小护士周训德，他亲切地称之为小周。

小周的相貌未必十分出挑，胡兰成跟她好上之后，曾回过一次上海，再回来看到小周，第一眼简直不喜欢，觉得她不美。但是，在汉阳医院的那堆太过平庸的护士里，也就数小周是个人尖子，他要找个情感寄托，也就只有她了。

好在，所有的女子，若你存心寻找她的好，总是能找出来的，何况她又是这样年轻。胡兰成笔下的小周，俏皮、刁钻、活泼、灵动，更有一种未经世事者的幼稚天然，成为政治重压之外，胡兰成的一处精神桃花源。

小周与张爱玲最大的不同，在于她不像后者那样，事事都清楚，胡兰成说她有着三月花事的糊涂，一种漫漶的明灭不定。比如说，那会儿美军飞机常来武汉上空，一城寂然，灯火全无，若张爱玲看到了，一定会有浮生乱世的感慨，但小周只是笑说好看。她这话固然轻佻，却也轻松，犹如童言无忌，让人不必陪着眉头紧锁，一道叹息。

张爱玲并不是不会发嗲撒娇，有次她端茶进去，将腰身一斜，胡兰成看了，连声夸她的艳。但是，张爱玲的这种“作”，却如《倾城之恋》里白流苏对着镜子翘起兰花指，斜飞一个眼风；如京剧里的花旦，层层叠叠地装扮好了，那些娇媚，都有一招一式的讲究。是要观众看见的，还得有板有眼地叫上一声好。

而小周，她的小女儿情态都是原生态的，没有那么多的文化内涵，那么深秘的心理背景，像三月原野上的小野花，她只管开她的，不像牡丹，端庄地摆在那里，等待人们庄重的欣赏。

这就使得张爱玲与小周传情达意时，表现迥然不同，张爱玲想好了，要将这一场爱，变成生命里一场辉煌绽放，她大展其才，除了跟胡兰成交流文艺方面的领悟见解，还用最为华美的语言大抒其情，比如我们前面说到的那个“低到尘埃里”，水平之高，是可以上古今情话排行榜的，日后胡兰成也拿出来好一通卖弄，可是我设身处地地从当时胡兰成的角度想一想，看到这样的句子，感觉未必就那么良好。

他会有点儿心虚，有点儿紧张，有点儿怯。第一，自己几斤几两心里很清楚，似乎配不上这样隆重的膜拜；第二，来而不往非礼也，文人们更是喜欢在感情上你来我往地且斗且舞一番，可是，胡兰成拿什么来回应呢？生生考出了他的浅陋。

小周也曾在照片后面题字，不过，这照片是胡兰成主动要她题的。按说题字这种事，小周一定比不过张爱玲，但她的妙处，正在比不过，人家干脆放弃原创，题的是胡兰成教她的隋乐府：

春江水沉沉，上有双竹林。
竹叶坏水色，郎亦坏人心。

这样一首诗，真是嗲得可以，而且还是胡兰成教的，胡兰成检验了自己的教学成绩之余，也不用煞费苦心地想什么对偶了，很轻松，很愉快。与这个效果相比，张爱玲的经典原创“低到尘埃里”就显得用力过猛了，人家小周四两拨千斤，那才是一记旁逸斜出的天山折梅手啊。

想当年，胡兰成也想过教张爱玲读诗的。文人向来都喜欢一种风流戏码，那就是教年轻的姨太太读书，要是没有姨太太，老婆可以充数，张爱玲就曾讽刺过这一现象。不过热恋中的她，大概不会煞风景地当面道出，所以，胡兰成就带了本古诗文，兴致勃勃地上岗了。

然而，始料未及的事情发生了，他非但指点不了张爱玲，张爱玲却反过来指点他，也就是我们前面说过的——里面的字只跟张爱玲打招呼。胡兰成只剩下了佩服的份，曾经颇为自负的那点才华，只能用来喝个漂亮的彩。

胡兰成也不是不愿意喝彩，可是，老是这样下去，只能拍马，不能吹牛，就好像在卡拉OK厅里抢不到话筒似的，搁谁也受不了啊。虽然张爱玲也夸他聪明，什么拍拍脑袋脚底板都会响之类，但那都是倾听者的聪明，不是倾诉者的聪明，胡兰成可不是一个倾听爱好者。

在张爱玲身边时，出于惯性，尚能忍耐，来到小周面前，这个十七岁少女的天真眼神，一定会让他发现别有洞天，激活他那点遭到严重压抑的良好感觉。

他教她读诗，和她一道去江边走走，不惑之年，身边还有这样一个小女子，一定是惬意的。于是，他说，她与江边人家叫应问讯，声音的华丽只觉得一片艳阳。

但是，小姑娘也不是逆来顺受的，她倚小卖小，更有一种古灵精怪。她喜欢跟胡兰成捉迷藏，明明看见她在廊下，一转眼，她已逃到楼上去了，再到楼上去找，横竖找不到，气吁吁地回到房间，她却无事人一般好好地端坐在那里呢。胡兰成在这种追逐中感到大的兴味，写信告诉张爱玲，张爱玲不禁鄙夷，中国风的调情，而且是民间比较低级的那种，一个追一个逃："你这个人最坏了。"

在感情上，小周也喜欢捉迷藏，她从来不肯对胡兰成说"我爱你"，胡兰成强迫她说，她只好说了，掠掠头发（这个细节加上前面的"强迫"二字，令人浮想联翩啊），又说，假的。胡兰成也拿她没办法。

这种酸酸甜甜的小情调，使他们的恋爱更像恋爱了，小周那种天真的邪气，小女子的骄纵蛮泼，在这个老男人眼中，更有一种令人意乱情迷的诱惑。两人在一起，就是一部民国版的《洛丽塔》了，小小的会心与动心无处不在，而且真是只用动心不用动脑的。

胡兰成写小周，都是寻常女子的好，一个眼波，一个手势，别人看了没什么感觉的，到他眼里都是艳。小周说起嫡母去世时，她赶着做了入殓穿的大红绣鞋，说时小周眼眶一红，却又眼波一横，用手比给胡兰成看那鞋的形状，胡兰成听着只觉得非常艳，艳得如同生，如同死。

她又跟胡兰成说产妇分娩时很可怜，产门开得好大，又是眼波一横，比给胡兰成看，胡兰成觉得她这手势如同印度舞的指法——剔除胡兰成爱东拉西扯拉着虎皮做大旗的癖好，我们可以看出，他对这个小女孩的迷恋。

我和朋友说起这些，被我阅历丰富的女友嗤之以鼻，说，怕是没有这么简单，男人都是下半身动物，张爱玲在床上估计没有护士小姐放得开。

关于这个，我要冒着低级趣味的嫌疑，好好地白话一下，首先，张爱玲和护士小姐到底谁更放得开？其次，放得开的女人真的更有魅力吗？

张爱玲初出道时，发表了两部《沉香屑》，其中《沉香屑——第一炉香》，写上海少女葛薇龙的香港之恋，那种怨而不怒的调子，赢得了一片喝彩，而那部《沉香屑——第二炉香》，向来乏人欣赏，因为它的主题在讲对于性的态度。

小说里说，这天是大学教授罗杰新婚大喜的日子，他娶到了美丽的女子愫细，空气里都是光与音乐，罗杰感到身边是一个高音的世界。他以为有无限的幸福与甜蜜在前面期待着他，却没想到新婚之夜会是那样诡异：在洞房里，愫细惊惧地发现她的丈夫是个流氓。然而，作为读者我们知道，罗杰不过是个正常男人，不正常的是愫细，她从来没有接受过性爱方面的启蒙。

愫细出逃，被一群不知就里的学生“救助”，此事闹得沸沸扬扬，罗杰为此丢了饭碗，只能黯然逃离。二十一岁的张爱玲，用冷静的笔触刻画了那样一个“天真到可耻”的世界，把罗杰定位为一个值得同情的受害者。看她后来的作品《红玫瑰与白玫瑰》，说起性爱，也是坦然而毫不忸怩的，张爱玲从来不会像“艳照门”女主角阿娇那样声称，看到屏幕上接吻都觉得恶心。

这跟张爱玲的阅读背景有关，她自幼熟读旧小说，比如《金瓶梅》之类，对于性爱描写已经达到百毒不侵的地步，既不觉得污秽，也不觉得刺激，不过是为作者所用罢了，这也可代表她对性爱的态度，她的态度，是冷静正常和科学的。

所以，床上的张爱玲纵然不会特别“放得开”，但也不会太忸怩，可是问题又出来了，她的“放得开”是源于文化心理支撑，而不是一个女人原始的欲念。被文化掺和了一道，所有的表现，又有了“二手”之感，那种笃定清醒，自我的体验与认知，会让跟妩媚的狐妖花精们更为亲近的男人感到陌生。

相反，小周姑娘倒是放不开的，胡兰成说了，得“用点强”，还经过了一个很长的时期，直到他们分别前夕他才达成所愿。可是，那种生涩是多么可爱，首先，它能激起男人开垦和塑造的愿望，一种创世纪般的良好感觉；其次，没有比较就没有鉴别，在她的一无所知面前男人更能放开手脚，那种从容不迫的支配者的感觉，可能比在张爱玲那里的“且斗且舞”更有吸引力，面对后者，旧式小文人胡兰成欣悦的笑容下，没准儿就有几分无从应对的惶恐。

结论：即使男人真的是下半身动物，放得开的女人，也不见得比放不开的更可爱。

## 10. 亡妻玉凤：情路上一枚值得展示的勋章

在这场魅力大比拼中，张爱玲似乎处处落了下风，没办法，才华见识并不能让性感程度水涨船高，钱锺书就曾说过："女人有女人特别的聪明，轻盈活泼得跟她的举动一样。比了这种聪明，才学不过是沉淀渣滓。"这大概是很多男人没有掏出来的真心话。

胡兰成依旧声称，不管他有多少女人，他待张爱玲总是不同。又打比喻：小时候他在舅舅家里玩，父亲去了，给那些表兄弟每人一个金橘，唯独他没有。他心中略有感觉，却也不敢怎么样，但见父亲将他牵到没人处，竟递给他一个金灿灿的大福橘，他对张爱玲，也是这样。

但有一次，在张爱玲的住处，他遇到炎樱，把她的椅子挪到房间正中，郑重得都让炎樱感到尴尬。他像日本人一样双手按膝上，恳切地告诉她这次大轰炸有多么剧烈。炎樱和张爱玲都替他不好意思，她们又不是没见过轰炸，用不着他来表演哀天地民生的哀恳，张爱玲窘到只能走开。然后她听到胡兰成问炎樱："一个人能同时爱两个人吗？”这句问话让张爱玲感到天都黑下来了。

我们看胡兰成写小周，会知道他更爱谁。胡兰成写张爱玲也精彩，但那种精彩，是世人都识得的精彩，她的才华，她的聪慧，光华璀璨，人人都会觉得好。他写小周的好，却都是普通女孩的那种好，张爱玲说胡兰成说小周的口气，像是做父母的说自己家孩子，一举一动都看在眼中，说得津津有味，这才是真爱。

胡兰成那样说，倒也不见得是欺骗，更准确的说法，应该是自欺欺人，张爱玲之于他，像一件豪华的裘皮大衣偶尔落到一个穷女孩手中，也许不合身，也许还不舒服，穿上去捉襟见肘，百般不适，但她也舍不得脱下，因为它是华贵的，可以炫耀的，她珍爱它，跟别人夸大着它的好，就她的拥有而言，这是最有分量的一件了。

又如文学爱好者褒扬某名著，未必有心得，拿在手里还会觉得累，但为了卖弄自己的水准，少不得要用上重量级的词语，显示自己的别具慧心。何况在当时，张爱玲这部名著，胡兰成拥有独家孤本，他那么虚荣的人，自然更要好好地煽乎一下了。

这并非胡兰成有意欺瞒，他真心实意地希望自己更爱张爱玲，因为更爱这样一个有才华的贵族后裔是对的，是有品位的，是跟主流社会合拍的。

美国哲学家弗洛姆说：大众心理，存在一种逃避机制，个人不再是他自己，而是按照文化模式提供的人格把自己完全塑造成那类人，这样可以使自己不再孤独与焦虑。比如说，催眠师可以暗示生马铃薯是可口的凤梨（菠萝），接受催眠的人就会像吃凤梨（菠萝）那样津津有味地吃生马铃薯。社会文化模式经常扮演着催眠师的形象，它说，你应该怎样，害怕被社会孤立的人，就会以为自己“是”这样。

而这种在催眠下产生的心理，其实是一种伪思想。

有一些特立独行的人，严格摒弃这种伪思想，摸索、发掘、展现自我，米兰·昆德拉算一个，鲁迅算一个，张爱玲当然也算一个。相对于孤独，他们更害怕自欺，哪怕剔出自己的血肉，他们也不能让那种伪思想在自己的灵魂里存身。

胡兰成没有这样的力量，在他貌似潇洒坦率甚至恣肆的背后，是对于社会文化模式的刻意逢迎。除了强调自己将张爱玲看得最重，他还一直声称，他深爱结发妻子玉凤，尽管她相貌平庸、土气、没文化，但是，“我的妻至终是玉凤”，我“幼年时的啼哭都已还给了母亲，成年后的号泣都已还给玉凤”，经历了与玉凤的一场死别后，“对于怎样天崩地裂的灾难，与人世的割恩断爱，要我流一滴泪总也不能了”。

糟糠之妻不下堂，向来是为国人赞扬的美德，胡适先生的情史虽然可以连篇累牍，但他到底没有抛弃江冬秀，仍然可以充任大众心中的道德楷模。对于亡妻念念不忘，也符合国人的审美取向，悼亡之作层出不穷，根子可以追溯到《诗经》里：绿兮丝兮，女所治兮。我思古人，俾无訧兮！一唱三叹，人鬼情未了。

我一点也不打算独树一帜，与上述的美好品质及感情为敌，假如它们是真的，我也愿意加入感动的队伍，但认识一个人，不但要听其言，还要观其行，我们看看胡兰成干的那些事，就知道完全不是那么回事。

他看到玉凤的第一眼，就不喜欢她，他喜欢那种尖下巴的精灵女生，玉凤却是一脸福相，完全不能烟视媚行，绣花也不精，唱歌也不会，甚至话也说得不伦不类，就是一个有点笨拙的乡下女子。

胡兰成新婚之夜才见到玉凤，大为失望，不过他不是一个激烈的人，玉凤再不好，总归是他的妻，耳鬓厮磨间也处出一些情意来了，更重要的，是玉凤对他，有着死心塌地的爱恋与信任，让胡兰成觉得很舒服。

胡兰成描写两人婚后的生活，都有一点《浮生六记》的情致了，但我们同时也能看到，他在那女子面前的优越感。他的家人总拿“抛弃”来威胁玉凤，他不高兴了，也会说结婚以来没称心过，虽是生气时的过头话，但设身处地地想，这话忒伤人心。

事实上玉凤也在心里掂量了无数遍，但她早已被自卑压倒，只觉得都是自己的错。其间也曾想问个清楚，那时胡兰成在萧山湘湖师范教书，玉凤带了三个月的小女来找他，胡兰成见她前来，大吃一惊。因为玉凤的山乡打扮，在那些时髦的女同事、同事夫人中间，显得那么突兀。当时的情形，应该有点像《人生》里，进了城的高加林看到刘巧珍。但路遥是写小说，不必美化高加林的见异思迁，胡兰成却要将自己的讶异粉饰一下，竟然东拉西扯说是像“中国旧小说里亦英雄上阵得了胜或此箭中了红心，每暗暗叫声惭愧”，恕我愚鲁，实在看不出这两者之间的可比性。

胡兰成像一切有志男人一样，自己出去闯天下，把老婆留在家中伺候老娘，客中寂寞时，也想勾搭一下同学的妹妹之类，但他当时一穷二白还有个老婆，加上刚刚入道，手艺不精，自然不能得手，于是，胡兰成还可以自诩为有始有终的男人。

没等到胡兰成混出名堂，玉凤就已病入膏肓，这使得胡兰成避免了一次被检验的机会，然而，他在玉凤临终前的表现，仍然让人看得心寒齿冷。

玉凤缠绵病榻之际，胡兰成的当务之急，是出去借钱。那会儿他们家的旧债未清，又添新债，暂时看不出偿还能力，借钱就成了很艰难的事，好在胡兰成有个干娘，以前出资供养他读书的，他结婚时还送了他一座竹园做贺礼，尽管后来生出了些小龃龉闹得不爽，但关键时候，也只有硬着头皮求助了。

干娘不是干爹的正室，而是一个得宠当权的妾，张爱玲的《爱》写的就是她年轻时的事，但到了这会儿，风雨人生已经把她打造成一个泼辣厉害的人物。胡兰成来到她家里，一住数日，不好意思开口，她情知他为何而来，却愣是不起话茬儿，直到胡兰成的堂哥梅香找上门来，说玉凤快不行了，胡兰成才提起借钱的事，她张嘴就给拒绝了。

按说不管怎样，老婆在床上只剩下一口气，胡兰成应该先回去再说，他竟能掉头要去绍兴借钱，说是三天可以来回，连梅香都看得目瞪口呆。好在胡兰成走了十几里，碰上下雨，渐渐也觉得这样跟干娘赌气实在可笑，自个儿转回来，干娘也没跟他计较，还亲自整酒制肴给他吃，两人之间这场恩怨，有一点点恋母恋子的情结在里面的，胡兰成很擅长表达这种婉转之美。

胡兰成在干娘家又住了三天，说是借不到钱，回去也枉然，又说：

> 我与玉凤没有分别，并非她在家病重我倒逍遥在外，玉凤的事亦即是我自身遇到了大灾难。我每回当着大事，无论是兵败奔逃那样的大灾难，乃致洞房花烛，加官进宝，或见了绝世美人，三生石上惊艳，或见了一代英雄肝胆相照那样的大喜事，我皆会忽然有个解脱，回到了天地之初。像个无事人。且是个最最无情的人。当着了这样的大事，我是把自己还给了天地，恰如个端正听话的小孩，顺以受命。

又是天地之初，又是“端正听话的小孩”，我都能看到身着长衫的胡兰成在那里歪着头吮手指的小模样了，真能把人的隔夜饭给呕出来。

玉凤最终是孤单地死去了，她始终深爱着自己的丈夫，当梅香回来大骂胡兰成无情时，她还站在丈夫那一边，说“这个梅香大话佬”，似乎永远相信着他。然而，我怀疑这并不是她的真实想法，青芸在玉凤死后告诉胡兰成，玉凤一辈子都在担心他不要自己，胡兰成的杳无踪影一定会让她担心的，但是她告诉自己，只能对他死心塌地。

这女人，这辈子，只是成全了那个男子的良好感觉，只有她，是永远让他吃得准，拿得定的，他日后的世界再怎样花团锦簇，都不可能获得这样深刻的爱恋与依赖了，仅凭这一点，他就觉得，他应该把她挂在衣襟上，作为情路上一枚值得展示的勋章。

所以，他说，我的妻，总是玉凤。

## 11. 长颈鹿式的女子

通常情况下，一个男人变了心，肯定要千方百计地瞒住老婆，虽然最后大多弄巧成拙，显得非常猥琐。人家胡兰成却不是这样，有了小周之后，他太得意，太兴奋，太想找个人说道说道了。但这个听众很难找，“一般人我不告诉他”，他要讲给一个听得懂的人听。他那么欣赏、崇拜张爱玲，同时也想让张爱玲见识见识他的能耐，所以，中间他从武汉回到上海，第一件事就是把这档子事，讲给张爱玲听。张爱玲的反应也跟一般人不一样，竟然“糊涂得不知道妒忌”。

张爱玲真的不知妒忌吗？当然不是，她和苏青的对话中说，男人要是夸别的女人一声好，心里总是不舒服的，但又不能老发作，否则他下次就不跟你说了，再说脾气是越发越大的，忍一忍就好了。

在张爱玲的小说里，没有浪漫的传奇，但是，到了自己头上，她仍然希望有完美的爱情，希望这袭华美的袍上，不会爬满“猜忌、忌妒、怨恨”这样的虱子。所以，对于胡兰成的花心，她也不愿意直面，而是千回百转地替他解释，朝好的方向去理解——顺便说一下，对于向来喜欢逼近人生真实处的张爱玲，这是一个特例。她太想在自己的人生里，培养出一桩绝艳的传奇。

然而，即使她费尽心力，还是无法替胡兰成自圆其说，即使她想要强大，也仍然会怀疑，会委屈。委屈中的张爱玲，和普通的女孩子也差不多，她试图借助另一个男人的追求，来刺激爱人，找回自我。

她对胡兰成说，有个外国人在追她，她若答应，对方愿意付一点抚养费。她说的应该是真的，张爱玲的弟弟张子静，多少年后也提到，张爱玲告诉他，有外国人邀请她跳舞，但她不会跳。

女孩子被人追求总是高兴的，但张爱玲特意告诉胡兰成，不能不说有找补的意思，小周的事情，让她很受伤，她只能用这种办法，表达自己的感觉。

张爱玲是一个长颈鹿式的女子，反射弧太长，星期一刺到脚掌，星期六才会反应过来。小周事件刚刚露头的时候，她不是不苦恼的，却没法儿迅速对此事做出判断与决断，她下意识的反击是如此可笑，于是，胡兰成初听不快，很快也就释然了。

他们这次相聚，是在1945年3月，张爱玲渐渐想明白，已是1946年的2月，花掉这么长的时间，不是因为她迟钝，而是她对这感情太珍惜，反复推敲，一再斟酌，直到太多的真相迫在眼前，她再也无法欺骗自己。

这将近一年的时间里，发生了很多事，1945年8月15日，日本人宣布无条件投降，胡兰成依靠的冰山倒塌，他逃到南京，后又窜到上海，在张爱玲那里住了一晚，之后，逃到浙江诸暨，投奔他的同学斯颂德。

斯君是胡兰成的中学同学，与他关系不错，二十啷当岁时，胡兰成还曾在斯君家小住过一阵子，斯母待他如自家儿女一般，连零花钱都悄悄放在他抽屉里。然而胡兰成客中寂寞，起了偷香窃玉之心，冲斯家小妹玩起了暧昧。小说里多有这种香艳传奇，但你一个有妇之夫，去打朋友妹妹的主意，太不仗义了吧？斯君得知后，翻了脸，把胡兰成撵出去。三十年河东转河西，日后，胡兰成混成"高官"，斯家却在战火中萧条下来，还要依靠胡兰成援助，他又成了这家的大恩人。

斯家老爷去世得早，有个姨太太，也守寡多年。这位姨太太名叫范秀美，是个热心人，见胡兰成如丧家之犬，她主动请缨，带他寻个落脚点。但胡兰成此刻的处境是人人喊打，待在哪里都不合适，斯家人一合计，决定把胡兰成藏到范秀美远在温州的娘家。

范秀美和胡兰成上了路，长亭短亭，晓行暮宿，即便是仓皇逃窜中，面对荒山夕阳，半老红颜，胡兰成也是要生一些绮念的。他也真是好身手，一开始还"范先生""范先生"地叫，忽然一日，两人就成了"夫妻"。

胡兰成说是"这在我是因感激"，感激到要"以身相许"！不过，我从中还看到了，胡兰成自我保护的智慧。《色·戒》里说，"到女人心里的路通过阴道"，换一个文雅的说法，叫一日夫妻百日恩，胡兰成的"以身相许"，使得冷清多年、本来对他就有好感的范秀美更加死心塌地，他的处境，也就更加安全了。

范秀美身世凄苦，父亲好酒贪杯，家境不堪，少年时被卖到斯家为妾，生下一个女儿，对男女之情尚未有体会，就成了一个寡妇。在影视剧里，一个守寡的妾，日子总如死水般寂寞，绣花鞋无声地踩在木质楼板上，从绣花绷子上抬起头，看日头影子，在粉墙花荫上缓慢地游移。这种带有悲剧美的叙述，却无法落到范秀美的现实人生里，斯家养不起一个华丽的摆设，她同样要自谋生路。

范秀美学到了一技之长——养蚕，成了蚕种场的技师，经常被派到外面指导蚕农。不完全封闭的生活，使她的生活中不缺异性，然而，能入她眼者寥寥，又拘于礼数，未敢越过雷池。现在，天上掉下个胡兰成，落难的才子，做过大官的，举止打扮与她熟悉的男人自然不同，更大的区别是，他对于女人，是那样亲切、温存。

就算这亲切温存里有利用的成分，范秀美也不会介意，她冷清了半辈子，眼看就要老去，这是最后一次恋爱的机会，怎么可以放弃？再者，虽然我说了胡兰成那么多坏话，但也不得不承认，他只是猥琐，并不恶，而范秀美多年的底层生涯，使她有机会接触到足够多的恶男人，她自己就心有余悸地描述过一次来自某员外的侵犯。有过这经历，她不会像张爱玲那样眼里揉不得沙子，相反，她有一种被生活捏扁揉皱之后的柔和，这令人心酸的柔和，预先化解了一切，原谅了一切。

态度决定一切，有了这个前提，遇到胡兰成，应该算上天送给范秀美的一个礼物，一抹不无惨淡的亮色。胡兰成的爱是不纯粹，不完美，但那也是爱，她的一生，也就得到过这一次而已。

藏在温州城某个角落的范家，如今更加破落，范秀美的父亲早已去世，一个弟弟也被日本飞机炸死，唯剩一个瞎眼老娘，孤苦无依，租住的房子是人家的柴房，除一桌一椅一只条凳外，勉强能摆两张床，范母睡小床，胡兰成和范秀美睡大床。胡兰成说范母糊涂，对自己的来路都不问一声，殊不知在困苦与灾难中存身的人，活着就很好了，哪里讲究那么多。

尽管处境窘迫，但暂时有了些安全感。戏里唱了，寒窑虽破能避风雨，夫妻恩爱苦也甜，胡兰成生存能力超强，这会儿就觉得闾阎炊烟，寻常巷陌，他和范秀美举案齐眉斯抬斯敬的，未尝不是另一种天上人间。

## 12. 她也曾贪恋泥淖里的温暖

可是，刚刚安生没多久，就出现了一个小意外，张爱玲来了。此刻的胡兰成，一改多情才子的扮相，居然脸色大变，粗声粗气地对张爱玲喊："你来做什么？还不快回去！"

他说是怕连累了妻子，听上去很有道理，但是，当年他在上海，已经预感到大难临头，还那么高调地在杂志上暗示他和张爱玲的"特殊关系"。日后他已是一个臭名昭著人人喊打的汉奸了，亦连篇累牍地写“爱玲”这“爱玲”那，这些时候，他怎么就想不到不要连累“妻子”了呢？要不是他自己热衷爆料，这么一个飘忽含糊的事件，也就在公众的记忆中一带而过了，也不至于连累得爱玲现在还要被愤青们诅咒。

胡兰成并不是一个那么为别人着想的人，他的疾言厉色，更有可能是怕笨手笨脚的张爱玲，招来盯梢的。另一方面，大概也是怕张爱玲发现他的好事，他还没有做好告诉她的心理准备。他热衷于跟张爱玲谈周训德，是因为“中年以后还有这样的奇遇”，“不让他自我陶醉一下，不免怃然”（张爱玲《色·戒》中语）。范秀美不如小周年轻漂亮，比胡兰成还要大几岁，跟她的这档子事，就不像小周那么说得出口。第三，也是最重要的一点，胡兰成非常担心，张爱玲的贸然现身，伤到了大恩人范秀美。

胡范两人虽无婚书仪式，但在邻居面前都是夫妻相称，对于身份卑微的范秀美，这是一个甜蜜的安慰，现在，天上掉下个张爱玲，尽管胡兰成日后为了报复她，说两人也没有仪式，言下之意是也算不得明媒正娶——张爱玲恨恨然说胡兰成把自己说成是他的妾，不知道是不是由此而起——但毕竟有约在前，比起范秀美，要名正言顺得多，这就难免让范的面子过不去。

为了范秀美的面子，胡兰成向外人说张爱玲是他的妹妹，他自己的解释是，他让爱玲委屈，是拿她不当外人。

但是，敏感的张爱玲却发现，他真正当成自家人的，是范秀美。比如说，某日他肚子疼，在张爱玲面前强忍着，等到范秀美来了，才哼哼唧唧地撒起娇来，张爱玲当下就觉得惆怅。

又有一次，张爱玲要给范秀美画像，画着画着发现范秀美的眉眼神情特别像胡兰成，当下心里一阵难受，以至于无法再下笔。

应该说，张爱玲已经窥破了胡兰成与范秀美的那点儿事，但是，这个时候，她信胡兰成多过信自己，即便隐约感觉到他们之间不那么简单，也会认为是发乎情止乎礼，胡兰成不至于那么不靠谱。只是，单是这“发乎情”，已经让她不爽了。

但仍在可承受范围内，张爱玲这会儿计较的，还是他和小周之间已经坐实的一段恋情。她已经抵达当初想象中的顶点，边远小城的油灯下，她没想过这是一场三个人的聚会——即使小周没有到场。她要他在自己和小周之间选一个。

注意，是选择，并不是非选自己不可，她说了她可以走开。她只是希望她爱过的这个男人，能够有选择、有取舍，有取舍的人才有底线，不苟且，不会和两个以上的女人同时暧昧不清——在明明知道这种暧昧起码会让其中一个女人痛苦难堪的前提下。

但胡兰成不愿意选择，只是天上地下地胡扯，说：“人世迢迢如岁月，但是无嫌猜，安不上取拾的话。而昔人说修边幅，人生的烂漫而庄严，实在是连修边幅这样的余事末节，亦一般如天命不可移易。”

这话说的，真是宝相庄严，但我却只能一点儿也不庄严地呵呵一笑。“其实他从来不放弃任何人，连同性的朋友在内。人是他活动的资本。我告诉他说他不能放弃小康，我可以走开的话，他根本不相信。”张爱玲在《小团圆》里如是说。

张爱玲说，你说的这些我都懂，但这件事，你还是得做选择，就算说我无理也罢。

胡兰成又推说他跟小周未必会再见面，张爱玲说，不，我相信你有这个本事。然后又叹了一口气，说，你到底不肯。我想过，我倘使不得不离开你，亦不至寻短见，亦不能再爱别人，我将只是萎谢了。

她的语调里有悲哀，胡兰成听了也难受，但不完全是无奈与同情，他说这难受好像不对劲，因他与张爱玲在一起，从来是在仙境，不可以有悲哀。

张爱玲的存在，曾给他一窥仙境的窃喜，“星沉海底当窗见，雨过河源隔座看”，那样的神仙生涯，是应该从庸常岁月里单独提出来的，与碎屑生涯不相干。他的仙女，也应该是高蹈、清寂，目下无尘的，让他能够隔着点儿距离仰望——纵然肌肤相亲，心里仍然是有距离的。

现在，仙女下凡了，还很委屈，要凡人他给一个决断，求之不得，但心中亦有挫败的悲哀——胡兰成一定是这样理解的。这些统统令胡兰成震撼并失望。

两人几乎同时逼近了一个真相——彼此都不是自己想象中的那个人，却都不敢确定。温州二十日，张爱玲仍然跟胡兰成大谈艺术，胡也仍然耐心地倾听与呼应，但是都已不复有热恋时的孜孜然，日后胡兰成行文，比起“欲仙欲死”的蜜月期，要索然得多。

二十天过去了，张爱玲总不肯离开，胡兰成说她是愁艳幽邃，柔肠欲绝，但我觉得她的拖延，是在等待一些细节，以剔除心中已起的疑惑，证明胡兰成仍然是她想象中的那个人。她把这个想象抱得太久了，实在舍不得轻易放下。

胡兰成却一直催她回去，仙女不仙女的并不重要，关键是她在这儿，就是颗定时炸弹，他却说如袭人在外头，见宝玉来看她，唯恐亵渎闪失了。

张爱玲在疑惑沮丧中离开，那天小雨，她站在船头涕泣久之。

女人在感情出现问题的时候，都会有一个胶着期，贪恋泥淖里的温暖，迟迟不肯决断。在张爱玲，还有一个特别之处，她的感情燃点太高，燃烧一次不容易，不甘心就这么着，将一生的感情，化成冷清的灰烬。

她给他寄钱，写信来安慰他，信里仍然是张式华丽语句，将困在温州的胡兰成比作王宝钏，说寒窑里过的日子亦如宝石的川流，看得出，张爱玲仍然在煞费苦心地装点这段渐渐走向尾声的爱情，却有一点点乏力。再说，都这么熟了，还需要用花腔女高音式的调调传情达意吗？

在《小团圆》里，她写她的痛苦："那痛苦像火车一样轰隆轰隆一天到晚开着，日夜之间没有一点空隙。一醒过来它就在枕边，是只手表，走了一夜。"

她吃不下东西，靠喝西柚汁度日，以至于例假几个月都没来，在镜子里看到一个苍老的瘦女人走来，自己都被那憔悴吓一大跳。

就在这个时候，她遇见了桑弧，那是她能够抓住的一根救命稻草。她说，她需要一个人，让她觉得自己身在人间。有人说，张爱玲犯了一个全天下女人都会犯的错，被一个男人伤害时，飞快地栖身于另一个男人的怀抱。确实，桑弧的无情比起胡兰成有过之而无不及，但是，起码他不猥琐，不做作，不嘴碎，他是让你可以放心去爱的人，那种放心，我指的是，即使有天他断然放弃你，也不会让你觉得丢脸。而男人对于女人最大的伤害不是他爱上别人，而是他让你看不起和他在一起时的你自己。

何况，张爱玲是真的爱桑弧。她说，像初恋，像是以前错过了的一个男孩子。这段爱情，把跟胡兰成的那段给刷新了，但胡兰成还不知道。

1946年4月，温州通缉汉奸的风声渐紧，胡兰成窜到诸暨，在斯家楼上住了八个月，后来担心斯母厌烦，也想着温州的风声应该过去了，又回到温州。

中间经过上海，他在张爱玲那里住了一晚，大难之中的短暂相聚，危机四伏急管繁弦，如《诗经》里的“风雨如晦，鸡鸣不已。既见君子，云胡不喜”，这曾是张爱玲非常喜欢的诗句，但是，那个晚上，却不是那么一回事。

甚至不是对深不可测的未来的恐惧，恐惧也有一种很纯粹的刺激和悲剧美。胡兰成和张爱玲的问题在于，他不知道，她已经不再爱他。

他还在絮絮叨叨地指责张爱玲不会待人接物，刚刚见到斯君，连午饭都不知道留人家一留，但问题是，张爱玲从来没有冒充长袖善舞过，曾几何时，他还对这种贵族式的倨傲脱俗击节称赞不已。

他还发现她的其他问题，比如那会儿她去看他，途经斯家时，用人家的面盆洗脚之类，这些细碎小事不但让斯家大不以为然，也令一度“懂得”张爱玲的胡兰成君开始横挑鼻子竖挑眼。

究其原因，与上次张爱玲的失态有关。当她让胡兰成在她和小周之间做出选择的时候，仙女的光环消失了，她，也不过就是个女人，为情所困的女人，等待他给一个准话的女人。失落之余，男子的优越感重新回到他身上，他，是可以对这个已经甘居下端的女子指手画脚的。

胡兰成是一个欺软怕硬的主，当他认为张爱玲没那么强大时，顿时“从奴隶到将军”地抖了起来。他索性把自己跟范秀美那档子事也告诉了她，张爱玲其实已经知道，之前范秀美还曾来上海找过她，青芸说范怀了孕来堕胎，张爱玲拿了一枚金戒指给她。但《小团圆》里，却写盛九莉并不知道这个女人找自己何事，只是看她食不下咽的样子，觉得很不耐烦。

胡兰成却还在问她有没有看过他写的《武汉记》，里面满纸的“小周”云云——事到如今，他完全不用对她察言观色了。

张爱玲说，看不下去。胡兰成说他听得一呆，没想到张爱玲也会忌妒。他的惊奇里也有得意，但我们不得不说，他实在是想多了。

他没有注意到之前张爱玲接到一个电话，是桑弧打来的，他只看到张爱玲在电话里跟人讲上海话，觉得柔媚。没想到对于张爱玲，是她的两个世界在相撞，旧的和新的，两个星球在她耳边擦肩而过发出洪大的嘈声。

胡兰成拿出小周的照片给张爱玲看，不无期待地恐惧着，怕张爱玲撕了它，但张爱玲只是略看一下就微笑着还给他了。

胡兰成对张爱玲说，青芸帮你说话哦，那张小姐不是很好吗？张爱玲起了大反感："难道我要靠人家帮我说话了？"

两个不再相爱的人，怎么着都不对劲，胡兰成以为张爱玲是吃小周的醋，为了调剂气氛，他开玩笑似的打了她的手背一下，她不由得骇怒道："啊！"

这一声"啊"，是一道森严的防范，划出了他们之间的距离，她就此把他看成了一个陌生人，一个不可以不设防的人。那一晚，他们各自就寝。

第二天凌晨，胡兰成来到张爱玲的房间，俯下身子亲吻她，张爱玲从被子里伸出手臂，抱住他，忽然间泪流满面，喊了一声"兰成"。这是一次为了告别的拥抱，她抱住的不只是一个男人，还有自己的旧感情，第一次的爱，她就要与它分离了，心中充满了恻然的怜惜。

## 13. 胡兰成给过张爱玲多少钱

这次分别之时，张爱玲给了胡兰成二两金子。

《小团圆》里说，是交给胡兰成的侄女青芸的，胡兰成看见了，没作声。后来写书的时候，他大概不好意思说自己当时看见了。胡兰成更爱说张爱玲给自己寄过三十万，这事胡兰成在《今生今世》里写过，张迷因此觉得胡兰成对不住人家还拿人家钱，简直是个吃软饭的，胡迷则一如既往地得意，能吃到软饭说明胡大爷有能耐。

确实也是，吃软饭肯定比包养更能证明一个男人的魅力，可惜《小团圆》扯下了这个温情脉脉的面纱。张爱玲明确写道，胡兰成并不是像他说的那样，只给了她一点儿钱，只够做一件皮袍。他曾经给她带来过一箱子的钱，现钞，是他办报的经费，还对她说，在经济上让我来照顾你。

之后他又多次带给她钱，对她说，你这里也可以有一笔钱。张爱玲收下来，她说，她要还给她妈妈。

张爱玲说过，要是爱一个人爱到跟他要零花钱的程度，那真是很严格的检验。同理，要是恨一个人恨到要把他给自己的每一分钱都结清的地步，那也是很刻骨铭心的怨恨。张爱玲因为各种积怨，一直打定主意要将母亲在自己身上花的每一分钱都还掉。在她的“仙女”年代，胡兰成欣赏她这种剔骨还父割肉还母式的决绝。

但当他陷入窘境时，怕是就没有那么赞同了。他身边的每一个人都在帮助他，青芸、斯君，都在为他奔波打点，唯有张爱玲，虽然也不辞辛劳地去看他，却在金钱上，不透一丝口风。

我不知道胡兰成怎么想的，也许他并没怎么想，所有的压力都来自张爱玲自身，反正在张爱玲交出这二两金子之前，只要他一沉默，或者脸色一暗，她都会想到他是怨恨她不拿出钱来，她倔强地想，不管，反正我要还给我妈。

但是她没有还成，她妈哭着拒绝了。这个诀别的早晨，她把二两金子还给了胡兰成，这同样是个交割，她已经不再爱他，就不可以在他面前耍赖与倔强，收着他给的钱。金钱真是检验感情的唯一标准啊。

胡兰成依旧给她写信，对她说“我永远爱你”，他以为这是巨大的安抚，以为她怕自己将她抛弃。

她将刚拿到的剧本的版税寄给他，做进一步的交割。

就这么过了半年，1947年5月，胡兰成凭着一手出神入化的马屁功夫，赢得了当地一位士绅的欢心，帮他推荐就业，介绍朋友。眼看着在温州城已经能够立住脚，他又远远地搭上了文化界大腕梁漱溟，再度出山也有了机缘。胡兰成心里高兴，写信去告诉张爱玲，没想到，就是这封信，引出张爱玲与之分手的决断。

在《今生今世》里，胡兰成录下那封信：

> 我已经不喜欢你了。你是早已不喜欢我了的。这次的决心，我是经过一年半的长时间考虑的，彼时惟以小吉故，不欲增加你的困难。你不要来寻我，即或写信来，我亦是不看的了。

《小团圆》里，这封信没有这么简单，盛九莉在信里写：“我并不是为了你那些女人，而是因为跟你在一起永远不会有幸福。”她本来还想写上“没有她们也会有别人，我不能与半个人类为敌”，又觉得这句话像气话，反而不够认真。

她把这封信拿给桑弧看，不愿意让桑弧认为她是因为吃醋才和胡兰成分开。这种表白笨拙可笑，但正是这种可笑的地方，才像爱情。相形之下，她写给胡兰成的那些如云似锦的情话，都像是一场翘袖折腰的表演，观众是她心中的自己，那个自己，要求自己在最好的年华里，责无旁贷地爱一场。

信还没寄到，她先收到他的信，“像是收到死了的人的信，心里非常难受”。

那封信终于到了胡兰成手中，他说，他看到第一句，即刻好像青天白日里一声响亮，但心思却很静。看完这封信，也不觉得不对，反而觉得她的清坚决绝真的是非常好，她不能忍受自己落到雾数。他不禁又要欢喜夸赞了。

是啊，这样的一封信，才是仙女本色，那个仙女置之死地而后生了，胡兰成心中的一块大石落地，原来，这个仙女是真的，他真的跟一个仙女恋爱过。这一点，才是最重要的，至于分手不分手，倒是无关紧要，反正他本来也不缺女人，尤其不缺一个相貌平常笨手笨脚的女人。

他说，爱玲是我的不是我的，也都一样，有她在世上就好，我仍然端然写我文章。

他当时是没怎么样，按照她的吩咐，不去寻她，也没有回信，只是给炎樱写了封花里胡哨的信，“但为敷衍世情，不欲自异于众”。《小团圆》里应该是原信实录："她是以她的全生命来爱我的，但是她现在叫我永远不要再写信给她了。"

比比（《小团圆》里炎樱的名字）一脸为难："这叫我怎么样？"

是啊，兰成君，你怎么就有本事永远让人脸上替你挂不住呢？

而他这封信也像是对张爱玲的一种安抚，缓兵之计，《小团圆》里说，邵之雍很快就离开了那小城，盛九莉怀疑他担心自己去告密。她从鼻子里冷笑一声。

胡兰成确实是在那会儿搬离了范家，去温州中学教书，不见得就是担心她去告密，张爱玲把他想得这么阴暗，确实是恩断义绝的节奏。

1949年张爱玲写的电影《太太万岁》公映，胡兰成利用职务之便，与全校师生包下一场去看，同事们都说好，他心里还不足，"迎合各人的程度，向这个向那个解释，他们赞好不算，还必要他们敬服"。可以想象他脸上那憋不住的得意，虽然不能让他们知道底细，连起疑也不可以，可是，若一点儿异样的感觉也没有，岂不令他怃然？

胡兰成的虚荣心，真的很强大。他在温州认识了一些人模狗样的人，带着范秀美去拜访，人家摆了宴席招待他，他就觉得这面子是自己结交来的，非常得意，还为范秀美设身处地地想，嫁了他这么一个丈夫，她也真有面子。在张爱玲已经从他的天空上划过去之后，他还要拿她给自己撑台面，也就不足为奇了，对他有所认知的张爱玲若是知晓，想来也不会介意。

## 14. 张爱玲的剩余价值

等到两人先后离开大陆，胡兰成不用对自己的身份讳莫如深时，他惊喜地发现，除了让虚荣心暗爽一下，张爱玲还有其他价值。

张爱玲的研究者司马新提到：1953年，已经取道香港来到日本的胡兰成得知张爱玲在香港美国新闻处做短工翻译，误以为是美国中央情报局同一机构，就写信致张，求她介绍自己到美国中央情报局工作，吓得她将来信原封退还。

《今生今世》里没有这一段，司马新说是听张爱玲的好友宋淇说的，估计胡兰成自己也觉得丢人，他在扬长避短上是很有一套的，前面在应英娣的来历和“妾室”身份上的含糊其词就是一例。

很多人为胡兰成辩解，说汉奸也罢，负心也罢，起码他坦白。可问题是，到底什么叫作坦白？像胡兰成这样，避重就轻地复述一下过程，色厉内荏地强词夺理，把自己打扮成一个离经叛道但自有一套严密逻辑的人，就叫作坦白了？不，我觉得坦白是与自己的内心赤诚相对，像打量他人那样打量自己，不放过任何细枝末节，直至，终于接近于内心的本质，人性的弱点，欲念的源起。

看胡兰成的大作，可以忍耐他满纸半文半白的“亦”和“连”以及自以为别有深味的浙江乡下方言，甚至可以忍耐一得意就忘形，一得志就小人相的轻骨头，唯独感到难以忍耐的，是他总是试图欺瞒，诗词歌赋齐上阵，说禅论道做大旗，掩盖他的利己本质。最后，他成功了，他通过一部裁剪得当浓淡相宜的“情感历程”，掩盖了一个草根男的野心与戾气，把自己打扮成了气定神闲优越感十足的风流教主，这，能叫坦白吗？

1955年，胡兰成的日本好友池田笃纪去香港，胡托他去看张爱玲，这一次，倒不见得有什么用心，他可能是闲得慌，一点点无聊外加一点儿好奇心，池田没有见到张爱玲，胡兰成猜张爱玲也不愿意见，本来就多余嘛。咦，那你胡兰成干吗还多这个事？

胡兰成做什么我都不感到稀奇，但奇怪的是，1957年年底或1958年年初，张爱玲竟然经池田转了一张明信片过来，没有上下款，写道：

> 手边如有《战难和亦不易》、《文明的传统》等书（《山河岁月》除外），能否暂借数月作参考？请寄（底下是英文，她在美国的地址与姓名）。

说起来张爱玲很没必要招惹胡兰成，难道不知道他容易牵动绮念？究其原因，在于此刻的张爱玲已经嫁给赖雅，以为她跟胡兰成是桥归桥路归路了，便是牵动一些感怀，也没什么大不了的。她给予自己的终极定位是：我是一个写小说的人。

这个写小说的人当时处境不佳，英文写作没有得到美国市场认同，急于凭借一部力作翻盘。1961年，她来到台湾，为以张学良为主人公原型的作品《少帅》搜集资料，很有可能在1957年年底乃至更早，她就在酝酿这部作品了，给胡兰成写这个明信片，真的不是旧情复燃的幌子，而是创作小说的前期准备工作之一。

胡兰成的想法却很多，先是不敢相信，然后给他当时的老婆佘爱珍看，佘爱珍先是一呆，随即替他欢喜，还催他回信。

这位佘爱珍也真大方，难不成是一位芸娘式的贤妻？胡兰成说她一向是别人眼里有了她就不能再有第二个人的，不过见了张爱玲的字犯起糊涂。写到这里，我要呵呵一笑，有道是，不是一家人，不进一家门，胡兰成一生风流官司无数，落到这个女人手里，才算是好马配好鞍，天造地设的一对。

佘爱珍不是个普通人，前夫是大流氓“白相人”吴四宝，后来改行做汉奸，也做得很“成功”。佘爱珍能把这么个人收服摆平，自然也有两下子，当年在胡兰成的眼中，她是个必须仰望才得见的人物。且说某个春天的下午，她携了女侍，光临他的寒舍，真如神仙下凡，他“又喜欢，又敬重”，只觉得他寒酸的客厅与她诸般不宜。

不过，对她老公吴四宝，胡兰成就没这么客气了，在回忆录里追忆第一次见到吴，他看上去很恭敬，胡险些拿他当保镖了。胡得罪汪精卫被免官时，还曾到吴家一游，吴四宝派老婆出来敬酒，自己则“恭谨相陪”，胡兰成认为两人文武有隔，跟他没那么多废话，坐坐就出来了。吴四宝把他送到大门口，还给他开车门，胡兰成顿时想起《史记》里韩信被贬闲居，去舞阳侯樊哙家串门，樊哙大惊，拥帚跪迎，韩信进去了，略坐一会儿，出来，笑道，没想到我竟然跟樊哙这样的人为伍。

胡兰成拿这段逸事来比喻，不过还是略略谦虚了一下，说，我和韩信既像又不像。

1949年后，佘爱珍先到香港，后去日本，吴四宝早已过世，她一个人在江湖上漂泊。好在徐娘半老，风韵犹存，生存能力又强，更重要的是，她知道男人不如钱可靠，手里很有一些积蓄。

胡兰成在香港时搭上了她，在旅馆里，先是坐着说话，然后拉着她的手，蹲下身，把脸贴到了她的膝盖上。就这么着，后来他想去日本，跟她借路费时，佘爱珍也是长吁短叹说家道艰难，不比从前，二百块港币打发他了事。

佘爱珍后来日暮途穷，下嫁胡兰成，婚后她忘了这茬，跟他吹嘘自己在香港时的风光，胡兰成一对照，才知道被她糊弄了，很不高兴：我都当你是知己了（都把脸贴你腿上了），你却没有看重过我（也没借给我钱）。不过，胡兰成本来就是污泥浑水里打滚的人，没有穷追到底的嗜好，不爽一下也就罢了，按照他的惯例，还要朝好里去说，于是，对于佘爱珍当年忽悠他一事，他上升到了这样一个高度：有意栽花花不开，无心插柳柳成荫。

这都是哪儿跟哪儿啊？

不仅如此，胡兰成的另一个习惯——喜欢把得手的女人都说成仙女下凡，在佘爱珍身上也发扬光大。比如她曾做过痧药水的生意，山寨人家的品牌，对方跟她打官司，请了律师，佘爱珍先是打电话威胁律师不要掺和，律师不理，等他从法庭出来，忽地蹿出一人，拿粪汁淋了他一头一脸。律师回到家中，还有电话打过来，问他味道好吗。对佘爱珍的这一“杰作”，胡兰成赞曰“白相人做出来的事就是动不动又顽皮，只不作兴下流，所以上得台盘”，看了这段我真的很想请教，这都不算下流，到底怎样才算下流呢？

白相人佘爱珍跟了胡兰成，真是得其所哉，俩人都是热闹人，还都喜欢煽情，成天不是钩心斗角就是打情骂俏，你恩我爱的，有没有实话倒在其次，只要不寂寞就行。现在，突然冒出一封爱玲信札，无聊的时日变得有料了，佘爱珍撺掇胡兰成去撩拨张爱玲，其实是打心底看轻她。

胡兰成的新欢旧爱里，佘爱珍忌讳日本女人一枝，因为离得近，仍然有可能；忌讳周训德，因为知道胡兰成很把她放在心上——胡兰成到日本后，窘境里，还惦记着小周，写信寄钱要把她接来，终因失去联系而作罢；唯独不忌讳范秀美，知道胡兰成对她不过是利用，当时花言巧语，一朝时过境迁，也就抛到脑后任其自生自灭去了。

同样，佘爱珍以一个江湖女人的心机，看透张爱玲不过是个写文章的女人，没有几下子，就算张回心转意，她也有的是办法对付她，现在则不撩白不撩，如同猫逗耗子，就图那一乐。

胡兰成未必不知道他老婆这番心思，但这心思正好与他不谋而合，当然，消乏解闷之外，他另外有一个情结，那就是，挑战他心中的最高标尺。

## 15. 谁不曾爱过个把人渣

不管怎么说，胡兰成和张爱玲的一段情，使他比别人更多地接触到张爱玲，读到了更多的精彩，她面对经典百无禁忌，她表情达意直指人心，她深刻的身世之感，华丽与苍凉交替的人生体会，都让半瓶子醋、心虚气短的胡兰成大开眼界，用时下流行的说法叫：原来人生和经典都可以这样读。

剔除自抬身价的成分，他对她的赞美里也不无真诚，他说自己是打她这儿开了天眼的，视她为高高在上的九天玄女，学习她的行文风格，自然也想听她的一声肯定。若她对他犹有余情，那当然是再好不过——他大概隐隐以为，虽然她先说拜拜，却未必能将他忘怀，毕竟是他伤了她，伤有多深，正说明她对他的爱有多深。

但是，在香港，当有人问起张爱玲对他的力作《山河岁月》的看法时，她不置一词，他感到了被轻蔑，恨恨地想，我总也不见得输给她。现在，她又从容地给他寄来这么一张明信片，说明她已然将他放下，就像《茉莉香片》里，言丹朱不把聂传庆当男人，才对他有肆无忌惮的亲密。

胡兰成虽然不至于像聂传庆那么愤怒，但肯定有点受伤，于是他在回信中说，我把《山河岁月》与《赤地之恋》来比并着看了，所以回信迟了，他这是把张爱玲和自己拉到一个水平线上，想以此打破张爱玲的心理平衡。他想象张爱玲知道自己的作品被他的灼灼目光照了一下，肯定有点儿心慌，又说，让她慌慌也好，因为她太厉害了。他后来又寄去了一本《今生今世》（上卷），并写了信。

这封信寄出去之后，胡兰成两口子算是找到了一个特别好的消遣，没事就在那里猜测张爱玲的反应，佘爱珍说，你与张小姐应该在一起，两人都会写文章，多好！胡兰成就说，那你怎么办呢？佘爱珍说，那我就与你“哟霞那拉”，胡兰成说，你心里不难受吗？佘爱珍说，不难受。

两个人说得有来道去的，明明是打情骂俏，拿肉麻当有趣，胡兰成还能装模作样地说：爱珍便是连感情都成为理性的干净。

让我呈四十五度角仰望他一下下。

张爱玲没有回复，胡兰成仍不肯罢手，又写信去挑逗，张爱玲给夏志清的信里说：“后来来过许多信，我要是回信势必‘出恶声’。”

不管张爱玲回不回信，胡兰成夫妇都从中找到了很多乐子，整天说过来说过去的，借用《还珠格格》里对“乐不思蜀”的成语新解，简直“快乐得像老鼠”一样了。

张爱玲的回信到底来了，全文如下：

兰成：

你的信和书都收到了，非常感谢。我不想写信，请你原谅。我因为实在无法找到你的旧著作参考，所以冒失地向你借，如果使你误会，我是真的觉得抱歉。《今生今世》下卷出版的时候，你若是不感到不快，请寄一本给我。我在这里预先道谢，不另写信了。

爱玲

十二月廿七

难怪胡兰成说张爱玲厉害，看看这封信写的，整个儿一个骂人不带脏字。从字面上看，没有任何问题，它澄清误会，保持距离，有礼有节，客气隐忍，但这隐忍，正说明张爱玲拿对方当小人看待，宁可得罪君子，不可得罪小人，我穿鞋的就怕你光脚的，这个“鞋子”，可以理解为尊严，她不想拿苍蝇来练剑。她的隐忍，便是投鼠忌器，有了鄙视、警告、央求、自卫等诸多的意味。

看到这样一封信，胡兰成和佘爱珍傻眼了，但他俩都是千锤百炼的人物，很快从短路状态回转过来，佘爱珍先笑话胡兰成活该，又给他出主意，让他装作没收到这封信，再写信给她，请她看樱花。胡兰成都觉得这主意无赖，但又觉得非常好，俩人又嘻嘻哈哈地表扬与自我表扬了一番，消磨了时日，促进了感情，张爱玲大概做梦也不会想到，她这封信还能收到这一效果。

不过，即使张爱玲想得到，大概也不会惊奇，她熟悉他们脸上那满是油汗的笑，既瞧不起别人也瞧不起自己，由放任而生的疲惫，她笔下最擅长描画这种小市民，下笔如有神时，大概不会想到，自己就栽在这种人手里，所谓阴沟里翻船。

她不能有任何回应——别说写一部《我和××不得不说的话》了，若能牵动她一丝情绪，他都会大得意，他的书商也会借此炒作，白白娱乐了那些无聊的看客。只能是隐忍，忍无可忍，从头再忍，只能通达地想，有谁年轻时候不曾爱过个把人渣？有谁漫漫情路上没有几个污点？有谁的人生可以真正做到清坚决绝，不给观众一丝窥视的余地？像原谅别人那样原谅自己吧，就当成一个黑色幽默，一个可以反观自己了解人性的案例。

但书商还在用她的名字为胡兰成博宣传，还跟她约稿，以“胡兰成先生可代为写序”为优厚待遇；比如无数的胡粉拿她说事不算，连地道的张迷苦于看不到她更多资料，也人手一册《今生今世》；比如有个叫三毛的同行写了部电影剧本《滚滚红尘》，点明了里面爱得神魂颠倒的男女就是她和胡；深度刺激她的还有朱西宁，他原本是张爱玲的粉丝，给张爱玲写信，又附了自己写的小说。身在美国无人识的张爱玲见这么一个人万里迢迢地来致意，便回了封信，很是敷衍了他一番。有天朱西宁突然写了封信登在“中国时报”的《人间副刊》上，引耶稣以五饼二鱼食饱五千人做喻，讲耶稣给一个人是五饼二鱼，给五千人亦每人是一份五饼二鱼，意指博爱的男人，爱一个女人时是五饼二鱼，若再爱起一个女人，复又生出另一份五饼二鱼，他不因爱那个，而减少了爱这个，于焉每个女人都得到他的一份完整的爱。

听上去好像贾宝玉的梦想，但贾宝玉终在梨香院里悟透，一个人只能得一份眼泪。胡兰成与贾宝玉最本质的区别，在于他少了那份诚意，他的那些花里胡哨的理论，都不过是为自己的欲望打马虎眼，只是他说得云里雾里的，倒也把朱氏父女一干人等迷得七荤八素。

张爱玲很客气地写了张字条，拜托朱西宁不要写她的传记。从此以后音书断绝。从那时起，她开始亲笔写那部自传体小说，为了讽刺《今生今世》里，胡兰成赞叹一男数女的集邮式大团圆，她将这本书的书名拟作《小团圆》。

她说：“这是一个热情故事，我想表达出爱情的万转千回，完全幻灭了之后也还有点什么东西在。”我怀疑这是在小说结束后她的提炼。千回百转，完全幻灭之后，不见得全是灰烬，起码，那是你年轻时的爱，和你的那一段生命血肉相连，还了金子还了钱，你却无法将记忆全部交还。

于是在那小说末尾，她写了一个梦，盛九莉梦见在松林里，有好几个小孩玩耍，都是她的。之雍出现了，微笑着把她往木屋里拉。“非常可笑，她忽然羞涩起来，两人的手臂拉成一条直线，就在这时候醒了。二十年前的影片，十年前的人。她醒来快乐了很久很久。”

张爱玲最后一次见到胡兰成是在1946年4月，朝后推十年最晚是1956年4月，如果我们不用那么刻板，基本上可以确定是在1956年3月，张爱玲在美国的一个写作基地认识了赖雅，而之前，她孑然一身地漂泊在纽约。她梦见十年前的爱，十年前的人，在熹微的晨光里，为此感到快乐再正常不过，断言胡兰成是张爱玲一生至爱，未免过于武断。不过是些微情愫罢了。

平心而论，情愫应该也是有一些的，也许会在明亮又岑寂的黄昏，想起那个恋爱中的自己，那样美，那样放恣，因为爱那个时候的自己，连带着对那个人的情绪，也变得柔软起来了。人生若只如初见，虽然，初见的印象，也许多半出自自己的意念。只是浮世倏忽，如白驹过隙，时光轻捷，如马踏飞燕，在无可匹敌的生命规律面前，人世的贪嗔痴怨多么微不足道，有着深刻的身世之感的张爱玲，在小小的气恼一下之后，想必也会一转念，在嘴角浮出一个半是自嘲半是苍凉的微笑吧。

NO 03

# 桑弧：我们曾相爱，想到就心酸



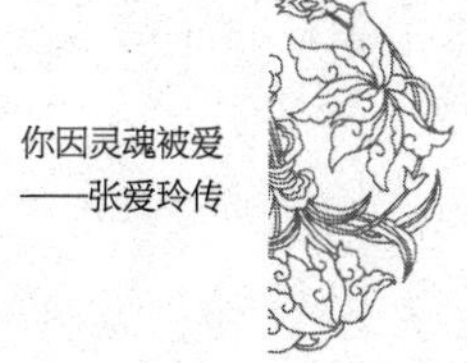

她从未怪过他，虽然他比她大五岁，她却对他一直有种心疼。

和张爱玲的爱情，于他，也许就像一场遇仙记，美好，神奇，但极不真实，一回头，楼台亭阁俱已化作空无。他回到人间，安心地过他脚踏实地的生活，只是不知道是否会有些夜晚，想起往昔，亦觉惆怅旧欢如梦？

日本战败后，胡兰成遁入浙江腹地。张爱玲惦记他，在冬天里，做了件翠蓝的棉袍作为行装，沿着他走过的路，迢迢苦旅，万水千山，来到他藏身的地方。

那是一场伤心之旅，胡兰成不肯放弃在武汉认识的新欢，眼下，又与这范姓女子不清不白。《今生今世》里说，张爱玲是哭着离开的，回去后，她写信告诉他，她一人在雨中撑伞伫立，面对着滔滔黄浪，涕泣久之。

胡兰成这转述非常文学化，却也因之浅淡，张爱玲的自传体小说《小团圆》则告诉我们，在她消失在他目光中之后，她的痛苦依然轰轰烈烈。

许多年后她写道："那痛苦像火车一样轰隆轰隆一天到晚开着，日夜之间没有一点空隙。一醒过来它就在枕边，是只手表，走了一夜。"

她无法忘记他。

"在马路上偶尔听见店家播送的京戏，唱须生的中州音非常像之雍，她立刻眼睛里汪着眼泪。

“在饭桌上她想起之雍寄人篱下，坐在主人家的大圆桌面上。青菜吃到嘴里像湿抹布，脆的东西又像纸，咽不下去。

“她梦见站在从前楼梯口的一只朱漆小橱前……在面包上抹果酱，预备带给之雍。他躲在隔壁一座空屋里。”

她食不知味，靠喝美军留下的大听西柚汁度日，有天在街上，她看见橱窗里走来一个苍老的瘦女人，都被自己的憔悴吓了一大跳，因为营养不良，她的例假几个月都没来。

就是在这时期，那个名叫桑弧的男人出现在她的生命中。

桑弧这个名字，在《小团圆》面世之前，就一直闪烁在张爱玲的履历里。

桑弧，原名李培林，孤儿出身，少年时在证券交易所当学徒，后来考上了沪江大学新闻系，想当记者，但他哥哥与长姐都希望他能有个安稳可靠的职业，于是他结束学业后报考了中国银行。他狂爱戏剧，是周信芳的忠实粉丝，并以颂扬麟派艺术的文章，赢得了周信芳的好感。

在周信芳的介绍下，他进入电影行当，由编剧转导演。在1946年到1947年间，他和张爱玲有过多次合作，出品了《不了情》《太太万岁》等几部电影。

在当时，小报上便刊有关于他们二位的绯闻，但并没有引起张迷的重视，因有位貌似比小报更为靠得住的资深影人龚之方打了包票，斩钉截铁地说，张爱玲和桑弧之间只有友谊而没有私情。

他说，新中国成立后他曾经应一干友人之托，想撮合这郎才女貌的一对，他们觉得“张爱玲的心里还凝结着与胡兰成这段恋情，没有散失；桑弧则性格内向，拘谨得很，和张爱玲只谈公事，绝不会提及什么私事”，所以必须有古道热肠的人出来说合。张爱玲听了他的提议，反应却是“摇头，再摇头，三摇头，意思是不可能，叫我不要再说了”。

有了这番经历，龚之方得出的结论是：当时上海的小报很多，他们谈话较随意，有的出于猜测，有的有些戏谑，这却是十足地冤枉了桑弧了。

知情者都这么说了，看来桑弧只是打张爱玲的人生里路过。不过，张爱玲的摇头摇头再摇头，似乎也有点儿蹊跷，这凝重的动作背后，总像是有点儿难言之隐，可是，许是跟胡兰成的那段恋情太浓烈，让人觉得张爱玲的爱情，不可能这样不落痕迹。要知道桑弧到2004年才去世，那时张爱玲早已再度声名大噪，连她的垃圾都被好事者拿去要大做 篇文章，她的一个旧情人怎么能在人上海万人如海一身藏？

张爱玲的研究者陈子善总是放不下，曾到桑弧老先生那里打探，对方“很小心，很机警”。他问不出所以然，又去问桑弧的儿子——他以前在华中师大的同事李亦中，李亦中亦表示对此一无所知。

几番查无实证，自然不好做“有罪”推断，加上感情线索集中的剧情更为好看，这段纠葛久之便无人追究。要不是一部《小团圆》横空出世，谁能想象桑弧的守口如瓶背后另有隐情？谁能想到在胡兰成之后，在赖雅之前，张爱玲还另有一段如冷泉幽咽如雨意阑珊的爱恋？

《小团圆》里那个男子叫燕山，出现在以胡兰成为原型的邵之雍之后，这也正是桑弧在张爱玲生活中出场的时间。燕山是个孤儿，做了导演，与以张爱玲为原型的作家盛九莉有过合作，这些经历全部与桑弧重合。只是，张爱玲写邵之雍，全照着胡兰成来写，这里却说燕山曾做过演员，与桑弧的经历不符，张爱玲做这种技术处理，是想遮掩什么吗？是桑弧的缄默换回这回报，还是张爱玲煞费苦心地为桑弧改头换面，只为更畅快淋漓地叙述那段往事？

反正，张爱玲写桑弧，比写胡兰成时更为慎重，更为“小心轻放”。

盛九莉在心情最为灰暗的时候认识了桑弧。感情方面陷入绝境，经济上，她也面临极大压力。具体怎么着，小说里没说得太细，还是上面那位龚之方告诉我们，抗战胜利后，张爱玲和汉奸胡兰成的交往成为重大人生污点，有报纸想借她的名字招揽读者，不承想骂声四起。小报倒是不惧这个，她又不屑与之为伍，但她一时间创作陷入低谷，生计便成为问题，为了省钱，她连电影都不看。

偏巧有电影公司想将盛九莉的一部小说改编为电影，老板接她去家中商议，许多年后，她依然记得那天自己的着装：“一件喇叭袖洋服本来是楚娣一条夹被的古董被面，很少见的象牙色薄绸印着黑凤凰，夹杂着暗紫羽毛。肩上发梢缀着一朵旧式发髻上插的绒花，是个淡白条纹大紫蝴蝶，像落花似的快要掉下来。”

女人常常能记得自己第一次见到爱人的样子，就要被爱上的样子。

却也不是一见钟情的版本，她独坐一隅时，燕山含笑走来坐下。张爱玲写他“动作的幅度太大了些，带点夸张。她不禁想起电车上的荀桦，觉得来意不善，近于‘乐得白捡个便宜’的态度，便淡笑着望到别处去了。”

这女子距离感太强，警戒线太分明，然而读到这段时仍觉得笔触里有柔情，初见时的小尴尬，回想起更令人怦然，那点儿当时不能迅即消化的东西，让那感情更有质感。

即使戒备着，她还是感觉到他与身上那件浅色爱尔兰花格子呢上衣的冲突，格子上衣的闲适，与他不是一个气场，他像是“没穿惯这一类的衣服，稚嫩得使人诧异”。

他那夸张的、过于接近的动作，可能不是像荀桦一般想要占她便宜，就像这衣服一样，那是初入场者的稚嫩和缺乏分寸感，后来张爱玲说他们的相处如两小无猜，这调子一开始就定下了。但是，这并不是他们第一次见面，之前，盛九莉曾经在剧院后台与燕山打过照面，他从台阶上下来，低着头，夹紧双臂，疾趋而过，一溜烟地走了，盛九莉觉得他像她也曾邂逅过的梅兰芳，总有怕被人占了便宜的警惕。

警惕的人总是敏感的，发现盛九莉的提防之后，燕山整个人陷入了沉默，那沉默是那样重，令盛九莉震撼——笔者恶意地猜测，也可能是之前胡兰成话太多了吧。

第一次相识，就是这样，如果燕山不再来找她，他便成了记忆里一点儿模糊的影像，是流水般从身边经过的那些人中的一个。但是，三个月后，他来了，她已经从和邵之雍梦魇般的爱情里挣扎着冒出了头，那时候，她急需抓住一双手，让自己感到身在人间，燕山来得正是时候。

《小团圆》里说，三个月之后，他跟一个朋友来找她。现实中，是桑弧与龚之方一道去张爱玲居住的公寓，劝她写剧本，张爱玲开始还犹豫，在他们的劝说下，终于点头说："好，我写。"龚之方在回忆文章里很高兴地写到这些，觉得自己促成了一件正经事，他看不到张爱玲与桑弧之间的火花。

桑弧与张爱玲合作的第一部电影是《不了情》。

如今看来，那剧情很普通，家庭女教师和男主人的爱情，被一个不被同情的糠糟之妻阻隔，像是在向《简·爱》致敬，只是少了一个大团圆的结尾。

在张爱玲的作品里算不得上乘之作，但张爱玲后来把它改成小说《多少恨》，却加了个前言，说："——我对于通俗小说一直有一种难言的爱好；那些不用多加解释的人物，他们的悲欢离合。如果说是太浅薄，不够深入，那么，浮雕也一样是艺术呀。但我觉得实在很难写，这一篇恐怕是我能力所及的最接近通俗小说的了，因此我是这样的恋恋于这故事。"

"恋恋"两个字用得很是醒目，我无法不猜测还有点儿更重要的原因，比如，她喜欢这故事，也许是因为正贴合她当时的心情。

《简·爱》式的故事之所以动人，乃因大多数人都曾想爱而不能爱或者不敢爱。《不了情》里的女主角虞家茵也是，她与夏宗豫两情相悦，但不能在一起，他是有妇之夫，被他身后的秩序牵制；另一方面，也因她有个猥琐的父亲，年轻时是荡子，晚年是无赖，一次次去找夏宗豫借钱，他自认为有十八般武艺可以施展，却将虞家茵的爱情搅和得七零八落。

张爱玲笔下的女子，有一类世故非常，事事都要精刮上算，另一类却爱得单纯，为了保全一段可以放在水晶瓶里捧在手上看的爱情，宁可先跟对方说再见。虞家茵属于后者，当她父亲的阴影在她的爱情里一点点渗入，她宁可在被完全亵渎前消失。

结尾写到虞家茵独自离开，夏宗豫来到留下的空屋子里，望向窗外，“隔着那灰灰的，嗡嗡的，蠢蠢动着的人海，仿佛有一只船在天涯叫着，凄清的一两声”。

这个故事的调子，很像张爱玲和桑弧的。张爱玲和桑弧认识时，桑弧尚未娶亲，但他出身孤寒，依傍做小商人的大哥成长。长兄为父，那如父如兄的大哥，好容易把他拉扯大，成为江湖上的一号人物，不会容许他娶一个声名狼藉的女子——这是盛九莉或者说张爱玲的猜测，不知道桑弧是否有过暗示，她总在小说里说自己是残花败柳。

与胡兰成那段交往太张扬，尽人皆知，当时只觉得是绽放，没想到绽放后就会成残花败柳。胡兰成给张爱玲带来的阴影，一如虞家茵的父亲带给虞家茵的阴影，她自己已经出不来了，她不想再带给深爱的人。

张爱玲写虞家茵不辞而别那场，更像是对自己离开后的想象。

可以说，《不了情》里有张爱玲当时的心结，我们从《小团圆》里看，从头到尾，盛九莉从来没觉得，自己能够嫁给燕山。

但人生到底比小说凄凉。小说里，只是虞家茵打定主意离开夏宗豫，夏宗豫放弃得并不甘心，现实中却是桑弧也没打算跟张爱玲在一起，尽管，他对她也是真心。

张爱玲与胡兰成的恋爱，有一大段前奏，有表白，有承诺，《今生今世》里胡兰成告诉我们，他为张爱玲离婚，张爱玲自传体小说《小团圆》里，邵之雍（原型为胡兰成）说，我可以离婚。又说，我不喜欢恋爱，我喜欢结婚。还曾说，我们永远在一起好不好？

张爱玲与桑弧的恋情有这些吗？事隔多年，两人皆对此事讳莫如深，关于他和她的那些事，我们还是要去《小团圆》里寻找痕迹。

在小说里，张爱玲自己是个叫盛九莉的作家，桑弧叫燕山，是导演。燕山在电影公司的老板那里认识了九莉，想把她的小说改编成电影，三个月后，他跟另外一个人来找她，之后，张爱玲就写他们依偎着坐在黄昏里了。九莉的心里永远没有底，她从来不觉得，他最终想要跟自己在一起。

文中处处暗示，他是这样青衫磊落的有为青年，家世清白，相貌英俊，在他面前，她自惭形秽。一起去看电影，出来时，她感到他的脸色变得难看了，她照照粉盒里的镜子，发现是自己脸上出了油。——那粉盒，也是认识他之后才有的，她为他试着学习化妆。

他的脸色未必就与她脸上的油光有关，我们只能看出，她在他面前有多紧张。他在众人面前隐瞒和她的关系，出于自尊，她自觉地不去问他们的将来，却也在心中暗暗地拟想过与他一道生活的情景。要另外有个小房子，除了他之外，不告诉任何人，她白天像上班一样去那里，晚上回去，“即使他们全都来了也没关系了”。

他们，指的是燕山大哥他们吧，真的在一起，燕山那边有诸多亲友，九莉做好了敷衍他们的准备。对于邵之雍她没有这样过，当邵之雍跟她说“天长地久”，她只觉得窒息，不愿意想下去。她想象的尽头，不过是他逃亡到边远小城，他们在千山万水外昏黄的油灯下重逢，相对于这浪漫想象，柴米油盐相濡以沫更需要爱的勇气。

盛九莉对燕山有这样的爱，燕山却没说要给她相濡以沫的机会。

盛九莉停经两个月，燕山强笑低声道：“那也没有什么，就宣布……”

后来验出来没有怀孕，盛九莉自认为在燕山没有表情的脸上，看到了他幸免的喜悦。

她猜到这故事的结局，在他面前流泪。燕山说，你这样流泪我实在难受。她哭着说：“没有人会像我这样喜欢你的。”

他说：“我知道。”

他只说他知道，他知道你喜欢他，他也知道他喜欢你。但他不是大开大合敢爱敢恨的江湖儿女，他有一个做小商人的哥哥，他一步一个脚印走到今天，背后的脚印规定了他未来的方向，这个方向与你无关。

最伤人的爱情到底是哪一种？是争吵过、心碎过、鄙夷过、冷笑过的，还是从未开始也就谈不上结束，无始无终，拾不起放不下说不清道不明的？前者只要伤心一次就好，后者却会留下永远的悬念，无尽的辗转，确定后再推翻、推翻后再确定的猜疑，张爱玲把那心情写在《小团圆》里：“雨声潺潺，像住在溪边。宁愿天天下雨，以为你是因为下雨不来。”

是的，下雨你会不来，我还是希望天天下雨，好过晴天里望尽千帆，最起码，这一次我可以以为，你是下雨才不来，不是因为，你对我没那么爱。我宁可你不来，也不愿面对你对我的不爱。

不能怪桑弧薄情，只能说，每一个人对爱的理解不一样。谁规定相爱就得相守呢？只是，相爱的人，常常会有想在一起的意念，有害怕失去的惊悸，“死生契阔，与子成说，执子之手，与子偕老”。张爱玲在《倾城之恋》里借了范柳原的口说：人生里总有死生聚散，我们做不了主，但我偏要说，我要与你在一起。

但桑弧无疑没有这样的执着，也许是，他早已知道，这种执念于事无补。作为孤儿，他早已习惯失去至爱，失去、分别这些词对他没有那么可怕，不能吓到他，不足以让他想办法要与最爱的人在一起。

她从未怪过他，虽然他比她大五岁，她却对他一直有种心疼。一度他参与的三部电影同时上映，占了六家戏院，他的宣传者在报头写：请看今日之上海，竟为××之天下。说起来是风云一时，却独有她说：你一得意便又惨又幼稚，永远是那十三岁孤儿。

她不觉得那样的荣耀，能拯救他宿命的凄苦。在《小团圆》里，她写燕山回忆父爱：“我只记得我爸爸抱着我坐在黄包车上，风大，他把我的围巾拉过来替我捂着嘴，说‘嘴闭紧了！嘴闭紧了！’”这回忆让人泪下。

对一个孤儿，你还能要求什么？何况他是如此安然。

他安然帮她做些拾遗补阙的事，帮她写书评，大张旗鼓地推荐，带她去朋友家，想帮她谋点儿事做，还为她的新长篇拟了一个笔名叫作梁京，取“西风残照，汉家陵阙”的意境。与此同时，他订婚，《小团圆》里说女方是一个漂亮的小女伶，原本是要嫁给海上闻人的，轮不到他，现在大家都是文化工作者了，他才有了机会。

事实上桑弧的妻子确实漂亮，但是个圈外人，张爱玲将桑弧妻子的身份做这样的设定，怎么看都带点儿恶意，像是有点儿芥蒂经年不曾消化。

而写她闻知他的婚事那一段，是猝不及防的惊痛。

> 这天他又来了，有点心神不定的绕着圈子踱来踱去。
>
> 九莉笑道：“预备什么时候结婚？”
>
> 燕山笑了起来道：“已经结了婚了。”
>
> 立刻像是有条河隔在他们中间汤汤流着。
>
> 他脸色也有点变了。他也听见了那河水声。

她笑问，装作浑不在意，他笑着回答，装作真的以为她不在意。

欢从何处来？端然有忧色。三唤不一应，有何比松柏？

她不忍看见他的忧色，便将自己的心思掩藏在淡然的表情下，“你试着将分手尽量讲得婉转，我只好配合你尽量笑得自然，我就是不能看心爱的人显得为难”，有谁能了解帘幕背后她究竟是情深情浅？尽管，他们彼此也许只是心照不宣。

小报上登出他新婚的消息，他担心她看了受刺激，托人去报社说，不要再登关于他私生活的事。他知道她的心碎。

然后，再没有然后了。

张爱玲一直说他俩的爱情像初恋，确实是这样，年轻时的恋情，常常就来得这样深重而没有结果，像《玻璃之城》里的舒淇和黎明，开始爱得那么热烈，说分开也就分开了。生活汹涌而来，压倒所有誓盟，若原本没有立下决心，就更容易瞬间溃散，一个转身，便相见无期。

值得琢磨的是，这“初恋”般的爱情开始在一场死去活来的爱情之后，胡兰成与桑弧，到底谁在张爱玲的情史中占更重的分量？当事人都说不清的问题，局外人自然没有置喙的余地，我只能说，早早爱上老男人的女人，有些后来是会回头爱上年轻幼稚的男人的。因为对老男人的爱，大多是主题先行，缺乏安全感，父爱饥渴，等把这段试完，才能像普通女孩那样，去很单纯地来一段“初恋”，仅仅因为对方的可爱而去爱。只可惜到那个时候，未必就能为“初恋”所接受。

但这对于两人，都未见得不是件好事。若张爱玲真的跟桑弧在一起，她就没法儿那么利索地离开上海，而桑弧也必然受她连累，不可能再有创作《祝福》《天仙配》《梁山伯与祝英台》以及我小时候看过的《邮缘》等多部电影的机会。当然，有的人爱情至上不在乎，可桑弧，却是非常重视这方面的成就的。

在新中国成立初期，他用心揣摩时代精神，“如饥似渴地学习毛主席《在延安文艺座谈会上的讲话》，强烈拥护文艺为工农兵服务的宗旨”，并将这些理论应用到工作中，拍了一部电影《太平春》，“揭露美帝国主义轰炸我国沿海城市、残杀同胞的罪行，为推销我国政府发行的人民胜利折实公债做宣传的”，他自己也承认图解政治，放映后有人在报纸上提出严厉的批评。

他后来不再拍这类电影，更注意在影片中表现小人物的悲欢离合，但也经常接受上面布置的重大任务，比如将鲁迅的小说《祝福》改编成电影，这部电影获得了一些国际大奖，帮他奠定了在电影界的声名。

他成了上海电影界的重要人物，与茅盾、夏衍等人过从甚密，陪周恩来出访缅甸。他为人极好，谦虚和善，可以想象，很多时候，他白发苍苍地坐在主席台上，下面那些小资女作家只当他是个老前辈，有谁知道，这个看上去随和平常的老人，曾经为张爱玲所深爱？他和张爱玲，一个在中国，谨慎亦艰辛地活着，一个在美国，选了恣意却也艰辛的人生。

在《回顾我的从影道路》一文中，他淡淡地说某部电影是张爱玲做的编剧，却在文末特别表达了对妻子的感谢，说：“我们于1941年结婚，这四十多年以来，我的创作生活一直得到戴琪的支持、帮助。特别是‘文革’十年浩劫中，我的一些同事或由于受残酷迫害致死，或由于不堪忍受凌辱而自寻短见。当时我身处‘牛棚’情绪十分压抑。但我的爱人始终劝慰我，她要我正确对待逆境，对未来要有信心。这才使我度过了那难熬的十年岁月。我永远不会忘记她给予我的鼓励和爱心。”

和《红玫瑰与白玫瑰》的结尾完全不同，桑弧满意他理性的选择，他当情人不够痴缠投入，当丈夫却能从一而终。和张爱玲的爱情，于他，也许就像一场遇仙记，美好，神奇，但极不真实，一回头，楼台亭阁俱已化作空无。他回到人间，安心地过他脚踏实地的生活，只是不知道是否会有些夜晚，想起往昔，亦觉惆怅旧欢如梦？

和他近乎刻意的守口如瓶不同，张爱玲之后再提起他口气自然。1978年4月，她写给宋淇的信里说：“写《半生缘》的时候，桑弧就说我现在写得淡得使人没有印象。”

给邝文美的信里亦曾说：“我真怕将来到了别的地方，再也找不到一个谈得来的人，以前不觉得，因为我对别人要求不多，只要人家能懂得我一部分（如炎樱和桑弧等对我的了解都不完全，我当时也没有苛求），我已经满足。”

她跟桑弧确实不是灵魂上的知交。《小团圆》里她写道，燕山将盛九莉的小说改成电影，改得非常牵强，九莉无法面对，逃出影院，正碰上燕山，他着急地说：“没怎样糟蹋你的东西呀！”张爱玲特意写这么一笔，似乎说明，起码第一次合作时，她对桑弧的导演风格并不怎么接受。

但这些一点儿也不重要，在爱情里，懂得真的不是特别重要的事，心情好的时候，谁与谁都能懂得，还是那句话：没有对的人，只有对的时间和地点，时间地点对了，人也就对了。

她和桑弧，彼此都算不上对的人，但他们在一个对的时间遇上了，所有就都对了。她说：“燕山的事她从来没懊悔过，因为那时候幸亏有他。”

幸亏有他，有他那一程陪伴，即使不能陪伴到最后，也无须多么可惜。彼此天各一方，是命运给他们的水晶瓶，让他们，可以坦然安置自己的爱情，让她，在别后经年的回忆里，还能栩栩如生地描述他们在一起的辰光。“我们曾相爱，想到就心酸。”心酸的是那种眼睁睁的感觉，没有背叛，谈不上辜负，从一开始就微笑着眼睁睁地看你离开，不做任何挽留。但若还能心酸，也很好，这证明，我们曾经真的相爱。

# NO 04

# 赖雅：爱又如何

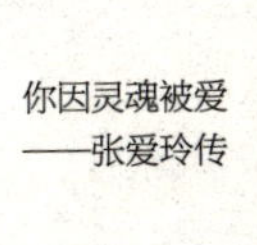

一年之中最猛烈的暴风雪袭击了这一地区，大地苍茫，覆盖所有的路径，没有从前，也没有未来，只有当下，你在我眼前。

她说，当他跟我住在纽约时，那城市仿佛是我的，街巷也因此变成活生生的。

## 1. 遇见，在人群中

1956年的美国新罕布什尔州彼得堡，直到3月依旧很冷，有时甚至能达到零下三十四摄氏度，而处于新罕布什尔群山包围中的麦道伟文艺营，更是寒意侵骨。

下午4点之前，文艺家们各自待在自己的工作室，写作、绘画，或者雕塑，等等，这个由著名作曲家爱德华·麦道伟的遗孀麦道伟夫人创办的文艺营地，为他们提供住宿及简单的餐点等，午餐篮子就放在工作室的入口处，4点之后文艺家们才能到大厅里集会。

大厅位于一座别墅式的建筑之中，屋外是大片的草坪，4点之后，人声嘈嘈，文艺家可以手持一杯鸡尾酒，与自己感兴趣的邻居交谈，张爱玲与赖雅，就是在这样的背景下遇见的。

我不知道张爱玲哪天来到麦道伟文艺营的，史料上只说她在3月

2日得到通知，她来文艺营居住的申请被通过。3月中旬，她结清在纽约那个救世军办的女子宿舍的费用，火车汽车出租车辗转七八个小时，来到文艺营。这个中旬，想来应该在10到12号之间，因为，13号她就遇见了赖雅。

“于千万人之中遇见你所遇见的人，于千万年之中，时间的无涯的荒野里，没有早一步，也没有晚一步，刚巧赶上了，那也没有别的话说，惟有轻轻地问一声：‘噢，你也在这里吗？’”这是张爱玲那篇《爱》的结尾，写这文章，是在她二十几岁的年纪，在上海。如今她已经三十六岁，大概已无心于那样的遇见。和赖雅的第一次见面平淡至极，在文艺营的大厅里，在晃动的人影与声音中，初来乍到的中国女作家和年过花甲的美国老作家友善地打了个招呼。

他们到第二天才有机会交谈。赖雅大致知道她从香港来美国不过半年，此前住在纽约。赖雅对张爱玲印象很好，觉得她既庄重大方，又和蔼可亲。这个印象跟张爱玲留给读者的不同，跟胡兰成第一次见到的她也不同，难道生活教会了张爱玲不再那么清高？似乎也不是，她过去的紧张木讷很大程度上不是倨傲，而是不知所措。

我想张爱玲的放松，应该是来自赖雅的放松，他对她一无所知，就是一个寻常女子，刚刚结识的同行。他按照自己热忱友善的天性，问她一些亲切的问题，如同火车上的陌生男女，萍水相逢，彼此都没有背景，本初的性情凸显出来，她跟他的那些话，也就像丝绵蘸着胭脂，渗到了心里。

很多年后，张爱玲已经开始了离群索居的生涯，哪怕最信任的朋友也是通过电话信件联络，拒绝见面，却很奇怪地会见了一个名叫詹姆士·莱昂的美国人，剧作家布莱希特的研究者，他对张爱玲的文坛声名一无所知，只知道她是布莱希特的朋友赖雅的第二任妻子，便与她联系，想要访问她。

张爱玲答应了，当詹姆士如约前来按响门铃时，却无人应答。假如詹姆士对于张爱玲日常做派有所了解，一定会生出顾虑而却步，但那会儿他完全没想那么多，只以为不凑巧，想通过各种方式找到她，完成访问。

这种莽撞成全了他，他不但找到了张爱玲，还看到了她最为放松的状态，她对这个美国人敞开心扉。事后，还跟他通过好几封坦诚的信。詹姆士对她的印象是谈吐娴雅，怡然自若，热忱又令人舒坦，丝毫不觉她有任何不自在或者有逃避与人接触的想法。

张爱玲的放松也是来自詹姆士的放松，詹姆士把她当成平常人，她便没有盛名之下的矜持、旷世才女的身段，她显得舒缓从容多了。

想要让对方不紧张，首先自己得不紧张，你的严肃矜持，让对方也不得不严阵以待，虽然内中并无武器，但一来一往的试探，足以绷紧双方的神经，谁都会觉得累。所以，适当的鲁莽是受欢迎的，《水浒传》里的李逵、《三国演义》里的张飞最得广大读者的厚爱。

1956年的3月，在异国他乡，张爱玲与一个性情天真的男子面对面，周围的景物很陌生，这一刻的光阴很恍惚，她突然之间变成了一个寻常女子，只用天性里的单纯与聪慧与他相对，而外面，大雪正在飘下来——史料上说，张爱玲认识赖雅没几天，一年之中最猛烈的暴风雪袭击了这一地区，大地苍茫，覆盖所有的道路。没有从前，也没有未来，只有当下，你在我眼前。

## 2. 赖雅的华丽人生

这里有必要给赖雅也来个大起底，他的全名叫甫德南·赖雅，父母是移居美国的德国人，他按照德国的生活习惯长大。严父慈母，保证了他有一个完美的童年，活泼的性情可以得到舒张，同时，父亲绝不会让他的童年时光白白放空。他的文学天赋被挖掘出来，在亲友的生日或结婚宴上，人们总能看见那个幼小的孩子，站在大庭广众之下，声音朗朗地即席赋诗。

十七岁，他进入宾州大学，修文学，二十岁以前，已经写出不少诗，和至少一部名为《莎乐美》的诗剧。二十三岁，他进入哈佛大学攻读硕士学位，创作的剧本《青春欲舞》被前辈欣赏，两年后，该剧在麦克道威尔戏剧节上上演——四十二年后，他和张爱玲在这里相遇。

顺利的人，习惯于朝前看，以为还会有更多的精彩等待自己去创造，赖雅的头开得太顺了，自然不会有张爱玲那种惶恐的自省。他的心灵世界如同江河上的朝日，健康充沛，才华时刻奔涌而出，甚至来不及化为文字，就在良朋宴饮间随意地流失了。

中国有句古语，叫“日言百句，其气自伤”，胸怀大志的人都懂得三缄其口，张爱玲也不无调侃地说过，她是一个作家，有什么真知灼见也是要放在文章里卖钱的，怎么会轻易说给人听。赖雅却不管这一套，就像一个身家不凡的富翁，想不起来精打细算，他才气过剩，不用缩手缩脚。

很多人看好他，资深前辈，名流大腕，都看好他，看着他神采飞扬的高谈阔论，妙语如流星般闪烁不尽，旁观者只剩下跟他一道热血沸腾的份，怎么可能怀疑他的前途。

然而，作为后来者，我们可以轻易地翻到最后一页，看到赖雅的终极成就，不得不遗憾地说，他也许算一个出色的作家，却不是一个伟大的作家。他完美的童年及后来的一帆风顺，像一柄双刃剑，让他元气充沛，却没有得到淬火的机会，他的世界是偏明朗的，没有阴影辅助，缺少了张爱玲那种参差对照的层次感。

他对什么都兴致勃勃，做什么都容易成功，时刻处于被诱惑状态，不会死守着一点。他的生命，就这样被淹没在一波接一波的华丽幻影中，丝毫没有感到命运设计的恶作剧——它对他的厚爱并不见得全是好心。

从1931年到1942年，他在好莱坞做了十二年的编剧，干得还不错，不菲的报酬，让他不但能够丰衣足食，还能灯红酒绿。

问题出现在1943年，这一年他不小心摔断了腿，又轻度中风。他向来身体很好，看上去很强壮，但这样的人，一旦出现问题，就是兵败如山倒，在他遇到张爱玲之前，他还中过一次风。

好莱坞抛弃了他，就像一个魅惑但轻浮的女子，对谁也没有长情。一代后浪推前浪，前浪死在沙滩上，总有新人脱颖而出，赖雅又非一线编剧——他就没有做一线编剧的野心，十二年之后才过气，已经很够意思了。

赖雅的生活状态开始走下坡路。他结过一次婚，妻子是一个活跃的女权主义者，两人相处不来而离婚，现在他是孤家寡人。如果手中有钱，单身汉的生活也自有妙处，但赖雅虽挣到过很多钱，却到手就花掉了，他没有吃过没钱的苦，真的视金钱如粪土，都说“汝狄在钱上好”，《小团圆》里这样说。他一向本着有钱大家花的宗旨，后来选择了共产主义。

中年之后的赖雅，变得很弱势，弱势人生不复有浮华遮蔽，视野能够更清晰一些。赖雅回过头，想要重新拾起小说，当他雄心勃勃地想要卷土重来时，却忽略掉了一点，他，还能写出好的小说吗？

还是张爱玲看得真切，她对那个布莱希特的研究者这样说：作为一名好莱坞的编剧，他知道该要什么公式、用哪些窍门，正是这些把戏破坏了他成为一个严肃作家的资质。“她认为他这个人之所以迷人（甚至是太过迷人），在于他是一个聪明过人的写作者（太过聪明以至于变得世故圆滑）；在于他缺乏一种固执，一种撑过冗长、严肃计划的忍耐力。用她的话来说，他少的正是“勇气和毅力”。

张爱玲揭示了赖雅的问题所在。她的说法里也透露了两点，第一，她懂他很深；第二，他在她眼里是“迷人”的，尽管她懂得“迷人”背后的问题，但她的口气，分明是爱而知其恶的。

## 3. 兵荒马乱中奔向一个人

胡兰成曾说张爱玲取人，首先要看聪明不聪明，其实张爱玲对于温度，亦有需求。当初刚映入她眼中的胡兰成，未必显得很聪明，只是他热情，她遂把他所有的言语，朝聪明上拽，笨嘴拙舌也成了微言大义，她着急贴近于那温度，变成了一个自说自话的诠释者。

也难怪，张爱玲的母亲和姑姑都太冷了，她们喜欢清洁，冰清玉洁，冰和玉都是冷的。张爱玲也喜欢清洁，她最怕的是虱子，但她没有母亲和姑姑那股“青女素娥俱耐冷，月中霜里斗婵娟”的劲头，对温暖，有种向往。

她在关于苏青的文章里写道：杨贵妃的热闹，我想是像一种陶瓷的汤壶，温润如玉的，在脚头，里面的水渐渐冷去的时候，令人感到温柔的惆怅。苏青却是个红泥小火炉，有它自己独立的火，看得见红焰焰的光，听得见哔哩剥落的爆炸，可是比较难伺候，添煤添柴，烟气呛人。我又想起胡金人的一幅画，画着个老女仆，伸手向火。惨淡的隆冬的色调，灰褐，紫褐。她弯腰坐着，庞大的人把小小的火炉四面八方包围起来，围裙底下，她身上各处都发出凄凄的冷气，就像要把火炉吹灭了。由此我想到苏青。整个的社会到苏青那里去取暖，扑出一阵阵的冷风——真是寒冷的天气呀，从来没这么冷过！

遇到赖雅的那一年，就是那样的寒冷。

1952年7月，张爱玲持一纸香港大学同意复学证明从上海来到香港，她曾在这里读过三年书，发表的第一篇小说《沉香屑——第一炉香》也是以这个城市为背景。但这次，她并不打算在这里定居，左翼的压力使她余悸未消，香港离内地太近，也不安全，她的终极目标是去美国，离中国越远越好。

她又在香港待了三年，中间去了趟日本，炎樱在那里；另一方面，也是想从那儿寻求一条去美国的路。从她后来还是回到香港看，这愿望落空了。

为了生计，张爱玲写剧本，做翻译，译名著。她姑姑曾赞她连英文的物理化学课本拿过来都能看，干这份工作自然不在话下。但张爱玲深恶痛绝，她说，我逼着自己译爱默生，实在是没办法，即使是关于牙医的书，我也照样会硬着头皮去做的。她讨厌欧文，说翻译他的书，像是同自己不喜欢的人谈话，无可奈何，逃又逃不掉。她唯独对海明威有好感。

虽然一时赴美无望，但张爱玲仍然时刻准备着，1953年她就开始尝试用英文写作。1955年，她的英文小说《秧歌》在美国出版，得到评论界的极大赞赏，这应该给张爱玲注入了信心。同年，她终于得到赴美的机会：美国当时有个难民法令，允许少数学有所长的人士赴美，取得永久居住资格，日后也可成为美国公民。

她来到纽约，那时纽约不但是世界的政治中心、文化中心，还是出版中心，她孑然一身而又雄心勃勃地来了，梦想着在这里实现少年时的梦想：要比林语堂还出风头。

然而现实离她更近，因为经济原因，她搬进了救世军办的带有慈善性质的女子宿舍。服务员是街上无家可归的酒鬼，邻居们是落魄的打算老死此地的胖太太，那种环境的可怕不在于条件简陋，而是，出来进去之间，它总有办法提醒你，你已经沦落到社会的最底层。

就是在简陋的女子宿舍里，张爱玲接待了她少年时代的偶像——胡适。

初识胡适，是在那个已经过去的繁华时代里，不，应该说是繁华时代的尾声里。那时，张爱玲还是一个无忧无虑的千金大小姐，成天朝父亲书房里跑，把书一本本拖出去看，但那套《胡适文存》，她是坐在书桌前看完的。

又按照他的推荐，去读《海上花》《醒世姻缘传》，阅读记忆里，有着她对于一大段好时光的依恋。她还记得战后胡适回国时的照片，笑得像个猫脸的小孩儿，她姑姑看着笑了起来说："胡适之这样年轻！"——他们一桌打过牌。

记忆点点滴滴，便是初见，亦恍如别后经年。在这异国他乡，昔日一呼百应的文化领袖，曾经名噪一时的旷世才女，相见于如此不堪的地方。张爱玲无可奈何地笑，胡适却四面看着，满口说好。

张爱玲之前给胡适寄过自己的小说，他的高度评价令她十分振奋，然而，出现在她眼前的胡先生也有落魄之态，一次说起自己给美国某杂志写文章，不好意思地笑笑，说，他们这里都是要改的。

这里是美国，胡适的赞赏，不能让她东山再起。

就是在这样的背景下，她来到了麦道伟文艺营，与一个温暖的、放松的、对她一无所知的男人不期而遇。他们都是此地的过客，那相遇也是萍与水的相遇，仿佛是寂寞的旅途中，他们被命运安排在对面，还没来得及开口，已透过车窗玻璃，发现对方是一个可爱的人。

## 4. 奉子成婚事件

当大雪终于落下来时，他们已经像朋友那样相处了。4月1日，张爱玲和赖雅并肩坐在大厅里共享复活节正餐。几天后，张爱玲把自己的小说《秧歌》拿给他看，这说明她已经对他不设防，他对她的文笔表示赞赏。

反过来，赖雅跟她讲述自己的过往，那些传奇的故事对她是有吸引力的，能够把三十六岁的女人，变成一个睁大眼睛听故事的小女孩，张爱玲那被阻滞了的恋父情结，在她每一段恋情里都发挥了魔力。《小团圆》里，燕山对盛九莉说，你大概是喜欢老的人。盛九莉在心里回道：他们至少生活过。而赖雅，不但活过，还轰轰烈烈地活过，曾经的“活过”，让他此刻的“老”，也别具意味。

又是一段闪电式恋爱，不到两个月，张爱玲便以身相许。“以身相许”这个词用在这里似乎不准确，它东方色彩太浓，柔婉的语气背后未尝没有一点儿讹诈意味——我从此是你的人了，你要对我负责任。

美国人赖雅是负不了这个责任的，他说他总是点着火就跑掉；张爱玲也不见得就想让他负这个责任，且不说她的自尊和精神洁癖等，就从他也在这免费的文艺营里暂且存身看，他的状态不比她好多少。同是天涯沦落人，不同的是，他比她更老，身体也不好。胸有大志的人，不可以背负太多的包袱。

她是喜欢他的，温度之外，还“饱藏强烈能量”——许多年之后张爱玲这样形容他，他永远生机勃勃，困境中也能给身边人以安全感，而这，正是张爱玲所需要的。

就在两人有“同房之好”（赖雅日记语）的两天之后，赖雅在文艺营的居住期限已到，张爱玲去车站送他。最后的半小时，她吐露了对他的感情，亦说到自我发展和经济上的困境，却不是想要他承担自己，相反，她还送了他一些现金作为临别礼物，她深知他的处境，除了精神上，她并不想依赖他更多。

张爱玲号称一钱如命，跟姑姑都要算清楚，这也是前面所说的清洁使然。金钱太容易引向暧昧，只有在完全不设防的人之间才可以有通财之义，爱他爱到坦然地跟他要零花钱是一种，心无芥蒂地送他钱也是一种。

如果不是后来那桩突发事件，他们的关系也许会发展成细水长流的两地恋情，通信，见面，把爱情坐落在信笺与票根上，相望于不同的江湖——他喜欢宁静的小镇，她热爱繁华的都市，彼此在对方的生活里来来去去也可。然而，意外改变了他们的生命走向：两个半月之后，赖雅收到张爱玲的来信，她发现自己怀孕了。

张爱玲恐惧生育，曾说：凭空制造出这样一双眼睛，这样的有评判力的脑子，这样的身体，知道最细致的痛苦也知道快乐，凭空制造了一个人，然后半饥半饱半明半昧地养大他……造人是危险的工作。

又说：我们的精力有限，在世的时间也有限，可做，该做的事又有那么多——凭什么我们要大量制造一批迟早要被淘汰的废物？

她还曾引用“地母”的话：“生孩子有什么用？有什么用，生出死亡来？”

撇开精神层面，单就现实来说，张爱玲也没生孩子的条件，经济压力自不待言，她对自己的期许尚未达到，身体里却突然多了个时刻生长着的小孩子，让生活上相当低能的张爱玲几近崩溃。

满世界的风雨都泼了过来，张爱玲给赖雅写信，只有他，能够跟她共同分担压力，赖雅迅速给她回了信，向她求婚。

他不是想以此给孩子一个名分，他同样要不起一个孩子，应该是张爱玲信中的惊惶让他感同身受，他用求婚来为她压惊。

他们拿掉了那个小孩子，结了婚。许多人认为张爱玲的这段婚姻里有太多现实打算，却忽略掉居无定所的赖雅并不是年轻多金的范柳原。张爱玲从一开始就知道，他是帮不了自己的，反而有可能连累自己，以她那样理性的头脑，又胸怀宏大的抱负，也不见得想把这段感情向婚姻推进。应该是“怀孕事件”让她慌了手脚，如同在兵荒马乱中奔向一个人，奔向一只伸过来的温暖的手，顾不上其他了。

她的朋友，也是她的资深研究者夏志清很不以为然，他想不通她为什么要嫁给这么一个又老又穷的过气作家，还剥夺了她做母亲的权利，他甚至怀疑赖雅居心叵测地隐瞒了自己的病史，并做出另外一种美好想象——假如张爱玲嫁个身体健康经济状况良好的人，一定不会那么惨。

“剥夺做母亲的权利”的指责当然是站着说话不腰疼，张爱玲和赖雅养活自己都困难，再来个孩子只会雪上加霜。至于“嫁错郎”这件事，嫁给谁又能保证百分之百正确呢？——赖雅也不是故意要生病的。况且，人在一时一境中，是会有盲点的，那一刻，张爱玲只能孤注一掷地扑到赖雅的怀中。

## 5. 和清洁的男人在一起

赖雅是老病之身不错，而且没有钱，但他是那种生命力超级旺盛的人，但凡有一点儿缝隙，他都要活得兴致盎然。婚后他按照张爱玲的喜好，定居在繁华的都市，他喜欢逛街、购物、布置房间、搜寻美食，他带着张爱玲享受他发现的一切。虽然她惋惜他花太多时间在街头逡巡，但仍然赞赏他有担任导游的天赋，说，当他跟我住在纽约时，那城市仿佛是我的，街巷也因此变成活生生的。

1958年9月30日，是张爱玲三十八岁的生日，那天早晨秋雨绵绵，又赶上美国联邦调查局人员来核查赖雅的某项债务问题，就这么着，都没能影响他的好心情，他唯一的想法就是希望这个人赶紧离去，好让他们的节目鸣锣开场。

当那个人离去，天空也凑趣地放晴，赖雅和张爱玲踩着五彩缤纷的落叶去邮局寄信，然后回到家中，享用晚餐。之后，张爱玲精心地装扮了自己，两人一块儿去电影院，电影很精彩，他们笑出了眼泪，又在冷瑟瑟的秋气里回家，吃完剩下的饭菜。这样写下来，只是一篇流水账，但是张爱玲告诉赖雅，这是她有生以来最快乐的生日。我想一定是赖雅有那种让人快乐起来的天分，他是那种挂在悬崖上还要乐呵呵地指导别人欣赏绝地风光的人。

除了生活的艺术，张爱玲也推崇他的道德水准。赖雅是著名作家布莱希特的好友，当年布莱希特从德国流亡到美国时，赖雅给他提供了最为热情的帮助，包括资助他，并帮他把家眷弄到美国，等等。俩人还合作写过一部《伽利略传》，但是布莱希特在最后的定稿中没有把他写的部分编进去，有人怀疑这是两人友谊转淡的原因，张爱玲则认为赖雅对人热诚，且有着性情随和的特质，所以这件事无关宏旨。1947年布莱希特离开美国之后，赖雅还担任过他在美国的正式代理人。

之后布莱希特声名鹊起，一度邀请赖雅到欧洲发展。赖雅的字典里大概没有“虚邀”这两个字，1950年左右，他兴致勃勃地看望老朋友去了，到那儿才发现自己“很傻很天真”。在众人的簇拥之下，布莱希特已经学会淡漠地有距离地微笑，并将这种笑容运用到和赖雅的见面上。

赖雅很生气，他是个直肠子的人，生起气来就很直接，提前归去，这时布莱希特才发现他对这位老朋友的了解不足，写了几封信想要挽回，但赖雅那边音信全无。

尽管赖雅不想再与他发展友谊，却仍然保持着对于朋友的忠诚，他提起布莱希特的文字仍然赞赏有加，还推荐张爱玲去看布莱希特的剧作《四川好人》。

也许读者会质疑，他是否想借炒作布莱希特给自己脸上贴金？张爱玲的第一任丈夫胡兰成干起这种事是一把好手，都分手多少年了还“爱玲”“爱玲”地喊得让人如闻其声。但赖雅却正好相反，他宣传布莱希特的作品，却并不四处张扬自己和他的友谊。张爱玲提到，有次“一位黑人作家到辛克莱·刘易斯家作客后，写了一本书，（赖雅）读后相当愤慨。平日他也会把辛克莱的事当作茶余饭后的话题，但仅止于嘴皮上说说。我也不认为他有意将这些事写成文章，可以说那就是一种朋友间的忠诚吧！”他对布莱希特就是这样。

张爱玲对赖雅的形象也很推崇，说：他戴的扁帽则予人十分欧派的感觉。她曾听过与他初会面的年轻人以及年长女士评论他的外形，言词中饶富敬佩之意。

在这毫不讳言的公开赞赏之外，另一个细节也许更能透露他们的婚姻状态。赖雅有次对张爱玲笑言，按照中国人的说法，你是我的填房，张爱玲立马反击，说按照中国人的说法，你还是我的接脚婿呢。这样的玩笑，也许没有“低到尘埃里”那么优美，不如“因为懂得，所以慈悲”那么抒情，但它去除了后者的表演性，不再拿捏身段，还原成一对平实的夫妻，在对方面前百无禁忌。

当然，经济压力依然存在，赖雅一开始就坦言自己在改变家庭经济状况方面大概会无所作为，张爱玲在美国依然没能打开市场，还得探回半个身子到母语世界里讨生活，靠给香港电影公司写剧本挣钱，在美国花。

母亲去世时留给她一只古董箱子，她和赖雅称之为宝藏，他们把里面的东西一件件取出来变卖，张爱玲总能以超出众人期望的价钱卖出去，连赖雅也惊讶于她经商的天赋。

如果说一开始张爱玲更为主动，现在则赖雅爱她更多一点儿。这当然是因为他天性仁厚，和谁在一起久了，就会产生深刻的感情。另一方面，张爱玲一旦放松下来，亦有她的一种可爱吧，倒不在于她的锦心绣口，而是一个寻常女子的温情，又比寻常女子来得更为干净。

张爱玲善写“如匪浣衣”式的悲哀——堆在盆边的脏衣服的气味，那种杂乱不洁的，壅塞的忧伤，用江南话叫“雾数”，她自己做人，则力避这“雾数”，朝爽洁可喜里去做。然而，“洗手净指甲，做鞋泥里踏”，在灰扑扑的天地下，这种努力常常证明是徒劳，就算和亲人之间，都有各种说不清道不明的芥蒂，像华美的袍上蠕蠕爬动的虱子。

好在亲情没的选，爱情有的选，爱情比亲情更私人化，她立意在自己选择的爱情里，扮演理想中的自己。上次她的干净碰上了胡兰成的油腻，她也并没有完全灰心，这次，她仍然用那种东方式的贤淑、单纯与赤诚去对待赖雅。她的付出获得了回报，炎樱说起赖雅对她的感情，说我从未见一个人如此痴爱另一人；赖雅的女儿说起父亲对于继母的感情，也不约而同地用了“痴爱”这个词。

虽然，也有小小的摩擦，比如张爱玲怎么也学不会把箱子里的东西分门别类，赖雅的热情偶尔也会给张爱玲带来困扰，她嗔他对人际关系的依赖到了过分的地步。有次他的朋友带了只山羊要给她看，他幽默地称之为一个朋友要见她，张爱玲非常抵触，最后他不得不煞风景地道出真相。还有，多少年前和继母激烈对抗的张爱玲大概没想到，她也会做人家的继母，那个和张爱玲差不多大的“女儿”对于这位来自东方的继母同样有点儿找不着感觉，她们保持着面子上的客气，内心并不互相认同。

但这些毕竟无关大局，张爱玲和赖雅的关系，已经是她感觉到的各种人际关系中，比较完美的一种，他的单纯让她能够不设防地掏出自己的单纯，他的痴爱让她可以放松到放肆，他不可救药的乐天精神让贫穷也不再那么难以忍耐，余生似乎可以就这么度过，用彼此的一点儿暖来慰老温贫。

然而，张爱玲并不是一个有了爱情就可以满足的女人，这又要说到她的伟大志向上去，来到美国好几年了，她始终没有打开市场，小说被频频退稿，她到处受到冷落。一天夜里，她梦见自己并不认识的一位中国作家获得了巨大的成就，心中惆怅万分。醒来之后，她跟赖雅复述这个梦，不由得潸然泪下，内心的隐痛被揭开，她从未甘心蜷缩于平凡生活的一隅。

## 6. 台湾臭虫，命运的暗示？

1961年夏天，张爱玲开始筹划一趟东方之旅，目的地是中国的香港和台湾。除了寻找更多的经济渠道外，张爱玲还另有一伟大计划，为创作以张学良为原型的小说《少帅》搜集素材，最好是能跟张学良本人见一面。

看得出，张爱玲想要放手一搏，旅费不菲，她甚至都没有筹到返程的机票钱，就带着大展身手的雄心和破釜沉舟的决心去了。

张爱玲不甘心眼下的灰暗，不是她不努力，不是她没有才华，她受到冷落的原因，应该是中西文化的隔阂。张爱玲选择张学良为主人公原型，很大程度上应该是因为这个人被美国人知晓，写一个他们认识的中国人，他们总会有兴趣一些吧？

对于张爱玲的“重利轻别离”，赖雅很难接受，心理感觉变成生理感觉，他浑身上下都感到刺痛。他写信给麦道伟文艺营申请重返那里，又写信给女儿问能否把自己的东西运送到她那儿，给女儿的那封信，他特地给张爱玲过目，让她感觉到自己的那份无助与酸楚，但张爱玲沉浸在对未来的想象中，顾不上照顾他的感觉。

这也许是赖雅衰弱的开始。之前，他虽同样颠沛流离，贫困潦倒，但一个人吃饱，全家不饿，赤条条来去无牵挂，他不用求助于任何人。这一次不同了，他眼巴巴地企望张爱玲留下来，很可怜，很弱势，却没有得到回应。

眼看着这个乐观的、明朗的、曾经给过她安全感的男人倒下来，张爱玲有怎样的感觉？抱歉？怜惜？感伤？——让我老实说，是否还有一点点的嫌弃？她说过女人要崇拜才快乐，现在，看到这个男人，在自己面前低下白发苍苍的头，会不会像看到她最怕的软体动物一样，生出那种夹杂着惊惶、恐惧和不知所措的嫌恶？

没有什么可以阻挡她对理想的向往，1961年10月，张爱玲如期登上了前往台北的飞机，对于赖雅的歉意淹没在开拓未来的踌躇满志中，她指望凭借《少帅》翻盘。然而这趟旅行一开始就不顺，在台北，她申请拜访被蒋介石软禁多年的张学良本人，这个幼稚的想法自然地碰了壁，好在张爱玲并不打算写出一部严格意义上的历史小说，她的视线，主要停留在这个男人和两个女人的关系上，想象力可以填充未知的那部分，所以，据知情人透露，这部小说还是完了工，但不知什么原因，至今未见天日。

接下来的日子比较轻松，张爱玲会见粉丝，游历宝岛，这时她在台湾已为文学小圈子里的人知晓，并拥有了一批忠实的拥趸。尽管作家们都声称自己喜欢安静，但绝对的寂静亦会令人惶恐，余华曾不无调侃地说，电话可以不接，铃声不能不响，张爱玲大概也不能免俗。

从时人所写的印象记中看出，她的心情不错，她给好友的信里也说，至少台湾之行的目的是达到了。

唯有一个小插曲值得玩味，张爱玲后来在“印象记”里提到台湾有臭虫，这引起一路陪伴她的青年作家王祯和的不满，他写信向她抗议，张爱玲调侃地解释了一句：臭虫可能也是从祖国大陆撤退的吧。

快乐的旅程在台东火车站终止。火车站站长前来告知，她的朋友麦卡锡先生来电，说她先生赖雅中风了。张爱玲那一刻表现得很镇定，她回电话，并和气地请身后等着打电话的人到另一个电话亭去。台东是游不成了，张爱玲转身赶回台北，麦卡锡告诉她，在她离去之后，赖雅一个人昏迷在医院里，他的情况应该很严重。

当年胡兰成身陷温州，她千里寻夫，这次，她却无法在赖雅最需要她的时候，像当年探望胡兰成那样，回到他的身边。因为，她没钱，她要在香港大挣一笔才有钱买返程机票，此刻，除了去香港，她没有别的选择。

## 7. 全世界的风雨泼进来

多年来，她的好友宋淇在香港帮她接洽剧本，付给她最高的稿酬，这次也不例外，等待张爱玲的任务是把《红楼梦》改成上下两集的电影剧本。

很不幸，新导演不知道她昔日的名气，没有耐心可能也没有能力判断她现在的价值，张爱玲交了剧本之后，导演要她等着。她在香港待了五个月，最后仍然没有下文，只好去写宋淇交给她的另外两个剧本。

唯一的安慰是赖雅来信告诉她，他在女儿所在的华盛顿租了一个小公寓，还把房间的蓝图画给她看，张爱玲对那张蓝图非常满意，说，那就是我真心想要的家。她对未来依旧有所期盼，"据我所知，我们的运气会在六十三年中好转"，但眼下的情况却让她觉得很棘手，"可是我却为了如何度过六十二年而失眠"。即使这样，她仍然不忘温柔地表达她的爱："甜心，快乐些，吃好点，健康点，很高兴你觉得温暖，我可以看到你坐在乔家壁炉前的地上，像只巨大的玩具熊。附上我全部的爱给你。"

而在太平洋的另一边，赖雅也在度日如年地期待着她回来，过尽千帆皆不是之后，赖雅不禁抱怨她的归期总是"无限期延长"。张爱玲表示，她是没办法，她要留在这里，挣八百美元的稿费，这笔钱可以维持他们四个月的生活。之前她写的关于《红楼梦》的剧本没有获得通过。

"我工作了几个月，像只狗一样，却没拿到一分酬劳"。许多年前，她第一次穿上皮袄，觉得自己像只狗，摸摸鼻子是凉的，觉得更像了。你如果知道那件皮袄是用胡兰成给她的钱做的，就不难理解那个比喻里对自己的爱娇了。然而，这一次，她说自己像狗，却是像一只沉默的、辛苦的、得不到一点儿回报的狗，两相对照，让人如何不心酸。

她让赖雅再等她六个礼拜："在未来的六个礼拜，请你好好地为你我享受那小公寓，如果你因为担心我而生病的话，岂不是破坏一切了吗?亲吻你的耳朵。你还是边吃边走动吗?最近都吃些什么?请好好照顾自己，爱你。"

这封信写于1962年2月10日。

十天之后，她的情绪也坏到了极点："我的手脚都肿了（轻微），因为从旧金山飞来，其实是没钱买大一点的鞋，等旧历年大拍卖再说。跟宋家借钱是件极痛苦的决定，而且破坏了我们之间的一切，我无法弥补这种艰困的关系。"

她跟宋淇夫妇借了几百美元，正常情况下，这本是小事一桩，但是这时不知为何她与宋家的关系非常紧张。从她给赖雅的信里看，似乎是剧本接洽中出了点儿问题。张爱玲原本多疑，宋淇热心但有时又未免急躁，在本来就不顺当的情况下，确实容易出问题。总之，她原本殷切盼望的与宋氏夫妇的会面，临到眼前，却不无苦涩。

1962年2月18日，农历正月十五的前夜，她站在公寓的屋顶，与生平最爱的月亮对视，她写过楼板上蓝色的月光，像是静静的杀机，写过陈旧模糊的月亮，像朵云轩信笺上落下的泪滴，这个元宵夜，她看到的是一颗红色的满月，怪异，惊怖，在天宇下，不动声色地与她相对。

她给赖雅写信，说："宋家冷冷的态度令人生气，尤其他认为我的剧本因为赶时间写得很粗糙，欺骗了他们。宋淇告诉我，离开前会付新剧本的费用，言下之意是不付前两部，即《红楼梦》上与下。当我提议回美再继续修改时，他们毫无回应……典型中国人的作法，避重就轻，只谈我的剧照……但我估计他们会从《红楼梦》稿费中扣我的钱。我无法入眠，眼疾刚治好，走到阳台，站在一轮红红的满月下，今日是元宵节前一天，他们已不是我的朋友了……所以甜心，请你写信来，你知道吗？当我在黑暗中孤独地走在阳台中时，心中不禁猜想你是否知道我的处境、我的心情，顿时觉得在这个世上我可以投向谁？”

撇开她和宋家的关系不提——后来他们又神奇地恢复了，张爱玲说起宋淇夫人邝文美，依旧是：越是跟人接触，越是想起Mae的好处，实在是中外只有她这一个人，我也一直知道的——她对宋家的那些抱怨，也许是烦难处境里的过激之词，但可以看出，她对赖雅有着永远的信任，和爱。

3月16日，张爱玲终于离开香港，飞回华盛顿，奇怪的是，赖雅在华盛顿机场看到的她没有一丝萎靡之态，反倒是“生机勃勃”的。这应该是丢弃一个烂摊子的如释重负，还有“重整河山待后生”的摩拳擦掌，也许在飞机上，她就在心里与往日分道扬镳，决定在小说创作上大显身手。当赖雅提出要陪她游览她最喜欢的纽约时，张爱玲认为来日方长，她喜欢纽约，是想在那里定居而不是做一个游客，这个梦想，寄托在下一部小说的成功之上。

但是就在这年5月，赖雅再次小中风，同年12月，他因疝气手术需要住院，曾经花钱如流水的他，却因不愿意付二百块预付费而拒绝入住，他每月的福利金是五十二美元。在张爱玲和女儿霏丝的坚持下他让步了，住院七天花费四百一十五美元。这之后他们得到短暂的安宁。1963年7月，赖雅散步时跌了一跤，他的身体状况本来就很差，这次竟致卧床不起。更糟的是第二年宋淇离开电影公司，不能再为张爱玲接洽剧本，她失去了最主要的生活来源，不得不搬到位于黑人区的廉价住所里。

命运似乎存心考验张爱玲的承受能力，之后，赖雅又几次中风，瘫痪在床，大小便失禁，张爱玲不得不在做翻译工作养家糊口的同时，兼任护士，而我们都知道，她做这些，肯定是不在行的。

“饱藏着生命能量”的赖雅倒下了，从身体到精神。1965年的圣诞节，他的小外孙偕女友来探望他，我不知道孩子们看到了什么，只能按照有限的生活经验去推想，房间里的光线，气味，和躺在床上的老人的眼神。赖雅生命晚期，骨瘦如柴，一辈子都神采奕奕的他，不愿意再与他人对视，一次他的一个表亲来探望他，赖雅把头转向墙壁，要求他离去。

他的委顿，对于张爱玲，是致命的打击。这些年来，虽然靠她挣钱养家，但他那种“革命人永远是年轻”的精神面貌，应该给风雨飘摇中的她提供着稳定的动力，现在，他倒下了。

令人窒息的围困中，她还在寻找突围之路，在迈阿密大学申请到了驻校作家的职位，这次，她不愿意带上赖雅。她不是一个绝情的人，应该是想排除一切干扰奋力一搏，一旦成功，她和赖雅的生活才能获得物质保证，这比亲力亲为照顾赖雅更为重要。

她希望赖雅的女儿能够暂时收留老父，遭到拒绝，又曾雇用两个黑女人照料他的生活，也失败了。最后，她从迈阿密大学回来，把赖雅带回了学校公寓，亲自照顾他，直到1967年10月8日他去世，那时张爱玲刚过完四十七岁生日不久。

很多年后，那个研究布莱希特的美国人与她见面之后，说："她与赖雅最后的那几年过得艰难（赖雅晚年健康状况恶化，致使他生活起居几乎事事要人照料），我很讶异在这样的前提下，她能敞开心怀毫不忌惮地与人谈论他。言词中，她对这个在生命将尽处拖累她写作事业的男人，丝毫不见了怨怼或愤恨之情。相反地，她以公允的态度称许她先生的才能，说明他的弱点所在……"

## 8. 本来无一物，何处惹尘埃

时光能否如沙漠上的风，在清晨抹平前夜留下的杂沓脚印？我觉得不能，很多年之后，张爱玲表面上的平静并不能说明那一切没有在她心中留下痕迹，那痕迹不是怨恨，而是恐惧。

和赖雅的十年婚姻，前五年虽然靠她挣钱，但赖雅给了她许多的温暖与爱之外，还帮她解决做家务、跑邮局之类的琐事，后面五年，赖雅倒下来了，要"低能"的张爱玲来照顾他。"低能"是一个问题，更严重的问题是，张爱玲自称“低能”时，是理直气壮的，也就是说，她心底未尝不认为，相比写作才华，缺乏生活能力不算什么了不起的事。赖雅倒下之后，她最需要的，恰恰就是这个能力，为之所苦的那些岁月，她对赖雅不可能没有怨恨。

张爱玲号称有一种大悲悯，那是一种写作态度，她与《金瓶梅》里的潘金莲李瓶儿也可以知心，对于现世，亦有苍茫的同情，听到“文官执笔安天下，武将上马定乾坤”的戏词，会为“天真纯洁的，光整的社会秩序”而生落泪之心。在文字的世界里，她成熟、理性、深刻、温存，只因文字与人生到底隔了一层，以局外人的态度对待，是可以这样美好的。

现实中，她无法做得那样好。胡兰成有一句话说得对，她不喜欢小孩子小猫小狗小天使，是因为她自己是个小孩子。这个小孩子住在她心里，跟了她一辈子，她愿意喜滋滋地仰起脸，看大人们走来走去，她害怕作为一个成人存在。

张爱玲的文章里有这么一段：

> 佣人、手艺人，他们所做的事我不在行的，所以我在他们之前特别地听话。常常阿妈临走的时候关照我：“爱玲小姐，电炉上还有一壶水，开了要灌到热水瓶里，冰箱上的扑落你把它插上。”我的一声“噢！”答应得非常响亮。对裁缝也是这样，只要他扁着嘴酸酸地一笑，我马上觉得我的衣料少买了一尺。有些太太们，虽然也吝刻，逢到给小账的时候却

是很高兴的，这使他们觉得她们到处是主人。我在必需给的场合自然也给，而且一点也不敢少，可是心里总是不大情愿，没有丝毫快感。上次为了印书，叫了部卡车把纸运了来。

姑姑问我："钱预备好了没有？"

我把一叠钞票向她手里一塞，说："姑姑给他们，好么？"

"为什么？"

"我害怕。"

她瞠目望着我，说："你这个人！"然而我已经一溜烟躲开了。

胡兰成的文中也说过类似的例子，说张爱玲不敢看车夫的脸，他解释为张爱玲的眼睛干净，不能看不洁的东西，我就不明白了，人家车夫的脸也许不那么干净，但怎么就"不洁"了？张爱玲的恐惧，是因为她害怕别人把她当成一个大人那样有所诉求，她是做不好大人的样子的，她每一个恋人都比她大。

现在，她却要在赖雅面前扮演大人，能干的、耐心的、不怕脏不怕累的大人，精神上亦有很大压力吧？虽然爱情以及爱情转化成的亲情可以使一个人变得慈悲，但那种大无畏精神能支撑五年吗？没有文章描述过这五年的光景，我不由自主地想到她《烬余录》里的一段：

有一个人，尻骨生了奇臭的蚀烂症。痛苦到了极点，面部表情反倒近于狂喜……眼睛半睁半闭，嘴拉开了仿佛痒丝丝抓捞不着地微笑着。整夜地叫唤："姑娘啊！姑娘啊！"悠长地，颤抖地，有腔有调。我不理。我是一个不负责任的，没良心的看护。我恨这个人，因为他在那里受磨难，终于一房间的病人都醒过来了。他们看不过去，齐声大叫："姑娘。"我不得不走出来，阴沉地站在他床前，问道："要什么？"他想了一想，呻吟道："要水。"他只要人家给他点东西，不拘什么都行。我告诉他厨房里没有开水，又走开了。他叹口气，静了一会，又叫起来，叫不动了，还哼哼："姑娘啊……姑娘啊……哎，姑娘啊……"

不是她心如铁石，她也不想这样，张爱玲完全白描的手法里，未必没有对于人性的失望，这篇描写战争中的人性的文章里，她同样有对自己的拷问，只不过人性由老天赋予，她有失望，但不自责。

在赖雅面前，是否也有这样"阴沉"的一瞬呢？不同的是，假如有，张爱玲过后是会自责的，毕竟她对爱情对亲情，对于感情有信仰。可事实证明，她的感情支撑不起现实的磨难，对于让她经受这种考验的人，她是有恨的，但爱让她觉得不可以恨，这种"不可以"的负疚，使她的恨更刻骨了。

当然，一定也会有阳光充沛的时刻，光线涌动，空气也变得甜柔，她与他相对，内心柔软，情感悠长，仿佛可以天荒地老。她对他的感情的底色，仍然是深沉的爱。

没有一样感情不是百孔千疮的。

生命是一袭华美的袍，爬满了蚤子。

我们做不了自己的主。

作为作家的张爱玲早就参透了这一切，作为寻常女子的张爱玲长期以来却不肯相信，直到这一刻，她才不得不承认，她说过的这些，都是真的。

如果说，当年与胡兰成那段恩怨，还可以以鄙视他终结的话，与赖雅这些年来的磕磕碰碰，就找不到解脱自己的理由了。赖雅是个好人，"痴爱"她，也为她所爱，他去世多年之后，她还在自己的名字前面加上他的姓氏，但正是这样，她心中的阴郁更难消解。

如此的挚爱，尚且生出各种磨难，那么，人与人之间的烦恼是注定的了，再交往又何苦来哉？她于是闭门谢客，守护住一方净土。她极少与人来往，接电话也视心情而定，即使是好友，或者她有求对方，她也习惯于跟对方书信来往，那些信，倒是写得有情有义的，她对于尘世，并非没有留恋，只不过不愿再与尘世贴得那么紧，她丧失了信心。

不料，她能拒绝人，却不能拒绝虱子。张爱玲的晚年，老觉得住处有虱子，她每个月要花两百美元买杀虫剂。这么着还不行，只好搬家，张爱玲的朋友，其遗嘱执行人林式同说，从1984年8月到1988年3月这三年半时间内，她平均每个星期搬家一次。算下来她搬了有一百八十次家，这个数字也许有些夸张，但张爱玲在给夏志清的信里也写道："我这几年是上午忙着搬家，下午忙着看病，晚上回来常常误了公车。”她还考虑过搬到沙漠里去，也许那里可以躲避虱子。

在《对照记》里，她提到屡次搬家让她丢掉了很多珍贵资料。但每到一处仍迅速发现有虱子出没，看样子它们要跟她死磕到底了。

从少年时起，张爱玲就对虱子这东西印象深刻，那年在台湾，她还发现了虱子的同类——臭虫，并写进文章中，引起王祯和的抗议。台湾真的有臭虫吗？我的疑问无关台湾实际的卫生状况，而是根据张爱玲晚年对于虱子的疯狂逃避，无法不怀疑，那些臭虫和虱子一样，巢穴驻扎在张爱玲的内心。

虱子、臭虫这样的小生物，杀伤力有限，被咬上一口也不太疼，只是痒，还觉得脏。它象征着人与人之间鄙俗琐碎的纠葛，说不出口的细碎烦忧。张爱玲一辈子都怕这个，这种恐惧深入骨髓，她再搬家，也搬不出自己的内心。

她曾说，小时候读《红楼梦》，看到的是一点热闹，现在再看，看到的是人与人之间的烦恼。没错，《红楼梦》里的烦恼太多了，王夫人的，邢夫人的，凤姐的，连贾宝玉和林黛玉在一起，也都是重重叠叠的烦恼，但与张爱玲不同，曹雪芹回望这些烦恼，并不当成华美的袍上的蚤子，而是当成生命河流上的美丽的波纹，过往不可追，但可以记下，他的栩栩如生的描摹里没有嫌恶，净是柔情。

张爱玲和曹雪芹之间的差距，是林黛玉和刘姥姥之间的差距。《红楼梦》的前八十回，都在用林黛玉的眼光打量这个世界，唯美，精细，眼里容不得沙子，有什么经得起这样的打量？所以她常常伤感、尴尬、耿耿于怀，大不自在。

突然冒出一个打秋风的刘姥姥，认低伏小地弓着腰，皱纹纵横的脸上是卑微的笑，明知被人恶搞仍能脸不变色心不跳地配合到底，只为一点点残羹冷炙——你们拔根寒毛比我们大腿还粗呢！粗鄙得连凤姐都听不下去。

林黛玉鄙夷地称之为“母蝗虫”，高洁的她看不上刘姥姥的猥琐，可是，刘姥姥哪有资本像她那样高洁？躲不开的尘土，避不开的风雨，到处都是虱子和臭虫，这就是现实“浊世”，没有一个幽篁深处的“潇湘馆”给刘姥姥们隐身，她发现了虱子也没有搬家的条件。在这样的情况下，不如将自我哀怜当成无用的盲肠割弃，选择与虱子们共生共存，把虱子的出现当成生活的常态，它还能给你带来困扰吗？

那年五祖让诸门人做偈，最被大家看好的神秀苦恼了几日，在粉壁上写道：

身是菩提树，心为明镜台，时时勤拂拭，勿使惹尘埃。

五祖看了，说凡所有相，便是虚妄，这个偈子还在门外，没有到门里。

那个被打发在后院劈柴的惠能，也做一偈，道：

菩提本无树，明镜亦非台，本来无一物，何处惹尘埃。

五祖知道他悟了，就将衣钵传给了他。

经云，凡所有相，皆是虚妄。又曰，心不随境转，得大自在。张爱玲像林黛玉一样“时时勤拂拭，勿使染尘埃”，东躲西藏，坚壁清野，导致的后果是，越发感觉虱子的存在，那些虱子其实是驻扎在她心里，连医生都对她的“虱子说”将信将疑。

1995年9月初，张爱玲感觉自己即将走到生命的尽头，于是把重要资料放进手提包里，留在门边——她永远有这样的理性。一日，她在睡梦中辞世，遗体几天后被发现，这之前她已经写好遗嘱，要求把她的骨灰撒在空地，不开追悼会也不立纪念碑，如此，方是真的干净了吧？但容我再补一句，只要心中存着干净的念头，便无法得到真正的干净，好在，生命解决不了的，可以交给死亡解决，她紧张的、有着无限禁忌的一生，终于安然，得大自在。

NO 05

# 炎樱：有一种友谊，只能共青春

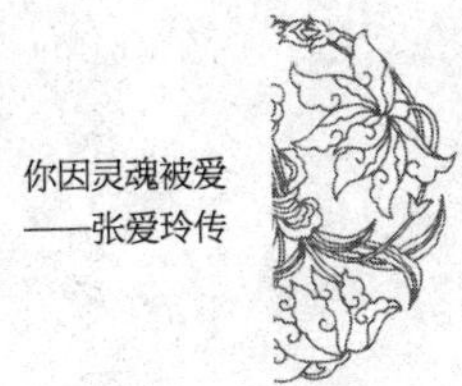

像张爱玲和炎樱这种友谊，是只可以共青春，不可以共沧桑的。年轻的时候，元气沛然，忽略那百孔千疮，踮起脚尖，去够那像月亮一样的，生命本身的喜悦，而中年之后，沉重的肉身朝下拖，让你不能够多承担一点点。

20世纪90年代初，在一本《青年文摘》上，我看到张爱玲写炎樱。文章开头第一句是：我的朋友炎樱说：“每一个蝴蝶都是从前的一朵花的灵魂，回来寻找它自己。”

作为一个文艺小青年，我当即为这句话倾倒，再朝下看，这位炎樱妙语如珠，她说：“月亮叫喊着，叫出生命的喜悦；一颗小星是它的羞涩的回声。”第一次看人用“叫喊”形容月亮带来的欢喜，却也道尽了它的璀璨。她也有调皮的时候，在报摊上翻画报，统统翻遍之后，一本也没买，报贩讽刺她说：“谢谢你！”她毫不客气地回答：“不用谢！”

她去犹太人的店里买东西，讨价还价，把钱包翻给老板看，说：“你看，没有了，全在这儿了，还多下二十块钱，我们还要吃茶去呢。专为吃茶来的，原没有想到要买东西，后来看见你们这儿的货色实在好……”

张爱玲写道：“店老板为炎樱的孩子气所感动——也许他有过这

样的一个棕黄色皮肤的初恋，或是早夭的妹妹。他凄惨地微笑，让步了。'就这样吧。不然是不行的，但是为了吃茶的缘故……'他告诉她附近哪一家茶室的蛋糕最好。"

几句话，描绘出一个慧黠、灵动、神采飞扬的女孩，在张爱玲那些满目疮痍的小说进入我的视野之前，惊艳现身。

然后才知道，这位炎樱，又名獏梦，即吃梦的小兽，这是张爱玲为她取的名字，可见对她的爱。她姓摩希甸，父亲是阿拉伯裔锡兰人（今斯里兰卡），在上海开摩希甸珠宝店，《色·戒》里描述的那个珠宝店，就是炎樱父亲的家业。她母亲是天津人，所以她有一半中国血统，她在香港大学与张爱玲同窗，在张爱玲的早年生活里，炎樱是非常重要的一个人。

张爱玲的散文《气短情长及其他》里有她。

> 有一位小姐说："我是这样的脾气。我喜欢孤独的。"獏梦低声加了一句："孤独地同一个男人在一起。"
>
> 獏梦说："许多女人用方格子绒毯改制大衣，毯子质地厚重，又做得宽大，方肩膀，直线条，整个地就像一张床——简直是请人躺在上面！"

是刻薄了点儿，但刻薄得机智又幽默。而在《双声》里，她和张爱玲从俄罗斯与日本的民族文化，谈到死去时要穿什么样的礼服，两人灵感频发，显见得是无须多言却又言之不尽的灵魂伴侣。张爱玲的《传奇》再版时，炎樱给她画封面："象（像）古绸缎上盘了深色云头，又象（像）黑压压涌起了一个潮头，轻轻落下许多嘈切嘁嚓的浪花。细看却是小的玉连环，有的三三两两勾搭住了，解不开；有的单独象（像）月亮，自归自圆了；有的两个在一起，只淡淡地挨着一点，却已经事过境迁——用来代表书中人相互间的关系，也没有什么不可以。""炎樱只打了草稿。为那强有力的美丽的图案所震慑，我心甘情愿地象（像）描红一样地一笔一笔临摹了一遍。"

"震慑"和"心甘情愿"，都是用得很重的词。

虽然她也写到两人吃蛋糕时各自付账，且为乘三轮车的费用争执不已，但那种薄嗔更像闺密之间"晒友情"，唇枪舌剑间透着没拿对方当外人的亲昵。

正因如此，张爱玲20世纪90年代创作、本世纪才问世的《小团圆》里，关于炎樱的文字是最让我产生违和感的那一部分。那是一本"狠辣"之书，张爱玲一路写下去，见佛灭佛，见魔灭魔，从父母到姑姑、弟弟，连她自己，一个都不放过。但别的人的阴暗面，在以前的文章里尚有伏笔，唯独炎樱，她在小说里称为"比比"的这个女孩，看上去突兀而陌生。

港战时差点儿被炸死，劫后余生的盛九莉想："告诉谁？难道还是韩妈？楚娣向来淡淡的，也不会当桩事。蕊秋她根本没想起。比比反正永远是快乐的，她死了也是一样。"

对于好友的死也不会放在心上，比比似乎快乐到没心没肺的地步。但她同时又是高姿态的，姑姑对盛九莉说，比比成天叫你穿奇装异服，她自己的衣服并不怪。盛九莉知道这是因为比比个子不高，又一直有发胖的趋势，不适合做太时髦的装扮，但比比才不会说这样自我贬损的话，只是说盛九莉“苍白退缩，需要引人注意”。像是好友之间的打趣，但说的人有几分是真心，听的人也明白她有几分是真心，反正盛九莉是存在了心里。

比比在盛九莉面前有高姿态的理由，她漂亮活泼，追求者甚众，她对追求者很有一套，对于严肃的她会挑逗，对于热络的，她会特意庄重，像是钱锺书在《围城》里说的，她握着一把男朋友在手里玩。她从不夸别人漂亮，说起别的女孩她总是做倒了胃口状，虽然因为个子矮、腿短，让个高腿长的张爱玲碰到她的腿时很不适应，但她对盛九莉青里泛紫的长腿也很反感，觉得像“死人肉”。

这个叫比比的女孩，精明、现实，善于货比三家，奉行失节事小吃亏事大，这使得她有时还有一丝丝粗鄙，比如蘸了唾沫去搓土布，看它会不会掉色。

在《小团圆》中，炎樱从快乐的吃梦的小兽，还原成了一个太通俗的女孩，通俗得我们在邻居家就能见到，张爱玲和炎樱的各种芥蒂因此无遮拦地铺展开来，写《小团圆》时，张爱玲和炎樱已疏于联系。

1952年，张爱玲离开内地来到香港，她一度前往日本与炎樱汇合，以为是赴美的快捷路径，三个月后无功而返。但炎樱在日本显然过得不错，张爱玲曾对她后来的知己邝文美说：“无论谁把金钱看得重，或者被金钱冲昏了头——即使不是自己的钱，只要经过自己的手就觉得很得意，如炎樱在日本来信说‘凭着自己的蹩脚日文而做过几billions（数以十亿）的生意’——我都能明了。假如我处在她的位置，我也会同她一式一样——所以看见一两个把金钱看得不太重的人，我总觉得诧异，而且非常佩服。”

我不知道她这话是不是在赞美邝文美，但她口口声声能理解的同时，隐约亦有不以为然，拿自己打底，不过是给予更辛辣的讽刺。这也可以看出两人主场的变换，早年在中国，炎樱仰仗张爱玲得以结识苏青、纪弦、池田笃纪等人，在给朋友的信里，炎樱描述张爱玲的风光，说：“你真不知道现在同爱玲一块出去有多讨厌……一群小女学生跟在后面唱着‘张爱玲！张爱玲！’大一点的女孩子回过头来上下打量。”连外国人都上前求签名。炎樱因此也有了作家梦，并且当真试作了几篇小文，张爱玲热心地帮她翻译成中文。

但随着张爱玲远离故土，一时不为人所知，生活能力又差，昔日风光日渐式微。无论在日本，还是在美国，炎樱都比她更能找到感觉，炎樱一到日本就有船主求婚，在纽约，也是倚仗她的人际关系，张爱玲才得以进入救世军办的贫民救济所。两人还走动着，炎樱陪张爱玲去看胡适，之后她到外面打听了一下，回来对张爱玲说：“你那位胡博士不大有人知道，没有林语堂出名。”

境遇的转换，使得炎樱原本就有的高姿态更加凸显，张爱玲对她原本就有的不满也随之水涨船高。我们不能说，张爱玲那篇《同学少年都不贱》写的就是她们的故事，但可以想见，同学飞黄腾达后的冷落，张爱玲一定深刻地感受过。何况这时，张爱玲已有了更好的闺密邝文美。

邝文美是作家、评论家宋淇的夫人，曾就职于设在香港的美国新闻处。张爱玲赴美之前也在该处任翻译，俩人得以相识。邝文美不像炎樱那样光芒四射，张爱玲认为这是她犯不着以才气逼人。张爱玲给邝文美的许多信里都有对她性情的赞美，从字里行间，我们可以拼凑出一个温婉善意宜室宜家的端方女子，是张爱玲心中最理想的那种形象。除了各种经得住考验的美德，她对张爱玲也有远比炎樱更多的爱，在她的耐心聆听面前，张爱玲逸兴遄飞滔滔不绝，却也知道她需要照顾家人，所以每到晚上八点必然催她回家，并诙谐地把她称为“我的八点钟灰姑娘”。

1955年，张爱玲离港赴美，她在美国给邝文美写的第一封信，提及宋淇夫妇转身离去时说，她心里轰然一声好像天塌下来一样，喉咙被堵住，眼泪流个不停。之前张爱玲也曾为炎樱落过泪，但那是她和炎樱约定一道回上海，炎樱却撇下她先走了时。

张爱玲在这封信里还说：“我绝对没有那样的妄想，以为还会结交到像你这样的朋友，无论走到天涯海角也再没有这样的人。”她说得不错，就算是老朋友跟邝文美也没法儿比。刚到美国的张爱玲大概很受了些炎樱的冷遇，两个月后，她给邝文美的信里又写道：“Fatima（炎樱英文名）并没有变，我以前对她也没有illusions（幻想），现在大家也仍旧有基本上的了解，不过现在大家各忙各的，都淡淡的，不大想多谈话。我对朋友向来期望不大，所以始终觉得，像她这样的朋友也总算了不得了。不过有了你这样的朋友之后，也的确是spoil me for other friends（宠坏了我，令我对其他朋友都看不上眼）。”

看到没有，在张爱玲的笔下，炎樱成为她的闺密，是她“对朋友期望不大”的产物，她还曾跟邝文美说：“‘宗教’有时是扇方便之门。如炎樱——她固信教，不说谎，可是总有别的办法兜圈子做她要做的事。我觉得这种‘上帝’未免太笨，还不容易骗？”

即使这话不算讽刺，也未免看得太透，通常看透又说透，而且是跟第三者说透时，那友谊已所剩无几。张爱玲还有一段话，是帮邝文美诠释她和一位好友的交情，却也像是她和炎樱友谊的稀落的注脚：“如果老朋友再会晤的时候忽然不投机起来，那是以前未分开的时候已经有了某些使人觉得不安的缺点，已经有了分歧。”

的确是这样，她在香港、在上海时，对于炎樱的高姿态，对于她不够爱自己，都已有芥蒂。但是，那时候，她还很年轻，即使已有自闭倾向，还有一部分是朝外面打开着的，对于外界，有一种年轻人的兴致与好奇心。炎樱的聪慧善悟、神采飞扬，尚且能够吸引她，即使她不够爱自己，即使有时暗自生一肚子气，年轻的时候，也有足够的气力抵挡与忽略这些，去看见对方的好，汲取那些有益的能量。

而到了张爱玲的纽约时期，她已经阅尽千帆，人生失意，理想还在遥远处闪着光，她的灵魂和身体都很疲惫。时间不够用，精力也不够用，她须得删繁就简，在有了更好更爱她的女友之后，炎樱，就成了她大刀阔斧删去的那一部分。

表面上看，她和炎樱分开，是因为她结了婚，赖雅将她带离炎樱居住的纽约，事实上，这只是一个契机，让她终于能够与这位日渐发达也益加陌生的旧友分道扬镳。

1960年，张爱玲给邝文美的信里写道："Fatima上月结婚，自纽约寄请帖来，对象不知道是医生还是博士，我也没查问，大家都懒写信。"

事实上，应该是她更懒得写信，这固然是她中年之后深居简出，懒得与绝大多数人通信，但她对炎樱的冷漠，更来得心意如铁。据张爱玲文学遗产继承人，也是唯一看过张爱玲留下的全部资料的宋以朗先生介绍，炎樱曾经给张爱玲写了好几封信，张都未予回复。炎樱在某封信的开头说："我不知道我做错了什么，使得你不再理我。"看到这句是不是挺伤感？无缘无故地就被少年时的好友甩了，甚至连解释反省的机会都没有。可是接下来，炎樱又开始夸耀她挣了多少多少钱，全然不顾张爱玲当时灰暗的心情。

不是所有人，都能原谅朋友一生得意扬扬爱炫耀，张爱玲对这一点尤其反感。她曾写她小时候刚到上海时，给她天津的玩伴写信，描写她的新家，写了三张信纸，还配了插图。"没得到回信——那样的粗俗的夸耀，任是谁也要讨厌吧？"

炎樱的自我夸耀，即使不算粗俗，也常常是浅薄的，1992年，她给孀居多年的张爱玲写信："你有没有想过我是一个美丽的女生？我从来也不认为自己美丽，但George（炎樱丈夫）说我这话是不诚实的——但这是真的，我年幼的时候没有人说我美丽，从来也没有——只有George说过，我想那是因为他爱我……"我想象张爱玲看到这封信时的反应，是啼笑皆非呢，还是在心里说，真是受够了？

其实炎樱的夸耀，只是一种积习，不完全是想占朋友上风。1995年年底，她对采访她的司马新说，她又要做新娘了，并且用中文夸奖自己“好厉害”。司马新作为张粉，对她有爱屋及乌的欣赏，觉得她确实好厉害。便是我这局外人，也觉得这种自夸有她的一种可爱，张爱玲与炎樱的友谊走到那一步，是因为她俩都是太自恋的人，她不够爱她，她，也不够爱她。

世上的友谊和爱情一样，有许多种类，像张爱玲和炎樱这种友谊，是只可以共青春，不可以共沧桑的。年轻的时候，元气沛然，忽略那百孔千疮，踮起脚尖，去够那像月亮一样的生命本身的喜悦，而中年之后，沉重的肉身朝下拖，让你不能够多承担一点点。从这个角度来说，张爱玲与炎樱曾经的友谊也是可喜又可贵的，因为，那才是青春的友谊，带着少女气质的友谊，就像，我们都曾有过的那些友谊那样。

NO 06

# 亦舒，由粉转黑



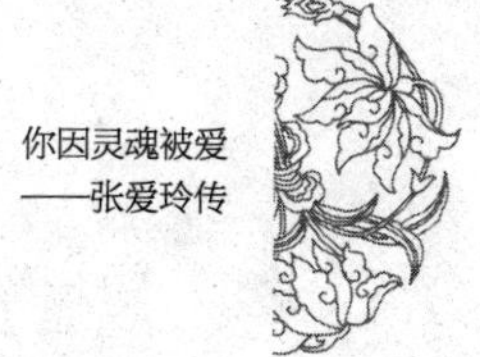

亦舒和水晶们的责备固然令她不爽，但也是这些人，曾经推崇她，热爱她，帮她在大众中普及，是她的包袱，更是“老本”。从这一点看，张爱玲比那些动不动就指责粉丝困扰了自己的明星，要清醒得多，也智慧得多。

唐朝有位诗人名叫崔信明，有名句“枫落吴江冷”，余秋雨赞叹道：“寥寥五个字，把萧杀晚秋的浸肤冷丽，写得无可匹敌，实在高妙得让人嫉恨。”但这样一位诗人，除了这个孤句之外，就只有一首诗留下来，他的其他作品，据说都被某粉丝扔江里去了。

《旧唐书》里说，这位崔信明，有天在江上遇见一位粉丝，粉丝说，我听说过您那句“枫落吴江冷”，不知道您还有什么作品。崔信明见有粉丝来致意，心中大爽，就把自己百余首作品拿给他看。粉丝一一翻开完毕，冷笑一声“所见不如所闻”，啪地就把诗集给扔到江里去了。

且不急着谴责这位粉丝，只说这位崔先生，竟然都没掰扯两句，就那么走了。是他修养好，还是认清现实，知道多说无益？又或者是因为他本来气场就不够强大呢？人家一批评，他就心虚了，人家扔水里，他也觉得那是他那堆破烂最合适的归宿。

我严重怀疑是最后一种，因为要不然的话，他还可以再写啊。估计是那回被粉丝伤透了心，就此金盆洗手了。

粉丝有时比“黑”更可怕，有人“黑”你，你会警惕地不给对方留下空隙，可是，当粉丝无限敬仰无比热情地对你挥动着荧光棒，但凡常人，都会视为命运派发的福利，轻飘飘地，不那么设防了。这种情况下，粉丝若想伤你，便如打入内部的特洛伊木马，会杀得你措手不及。

这不是作者的错，也不是粉丝的错，这是生活的错。生活的多样性，注定人与人或许能在某个层面上相互理解，但也只是在某个层面上相互理解，超出这个范畴，很容易化友为敌，纵然弄不出把人家作品扔水里的极端之事，双方总有一场龃龉，张爱玲与她的超级粉丝亦舒便是如此。

亦舒第一次出现在张爱玲的视野里，是在1976年，宋淇写给张爱玲的信中。宋淇写道：“另附阿妹一文，大骂其胡兰成，此人即‘亦舒’，宁波人，心中有话即说。”

正是“有话即说”，亦舒的这篇文章，题目就很泼辣，叫作《胡兰成的下作》，文内更是为张爱玲打不平，说：

“我十分孤陋寡闻，根本没听过胡兰成这名字，香港长大的人哪里知道这许多事，恐怕都觉得陌生，所以看过之后觉得这胡某人不上路，张爱玲出了名，马上就是他的老婆，书中满满的爱玲，肉麻下作不堪，这种感觉是读者的感觉，张爱玲或是潇洒的女性，与众不同，不介意有人拿她当宣传。

“所谓丈夫，是照顾爱护抚养妻子的人，愿意牺牲为妻子家庭共过一辈子的人，自问做不到这些，最好少自称是人家的丈夫。胡某人与张爱玲在一起的时间前后只两三年，张爱玲今年已经五十六岁，胡某于三十年后心血来潮，忽然出一本这样的书，以张爱玲作标榜，不知道居心何在，读者只觉得上路的男人绝不会自称为‘张爱玲的丈夫’。女人频频说‘我是某某的太太’，已经够烦的，何况是这种男人，既然这门事是他一生中最光彩的事，埋在心底作个纪念又何不可。”

她的这篇文章，是针对胡兰成的《今生今世》而言。《今生今世》一出，张爱玲不胜困扰，她给夏志清的信里说：“胡兰成书中讲我的部分夹缠得奇怪，他也不至于老到这样……后来来过许多信，我要是回信势必‘出恶声’。”

她没有回信，因为她不能出恶声，她不能出恶声，因为她不想为胡兰成利用。她给宋淇夫妇的信里便提到过，她不想白白便宜了“无赖人”，骂他也是为他做宣传。而宋淇夫妇也为她担心这一点，1976年，他们看过她的《小团圆》，建议她起码暂时不要出版，说：“‘无赖人’如果已经死了，或在大陆没有出来，这问题就算不了什么，可是他人就在台湾，而且正在等着翻身机会，这下他翻了身，至少可以把你拖垮……”

可见，无论是张爱玲自己，还是为她着想的朋友，都对胡兰成非常警惕，轻易不去惹他。但那口气总咽不下去，现在，冒出一个快言快语的亦舒，那样泼辣地大骂胡兰成，宋淇自然连忙告诉张爱玲，张爱玲看了，别管是否全盘赞成亦舒，先喊了一声“真痛快”！

在这个时候，他们是同一阵营里的，按照常理，一个阵营里的人，应该同声相应同气相求，时刻保持同一口径，可是，这种情形，只是发生在俗人堆里。爱玲不俗，她的粉丝亦舒也不俗，“我爱偶像，我更爱真理”，亦舒没有这样说，却是这样做了。两年后，还是这个亦舒，同样快言快语地大批张爱玲的新作《相见欢》：

“整篇小说约两万许字，都是中年妇女的对白，一点故事性都没有，小说总得有个骨干，不比散文，一开始琐碎到底，很难读完两万字，连我都说读不下去，怕只有宋淇宋老先生还是欣赏的。

“我本人一向把张著当《圣经》，可是摩西忽然复活显灵，反而吓个半死，我看这些名著，完全是叶公好龙式的，不过是一种怀念的姿势，最好是能够永远怀念到底，只当读小型《红楼梦》。商业社会年轻一代为生活奔波得透不过气来，张爱玲的作品无疑可以点缀生活，如一对罕见的白底蓝花古瓶，可是现在原主人忽然又大量生产起来——该怎么办？如把它当古玩，明明已大大贬了值；当新货，它偏偏又过了时。

“由此可知，复出是万万不可的，要不写它一辈子，认了命。我始终不明白张爱玲何以会再动笔，心中极不是滋味，也是上了年纪的人了，究竟是为什么？我只觉得这么一来，仿佛她以前那些美丽的故事也都给对了白开水，已经失去味道，十分悲怆失措。世界原属于早上七八点钟的太阳，这是不变的定律。”

不愧是拿张著当《圣经》的人，下笔如张氏一样狠毒，只是首先把宋淇捎带上大可不必，白白多得罪一个人；其次，张爱玲是不是如她所言，不可再复出，倒也未必。尽管，她文中的两个比喻，都是生动别致的。

自古美人如名将，不许人间见白头。这话说得残忍，似乎人家曾经美过，曾经英雄过，就负有维护大众感觉的义务，要么死掉，要么就得将自己囚禁于不得见人的所在。亦舒对一个作家做此要求更属无理，别管张爱玲还是不是她心中的张爱玲，人家自己，总有发声的欲望。毕竟，人都是为自己活着，别人的观感，只是生活的一部分。

当然了，亦舒也是为了张爱玲好，她希望张爱玲不要破坏已然在读者心中形成的光辉形象。有这个想法，说明亦舒到底是不能了解张爱玲，形象云云，都是小格局里的事物，是普通言情作家的追求，而大师，不可能把这个太看在眼里。毕加索说，重复自己，比抄袭别人更可耻。张爱玲也说，读者不希望作家改变风格，只想看一向喜欢的，他们以前喜欢的，大都期望可以再次读到，比如某某作家那样，但我学不到。

也许，亦舒和张爱玲的这场争论，体现了她们对于张爱玲不同的定位。亦舒本人，只希望张爱玲将祖师奶奶的形象保持到底——她的“师太”的名头不也是从这里接过来的吗？张爱玲心中却有着更为宏大的写作理想，虽然她在《我看苏青》一文中说，只有把苏青和自己放在一起是不反感的，但客气话之外，更有别的内涵，她耻于和单薄的矫情为伍，而在写实这一点上，她和苏青算得同党。

至于文学成绩，她是不把苏青看在眼中的。她给宋淇的信里说，虽然苏青的书卖得比她好，她却一点儿不忌妒，因为她知道苏青没她写得好。同理，她也不忌妒韩素音，虽然后者在美国比她红。

即使在最落魄的日子里，张爱玲依然有一种自信，相信自己的文字可以不朽，而不仅仅局限于“最棒的言情作家”之列。所以，在美国那些年，她生活上尽己可能地删繁就简，老觉得时间不够用，拼命地写、写、写，不能说完全是为了生计。另一方面，她也明白，要从言情作家变身为大师，就不能怕得罪读者，有时恰恰要跟他们的阅读期待对着干，几时曾见大师是肯俯就的？

《相见欢》就是一部对着干的作品。正如亦舒所言，通篇对话，几乎没有情节，但情节其实正在对话中展开，在那些破碎的只言片语中，我们可以拼凑出两个老女人的前世今生，她们曾经的美与爱。而岁月带给我们的悲伤，并不是目睹沧海瞬间桑田的惊悸，更在于平淡时日里，看真实的美，被日渐消磨。

这或许是张爱玲想传递的，有点儿像实验派的电影，又靠近张爱玲所喜欢的海明威的“冰山写作”理论。即使不算一部成熟、成功的作品，起码是张爱玲的一次试验。但像亦舒这样的读者，是容不得偶像乱试验的。她宁可偶像待在福尔马林中，做一个不老的完美僵尸。

张爱玲对此自然不以为然，她给宋淇的回信里为自己辩护，说，中国人的小说观，我觉得都坏在一百二十回《红楼梦》太普及，以至于经过五四迄今，中国人最理想的小说是传奇化（续书的）的情节加上有真实感（原著的）的细节，全国一致。

而亦舒本人的作品，正是以传奇化的情节与真实感的细节取胜，在她每一部小说里，都有太多细节，让都市女性感同身受，那些艰辛、挣扎、喟叹，都曾在自己心中辗转过千百遍，但到作品的结尾，总能给女主角安排一个传奇化的结局：或是有钱的爹娘来认亲，或是钓得金龟婿，最起码也像喜宝那样，寂寞优美地坐拥金山——她那长吁短叹的哀伤，已经令无数女屌丝艳羡。

所以，亦舒说："朋友喜欢《半生缘》而我不，整个故事气氛如此沉郁，到了完场，不幸的女主角始终没机会扬眉吐气，照样得肮脏地生活下去。"

"当然不及《倾城之恋》好看，女主角笑吟吟一句'你们以为我完了吗，还早看呢'，令读者自心底笑出来，拍手称好，呵她终于修成正果，多么痛快！

"我希望看到男主角练成神功，升为教生，女主角得偿所愿，傲视同侪，善有善报，恶有恶报。

"为什么不呢，在现实不可能，故寄望于小说。

"真实生活苦难重重，荆棘遍地，苦闷无聊之至，你爱看骆驼祥子？我不要看，我爱看华丽的俊男美女教事，赏心悦目。"

亦舒与张爱玲，只能在《倾城之恋》里有交集，但即便是《倾城之恋》，也比亦舒笔下那些大头梦更为写实而残酷，之后张爱玲的调子更在华丽里不动声色地沉暗下去，与亦舒的口味分道扬镳，亦舒不明白这一点，她的愤怒因此而显得粗暴。相形之下，张爱玲的态度更值得玩味，她不满地说亦舒和水晶都恨不得她快点儿死掉，免得破坏形象，但同时又极其理性地说：“这些人是我的一点老本，也是个包袱，只好背着。”

亦舒和水晶们的责备固然令她不爽，但也是这些人，曾经推崇她，热爱她，帮她在大众中普及，是她的包袱，更是“老本”。从这一点看，张爱玲比那些动不动就指责粉丝困扰了自己的明星，要清醒得多，也智慧得多。

NO 07

# 当傅雷遇上张爱玲

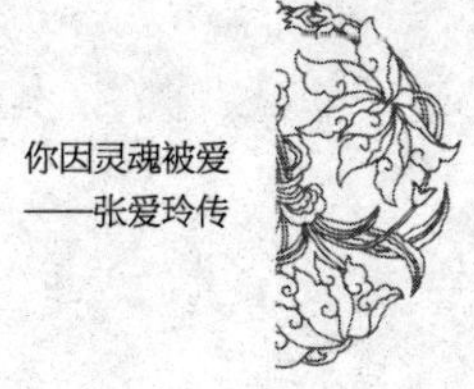

“生活自有它的花纹，我们只能描摹”，张爱玲如是说，“源于生活，高于生活”，这应该是傅雷的文学主张。张爱玲是一个窥视者，探身望一望，最多嘴角挂一抹冷嘲，一切留给读者去感受；傅雷则是亲自上场，给那些人排队，好坏分明，他要么是激赏，要么是批判。

## 1. 张爱玲笔下的傅雷情事

写文章的人，很难赢得厚道的名声。他们成天不是忙着出卖自己，就是忙着出卖别人。

琼瑶的处女作《窗外》拍成电影名噪一时，结果因为在作品里面表现了她爸妈的严厉，纠结得几乎不敢进家门。三毛倒是没怎么说自己爸妈的坏话，但是，如果她的那些旧同窗、前男友、她的公公婆婆都是她的读者的话，只怕很多人都会觉得她欠自己一个解释。而凌叔华的后人和虹影打官司的新闻，只是无数文人被起诉案例中的一个比较典型的事件。尽管如此，我得说，跟张爱玲比起来，他们全部是小巫见大巫。

张爱玲刚出道，就在一篇英文散文里，刻画了她父亲的暴躁与虚弱，开始写小说之后，她的那些亲戚，从远房的李氏族人到她舅舅、她弟弟都在劫难逃——她舅舅本来很疼她的，她跟他打听亲戚间的八卦，舅舅知无不言。看自己全家的形象在《琉璃瓦》和《花凋》里被她糟蹋成那样，自己还被她形容为“酒精缸里泡着的孩尸”，舅舅暴跳如雷，几乎要跟她断绝关系。不过，我觉得，她舅舅的这份暴怒大可不必，若他九泉之下能看到那部到21世纪才面世的《小团圆》，就会知道，这个外甥女写她自己，也是一样心狠手辣。

张爱玲将写作，视为自己的宿命，认定一个写文章的人，就不可能是个淑女或者绅士，所以不管她在亲戚群中怎样被孤立，她倔强地依然故我。只有一次，她懊悔自己的出卖行为，在将近四十年后，她在自己的一篇小说后面加了个后记，说“我为了写那么篇东西，破坏了两个人一辈子唯一的爱情……‘是我错’，像那出流行的申曲剧名”。而她想起这小说，是因为在理发店里百无聊赖、突发感伤。为了回避那不愉快的懊恼感，她后来再也没有去过那家理发店。

那篇小说叫作《殷宝滟送花楼会》，到了2013年3月，张爱玲遗产继承人宋以朗才在发表在《南方都市报》的文章里石破天惊地告诉我们，《殷宝滟送花楼会》的男主角，那个神经质的音乐教授的原型，是著名翻译家、评论家傅雷。

他说张爱玲在1982年12月4日写了一封信给他父亲，信上写道：“《殷宝滟送花楼会》实在太坏，不收。是写傅雷的。”

有点儿颠覆感对不对？傅雷通过他悲壮崇高的译作《巨人三传》《约翰·克利斯朵夫》，通过他苦口婆心的《傅雷家书》，通过他和妻子朱梅馥在“文革”初始时宁为玉碎不肯瓦全的自杀，成就了那样一个高风亮节的形象，在张爱玲的笔下，却变得这样疯狂而又可笑。张氏有言，她喜欢在传奇里发现普通人，可是，她笔下的傅雷，已经流落到滑稽了。

《殷宝滟送花楼会》说是小说，当散文看也可以，是第一人称写法，而且叙述者“我”就是一个名叫“爱玲”的作家。且说这日“我”闲居在家，突然有并不熟悉的校花同学抱花来访，坐下来就说她的爱情，她与一个音乐教授罗先生的恋爱始末。

张爱玲不无刻薄地刻画了这位校花同学的矫情与空虚，与其说她是来倾诉，不如说她是来炫耀，炫耀她有一份让她无聊的小灵魂变得厚重的伟大爱情。

同《色·戒》里那位校花王佳芝一样，殷宝滟不满足于只是做个美女，她有野心去占据更伟大的制高点。王佳芝投身革命，殷宝滟则在偶然认识了罗先生之后，天天去他家跟着他学习她不得要领的音乐史。

这位罗先生，古怪、贫穷、神经质，但他在美国欧洲都读过书，法文意大利文都有研究，对音乐史非常精通。他谁都看不起，对女人总是酸楚与怀疑的。但殷宝滟是个美女，是个离他很近很热切地跟他学习音乐史的美女，他放弃了因为害怕被拒绝先摆出来的那种酸楚怀疑，爱上了她。

她一开始的态度是我再没有男朋友也不会看上他吧？可他那对全世界都白眼向青天的架势，使他的爱，变成了一枚勋章，获得者是很难不骄傲的——她渐渐也觉得受用了。

她收到他与众不同的情书："在思想上你是我最珍贵的女儿，我的女儿，我的王后，我坟墓上的紫罗兰，我的安慰，我童年回忆里的母亲。我对你的爱是乱伦的爱，是罪恶的，也是绝望的，而绝望是圣洁的。我的滟——允许我这样称呼你，即使仅仅在纸上……"

她过去收到的那些贫乏小男生的信怎能与之相比？

"没有爱及得上这样的爱"，而且她以为这爱是可控的，是"听话的"爱，以为他可以永远在距离之外爱着她，她只管毫发无伤地享受就是了。

他绝望，暴躁地在家中和妻子吵架，她被仆人请去劝架——他们两口子一吵架，女佣都是打电话找她来劝，"他就只听我的话！"

如是三年，他终于亲到她的嘴，之后又想别的，她感到恐慌以及被亵渎，原来她并不是他心中高不可攀的女神。但她还是贪恋他的爱，他们甚至谈到他去离婚。一时离不掉，他俩都很痛苦。

后来有一次两口子吵架，连老妈子都看不过眼了，说："我们先生也真是！太太有了三个月的肚子了——三个月了哩！"

看来罗先生也并不只是一味地痛苦。但人是会自己骗自己的。离开了罗先生的殷宝滟，面对她的老同学，作家"爱玲"，把这些一带而过，泪水汪汪地说她是怕伤害到他的妻儿，才牺牲了自己的爱情。"他有三个小孩，孩子是无辜的，我不能让他们牺牲了一生的幸福罢？"

"太阳光里，珍珠兰的影子，细细的一枝一叶，小朵的花，映在她袖子的青灰上。可痛惜的美丽的日子使我发急起来。'可是宝滟，我自己就是离婚的人的小孩子，我可以告诉你，我小时候并不比别的小孩子特别地不快乐。而且你即使样样都顾虑到小孩的快乐，他长大的时候或许也有许多别的缘故使他不快乐的。无论如何，现在你痛苦，他痛苦，这倒是真的。'

"她想了半天。'不过你不知道，他就是离了婚，他那样有神经病的人，怎么能同他结婚呢？'

"我也觉得这是无可挽回的悲剧了。"

请原谅我大段引用原文，这几段实在太反高潮了，可以作为许多"遗梦""碎梦"背后的老实话。殷宝滟和罗先生不能在一起的原因，是因为他是"有神经病的人"，跟他离不离婚没太大关系，他们痛苦地讨论离婚什么的，只是因为，她觉得这样更有悲剧之美吧。这结尾横扫过来，使前面那缠绵情调变成了一个笑话，若主人公有原型，那就更是一个笑话了。

按照张爱玲的写作习惯，他们当然是有原型的，男主角我们已经知道，女主角则是一个名叫成家榴的女子。张爱玲给宋淇的信里，也点明了这一点。

傅雷的儿子傅聪和傅敏接受记者采访时都承认，他们父亲的生命里，出现过这位成家榴。她是个美丽迷人的女子，非常出色的女高音，与张爱玲文中所写的"在水中唱歌，义（意）大利的'哦嗦勒弥哦！'（'哦，我的太阳！'）细喉咙白鸽似的飞起来，飞过女学生少奶奶的轻车熟路，女人低陷的平原，向上向上，飞到明亮的艺术的永生里"吻合。

傅敏回忆："只要她（成家榴）不在身边，父亲就几乎没法儿工作。每到这时，母亲就打电话跟她说，你快来吧，老傅不行了，没有你他没法儿工作。时间一长，母亲的善良伟大和宽宏大量感动了那位女士，她后来主动离开父亲去了香港，成了家，也有了孩子。"

也与张爱玲所写的不谋而合。

成家榴和傅雷，何时何地认识的已经不得而知，《殷宝滟送花楼会》里说殷宝滟跟同学去听课，在课堂上认识了罗先生，宋以朗认为这是小说家言，因为成家榴的姐姐成家和与傅雷是邻居，都租住宋淇家的房子。

但宋以朗又说傅雷搬到宋家的房子是在1947年，这时成家榴已经被张爱玲那篇小说吓得去了内地，他们的交情应该不是因比邻而起。根据现有资料，应该是成家和介绍的。

成家和，刘海粟的第三任妻子，香港明星萧芳芳的母亲，曾就读于上海美专。1931年，她和同学赵丹误以为傅雷反对学生抗日，在教室里跟他发生了冲突。不打不相识，一场误会之后，他们成了朋友，成家榴十有八九是成家和介绍认识的，与小说中所言去学校时探望女友认识的相去不远。

张爱玲也在给宋淇的信里，说殷宝滟就是成家榴。她们曾经是同学。

每一条都对得上，张爱玲没做任何技术处理，当事人几乎是裸身出镜，反响可想而知。张爱玲振振有词地说，是她要我写的，可是人家没让你写成这副德行。"殷宝滟"原指望自己成为琼瑶小说里那种又美丽又崇高的女主角，看了这个自然是当头一棒。更要命的是，她接下来还要给“罗先生”一个交代，给她长达数年的爱情一个交代，她该如何交代？

只能是逃走了，逃到内地去，匆忙嫁了个空军，很快离婚。张爱玲一篇不长的小说改变了这女子的命运，这倒没什么，我们的命运经常被一些小事改变，她懊悔她毁掉了殷宝滟也就是成家榴和傅雷的爱情，那爱情虽然有点儿矫情，但也是爱情啊。

## 2. 出卖傅雷，是存心还是无意

如前所说，张爱玲能忏悔，也算难得，可我仍有个疑问，张爱玲写这篇小说，只是作家的积习使然吗？该文发表于那篇署名迅雨的评论《论张爱玲的小说》之后，她知道迅雨就是傅雷吗？如果她知道的话，那这个小说就有点儿报复的性质了。

1944年5月，署名迅雨的《论张爱玲的小说》在《万象》上刊登；7月，张爱玲回敬了一篇《自己的文章》，为评论里批评的那几篇小说辩护；11月，张爱玲在《杂志》上发表《殷宝滟送花楼会》，时间点如此契合，让人想不多想都难。

当然，这也可能是巧合。傅雷一边和成家榴分着手，一边写着评论，成家榴转身去找老同学张爱玲倾诉，傅和张在不知情的情况下，有了这么一种交集。所以宋以朗说，张爱玲写《殷宝滟送花楼会》时，并不知道傅雷就是迅雨，张爱玲是后来到了香港才从宋淇那里听说的，她有点儿惊奇，但也没深究。

这种可能也有。但是，我们要知道，傅雷的那篇评论，是交给柯灵发表的，柯灵跟张爱玲交情不浅，《小团圆》里以他为原型塑造的那位荀先生，又特别爱在女主人公面前说文坛掌故，那么，他把这个大秘密八卦给张爱玲听完全有可能。

就算他不说，当时也有小报指出迅雨就是傅雷。当时有份《光化日报》发表过一篇《小报上的女作者》，里面写道："《万象》曾提拔了几位女作家，其中有几位，平心而论，她们只是文章的学作者，暂时还不能称作'女作家'的。张爱玲出道的迟，可是都红过她们，著名的翻译家傅雷先生曾在《万象》上写过一篇评论，格外叫人侧目。"

即便如此，我们还是不能确定张爱玲一定知道迅雨是傅雷，柯灵也有讳莫如深的时候，张爱玲也可能凑巧没看到这份报纸，但《殷宝滟送花楼会》里有些词，是故意跳出来告诉有心人，这篇小说就是冲着《论张爱玲的小说》来的。

《论张爱玲的小说》开头就写道："在一个低气压的时代……"《殷宝滟送花楼会》里罗先生也说："在这样低气压的空气里……"点明罗先生和迅雨一个腔调，而她心知肚明罗先生就是傅雷。

《殷宝滟送花楼会》里，说罗先生面对女人的态度是酸楚的，张爱玲回敬傅雷的文章《自己的文章》里也说，斗争是动人的，因为它是强大的，而同时也是酸楚的。她拐弯抹角地说，爱斗争的傅雷，难免总是酸楚的。

可以想见，成家榴会悔恨交友不慎遇人不“淑”（淑女的淑），傅雷心中则是五味杂陈，尴尬、懊恼之外，怕是也有愤怒：《金锁记》的作者人品竟是这样低劣，真是错看她了。当然，他是不会再说什么了。

出卖同学隐私，还是这样嚣张地毫不体谅别人地出卖，当然道德上是有问题的，张爱玲自己都意识到了。但是张爱玲写这么一篇小说，只是为了出口恶气吗？要是真这么看，也就把张爱玲看扁了。张爱玲写这么个故事，是因为这篇小说，比《自己的文章》更能证明她的文学观点。

所以，要说清傅雷和张爱玲的这场战争，还要从傅雷的那篇《论张爱玲的小说》说起。

和张爱玲一样，傅雷亦眼光甚高，大部分人他都瞧不上，非常罕见地，他对张爱玲高看一眼，特地写了篇《论张爱玲的小说》，还把她的《金锁记》称之为“我们文坛最美的收获之一”，柯灵将此称之为“老一辈作家关心张爱玲明白无误的证据”。然而张爱玲却大不领情，著文还击不说，还写了篇阴阳怪气的小说，大揭傅雷隐私，这篇出于十足的好心的评论为何令爱玲小姐如此不忿？

文章的一开始，先夸张爱玲的作品是个奇迹，奇到什么地步呢？让读者能怔住，只能发点儿不着边际的议论：“这太突兀了，太像奇迹了。”这种情况下，傅雷觉得他有必要做一个言之有物的总结。

他首先从各个角度将《金锁记》大大赞扬了一番，这里且不赘述，只说除了“最美的收获之一”说外，他还说此文颇有些《狂人日记》里某些故事的风味，算得上极高的评价。《金锁记》里，七巧的沦陷、挣扎、倒伏、覆灭，浓墨重彩的命运的阴霾，大开大合的悲剧意味，符合傅雷比较“重”的味蕾。他厚爱它到这种地步——开始对作者其他作品横挑鼻子竖挑眼了，他不能容忍一个写出这样的伟大作品的作家，开自己的倒车。

他首先针对的，是《倾城之恋》。

每个有钱的单身汉，都会被人视为自己某个女儿应得的财产，《傲慢与偏见》里一开始就揭示了这个真理，这正是《倾城之恋》的缘起，年轻多金的华侨范柳原，回到祖国马上成为太太们眼中的抢手货，相亲宴纷至沓来，在其中某一场上，他与白流苏相遇。

白流苏是陪妹妹来的，她是离异的女人，“残花败柳”，没资格做那相亲宴上的女主角，媒人都没把她考虑进去，但是，范柳原却独独对她产生了兴趣。

这对白流苏来说是个珍贵的机会，她寄居在兄嫂家中，受尽了窝囊气，着急投奔到婚姻的保护伞下去，范柳原看出她的目的，更看出她并不爱自己。

范柳原外表油滑，内里却既认真又较真，认真，便容不得破绽，较真，就容易看到破绽。为自我保护计，他不愿意娶她为妻，最合算的是把她变成自己的情妇而不是妻子：情妇是合同制，妻子是终身制。

对于白流苏，做情妇则极不合算，既不稳定，又让她丧失了机会成本——一个做过别人情妇的女人，更难再嫁人了。但她选择了冒险，试图来一场钢丝上的舞蹈，以自己暂且持有的美貌与风情，与范柳原对峙，诱惑他乱了方寸，要挟他娶自己。

一场拉锯战就此展开，白流苏谋生，范柳原谋爱，她握着自己的美，他握着财富资源，首先败下来的似乎是白流苏，她的美是有保质期的，不可以奇货自居太久，她忍无可忍地跟了他，没有名分，败局眼看已经注定，一场突如其来的战争却将她成全。

战争发生了，到处都是狂轰滥炸的炮弹，死亡离得是这么近，没有空间再细细计算，杂念屏退，他们相依为命，心中只剩下对方。“他不过是一个自私的男子，她不过是一个自私的女人。在这兵荒马乱的时代，个人主义者是无处容身的，可是总有地方容得下一对平凡的夫妻。”他俩在巨大的不稳定中相互拥抱与依偎，范柳原最终娶了白流苏。

张爱玲后来笑说，很多人拿这小说，是当复仇记看的，在娘家受气的落魄女人，嫁得金龟婿，可不让人替她扬眉吐气？对于相同境遇的女人，也有励志的作用吧？

傅雷很不喜欢，傅雷首先对“几乎占到二分之一篇幅”的调情很不满：“好似六朝的骈体，虽然珠光宝气，内里却空空洞洞，既没有真正的欢畅，也没有刻骨的悲哀。”

恕我眼拙，不知道“二分之一”的篇幅是怎么算来的，范柳原难道不是在以调情掩饰他的悲哀吗？他对白流苏说，我想带你到原始森林里去，那样也许你会自然一些。这句话里，有着对把白流苏异化的俗世的不屑与抗争。

傅雷先生太严肃了，连同范柳原被月光所诱惑，打电话对白流苏说“我爱你”，他也嫌不够深沉，“男人是一片空虚的心，不想真正找着落的心，把恋爱看作高尔夫与威士忌中间的调剂”。傅雷看不到范柳原得到白流苏的第二天，仓皇地想要逃到英国去，他何尝真的想要一个情妇？那是他的爱情理想碰到现实之墙之后，无奈的选择，而一旦真的实现，他又恐惧了。

傅雷说“他上英国的用意，始终暧昧不明”，也许是傅雷太老实，他看见一个字，就是一个字，只从字面上去理解，他看不到那语气的浓与淡，色彩的深或浅，触不到语言的质地，更无法意会在语言的游弋处，那些微妙变幻的情绪。他蹙起眉头，抱怨作者给得太少，却不知，作者明明给了，是他自己接收不到。

在小说的最后，两个人终于能够“死生契阔，与子成悦”之际，傅雷对那段描写仍然不满：“当他说‘那时候太忙着谈恋爱了，哪里还有工夫恋爱？’的时候，他竟没进一步吐露真正切实的心腹。‘把彼此看得透明透亮’，未免太速写式地轻轻带过了。可是这里正该是强有力的转折点，应该由作者全副精神去对付的啊！错过了这最后一个高峰，便只有平凡的、庸碌鄙俗的下山路了。”

按照傅雷先生的想法，这段应该怎样写呢？暴风骤雨式的抒情，大段华丽的诗朗诵？对不起，这让我想起琼瑶，而上乘的小说，总是把感情放在家常话里。《红楼梦》里，贾宝玉听到林黛玉的葬花吟，感慨生命的美丽与虚无时，不由心神相通，恸倒在山坡上，可是，接下来呢？他从山坡上爬起来，并没有莎士比亚风地向林妹妹表达他的真知灼见，却很“平凡地、庸碌鄙俗地”说起昨晚那场官司来了。

彼此能够懂得的人，只言片语，莫逆于心。范柳原已经说明，现在的爱，与当初的“爱”是不同的，“谈恋爱”是形式，是表层，是犹疑状态下的一种试探，“恋爱”才是实质，是以心换心，是不留余地的付与，话都说到这份儿上了，还不够吗？

也许是傅雷太着急鄙视范柳原与白流苏的狼狈了，来不及去想它的深意，也有可能，傅雷本人实在太强，他不能容忍自己“可怜”，对他人便没有同情，那么，他是一个“超人”，而不是他不熟悉的大多数。

## 3. 时代超人，活的就是一股怒气

这跟他们各自的经历有关。傅雷四岁时，他父亲去世，他母亲带着他背井离乡，迁往另一市镇。有人赞扬傅雷的母亲有远见，给了傅雷更为开阔的视野，但一个寡妇带着孩子奔赴异乡，十有八九是被族人欺负得待不下去了，傅雷写给他母亲的信里也证明了这一点。

寡妇熬儿，傅雷的母亲对他期待甚高，傅雷在外面玩耍的时间长了点儿，他妈就用包裹皮兜起他，要把他扔河里；他读书稍有懈怠，他妈就把铜钱贴他肚脐眼上，上面点根蜡烛，烛泪落在他肚皮上，烫得他直哭——估计他当时还躺着；还有次把他绑在摆着父亲灵牌的桌子前，要他对着灵牌忏悔。就这么着，他妈有次对他失望，还拿起绳子要上吊。

在这种家庭长大的人，要么很萎靡，要么就是被锻炼出生命不息战斗不止的斗志。傅雷属于后者，看他写给他妈的信，那叫一个抒情啊，他完全接纳他妈对他的磨炼，认为这是存在于世间的必修课。后来，他又把这一套用在了傅聪身上，导致傅聪受虐不过，离家出走。

字怒安的他，活的就是一股怒气。

按照傅雷的观点，小说里的人一定要抗争，要“痛快成为一个彻底的悲观主义者，把人生剥出一个血淋淋的面目来”，以此为标准，只怕大多数名著都入不了他的法眼。且以他难得看得起的钱锺书的作品《围城》为例，无论是方鸿渐、赵辛楣，还是苏小姐、孙小姐一干人等，都在随波逐流、淡漠地苟且——但同时也不怎么变态地——活下去。

我的朋友董晓磊说得好，群众有庸俗的权利。张爱玲说，她不喜欢善与恶、灵与肉冲突得斩钉截铁的那种古典的写法，所以她的主题有时欠分明。“但我以为，文学的主题论或者是可以改进一下。写小说应当是个故事，让故事自身去说明，比拟定了主题去编故事要好些。”

写到这里，且让我发散地思考一下，《红楼梦》也是一部主题不分明的作品，也没能痛快地剥出个血淋淋的人生，贾宝玉一见他爹他娘马上成𡳞人一个，还经常有歌功颂德之语句，倒是没怎么见过傅雷对《红楼梦》的评价，估计是远在他的经验之外了。

傅雷的世界，必须有个紧绷绷的崇高的主线，看看傅雷在《巨人三传》的译者序里的句子吧：“不经过战斗的舍弃是虚伪的，不经劫难磨炼的超脱是轻佻的，逃避现实的明哲是卑怯的；中庸，苟且，小智小慧是我们的致命伤……”张爱玲爱的，却是参差对照，阴阳之间的那点儿丰富的灰。太纯粹的爱情，太激烈的斗争，在她眼里，都因失真而显得薄脆。她说：“我发现弄文学的人向来是注重人生飞扬的一面，而忽视人生安稳的一面，其实，后者正是前者的底子……强调人生飞扬的一面，多少有点超人的气质。超人是生在一个时代里的。而人生安稳的一面则有着永恒的意味……”

看他们两位这样针锋相对，他们共同的熟人柯灵觉得有必要表个态了。他以长者的身份批评了张爱玲的不客气，说，将近四十年后，张爱玲对《连环套》提出了比傅雷远为苛刻的自我批评，好像张爱玲终于醒过味来，在傅雷的批评面前低头认罪似的。

张爱玲是批评了《连环套》没错，说是一路胡扯，看得齿冷，但她是对自己高产状态下粗制滥造了这一篇而感到不满，傅雷批评的则是张爱玲笔下那一整个“轻薄”“轻佻”的情爱世界。

再者说，柯灵只见张爱玲反省了傅雷不以为然的《连环套》，怎不见她大刀阔斧地将傅雷深以为然的《金锁记》，修改成长篇小说《怨女》？傅雷看到这一篇，怕不会觉得是“文坛最美的收获”了吧？

在《怨女》中，压迫与反抗这个惨烈的主题被淡化，麻油西施银娣（《金锁记》里的七巧）当然是有怨恨的，但同时，也有虚荣，有期望，跟婆婆妯娌们怄气，斗智斗勇，这些成功消解了她的痛苦。银娣不是七巧，不是《呼啸山庄》中那坚忍的十年磨一剑的希斯克利夫。七巧能把怨恨化零为整，凝聚成疯狂与戾气，长久地抱持，不能解脱，银娣没有这种与日常生活脱离的英雄气。她更善于化整为零，把痛苦掰碎了，搓细了，放进细水长流的时日里，渐渐地感觉不到了，可以夷然地、正常地、随波逐流地活下去。

“最初她用黄金锁住了爱情，结果却锁住了自己”，这是傅雷对于七巧的概括，无法放到银娣身上，后者更像生活中的普通人，充满细节，没有主题，张爱玲削薄了七巧的“怒”，晕染了七巧的“怨”，把抗争前沿的斗士，拉回深深庭院，跟《狂人日记》之类划清了界限。

“生活自有它的花纹，我们只能描摹”，张爱玲如是说；“源于生活，高于生活”，这应该是傅雷的文学主张。张爱玲是一个窥视者，探身望一望，最多嘴角挂一抹冷嘲，一切留给读者去感受；傅雷则是亲自上场，给那些人排队，好坏分明，他要么是激赏，要么是批判。

此外，傅雷还提出《连环套》里用了太多古典小说里的语言，张爱玲倒是同意这个批评，她说她写香港的小说，为了营造旧日气息，会特意用一种过了时的词汇，这个以后可以改一些。——难怪看她的《沉香屑——第一炉香》，里面的人动不动就是“你个小蹄子”，原来是因为写的是香港的缘故。

再怎么说吧，傅雷写这篇评论都是出于好心，只是这好心从他母亲那里衣钵相传下来，有着自说自话的强硬，他们有这番过招在所难免。

## 4. 尾声，也是如此不同

也是张爱玲年轻气盛，以《自己的文章》回敬了傅雷后，意犹未尽，偏偏成家榴送上门来，可谓正中下怀：你不是要写伟大的飞扬的世界吗？我偏让你看到你所以为的伟大的飞扬的世界背后的东西，而那些，可能才是真相。

傅雷和成家榴伟大而感伤的爱情，于是变成了殷宝滟与罗先生，不无卑琐的支离破碎。

幸好她不知道傅雷的另外一段爱情，他在洛阳出差时也曾偶涉风月场所，认识了一位“汴梁姑娘”，这姑娘“准明星派，有些像嘉宝，有些像安娜斯丹……”反正是个“娇艳的人儿”——听上去跟成家榴是不是一个路子的？当年傅雷在法国，爱上的也是一位热力四射的巴黎女郎，老实巴交的男人，似乎总是爱红玫瑰，娶白玫瑰。

他给这女子写诗：“啊，汴梁姑娘，但愿你灵光永在，青春长驻！但愿你光焰恒新，欢欣不散！汴梁的姑娘，啊……汴梁的姑娘！”

他跟她说自己的身世，描述自己的娇妻爱子朋友，诉说他的苦恼，和以前的恋爱史——我看过一篇小说，说烟花女最讨厌客人来这一套，不过大家也不用为傅雷先生过于担忧，他给朋友的信里说，他有朱梅馥和那位法国女郎这两大护法，他对这女子，也不过是当作喝酒一般寻求麻醉罢了。

尽管如此，他的爱也足够炙热，又是要为她写曲子，又叫来同事一块儿为她拍照，把她的照片镶了银框挂在房间里——朱梅馥此时也在河南，他还想让朋友把那照片发表在上海的杂志上。

唉，怎么那么像胡兰成对于小周的爱呢，“她是那么的美好！”胡兰成在张爱玲面前呻吟着说，他们一样有着要培养那些年轻女孩的伟大构想。老男人喜欢搜集小姑娘，且是带三分妖娆的小姑娘，无可厚非，傅雷与胡兰成的可笑之处，在于，他们热衷于美化这样一种爱好。

这是傅雷1936年年底的爱情。1937年4月15日，傅敏出生在河南林州。《殷宝滟送花楼会》里，罗太太在罗先生出轨时怀孕也许是虚构，但1936年年底，傅雷确实在妻子怀孕时，对另外一个女子如醉如痴。“超人”的另一面，也不过如此。

还好，随着他离开河南回到上海，那段热情很快时过境迁。接下来，他和成家榴走近了，然后……大家请去翻阅上文吧。

张爱玲自以为毁了傅雷的爱情，这事要放在她身上，肯定就毁掉了，殷宝滟那句“他那样有神经病的人，怎么能同他结婚呢”，可谓锋利如刃，放张爱玲心里肯定如千刀万剐，还有消除不掉的回声。

但是你看，在成家榴落荒而逃之后，傅雷仍然能跑去跟成家和做邻居，没准儿他都和成家榴和好了。最起码我们现在知道，20世纪60年代，傅聪去香港参加演出，成家和与成家榴姐妹热情接待了他，傅雷写了很热切的信致谢，傅雷的书信里存有他致成家榴的一封信，谈的是子女教育问题。也许，他们早就相逢一笑泯恩仇了。

到成家榴晚年，都对傅敏说："你爸爸很爱我的，但你妈妈人太好了，到最后我不得不离开。"她坚持她的道德形象，不认为她是被张爱玲的小说吓跑的。

其实这样想有什么不好呢？放过别人，也放过自己。而张爱玲过度求真，也会将自己带入走火入魔的误区。《小团圆》把自己和他人都伤得鲜血淋漓，便是一个例证。人，有时真的得学会自我催眠，让自己以为，自己是一个美好的人，可以崇高可以爱的人，在瞬间飞扬里，击败人生底色里的虚空。

张爱玲年轻的时候，也曾飞扬过，所以，她与傅雷在《金锁记》里瞬间交会，但终究是，"你有你的，我有我的，方向。"

1966年9月，性烈的傅雷不堪红卫兵的殴打凌辱，与妻子朱梅馥一起自尽。本年，由《金锁记》改编成的《怨女》在香港《星岛晚报》连载，而张爱玲本人身在美国。

早在1952年，张爱玲嗅到危险气息，辗转逃离，这种警觉，是否也是长期的旁观者的定位使然？她冷静，她不主观，她不着急跳进热情的汪洋大海里，所以能对现实，看得这么真。她最后寂寞冷清地死去，还是傅雷最反对的一唱三叹低回无尽的调子。

NO 08

# 柯灵，故人别来无恙乎



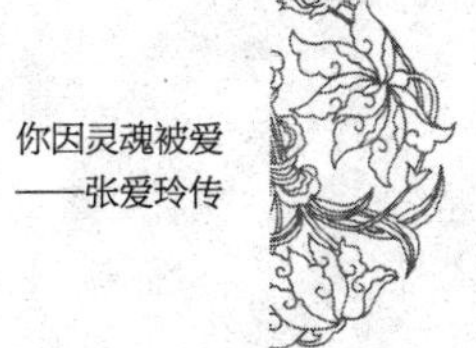

于是，我们看到，张爱玲打碎了胡兰成，打碎了母亲与姑姑，打碎了“荀桦”，也打碎了她自己。若不是在那样的心境下，张爱玲回忆“荀桦”时，会不会也能闪烁一丝“故人别来无恙乎”的温存呢？

有次在北京，把我写的一本关于张爱玲的书送给一位前辈。前辈看着书名，呵呵笑了，说，听说柯灵还对张爱玲有过性骚扰？

他跟柯灵打过不多的交道，想来只是无数有这种好奇心的人里面的一位。柯灵生前有那么多亲朋好友，只要跟文学界稍稍沾边的，现在大概也都知道这事了。九泉之下，被人指控为性骚扰已经够尴尬，更要命的是，在遥远的20世纪80年代初，柯灵还深情款款地写过一篇《遥寄张爱玲》，被很多人视为大陆“张学”之滥觞。最起码，这是与海峡那边遥相呼应，掀开了“张爱玲热”的帷幕。

在那篇文章里，他说起这些年他对张爱玲的关心与惦记：她四十年代出版的著作，他依旧珍存；她这些年来在香港出版的文字，他大体上搜集齐了；关于她的资料，无论是学者唐文标的，还是她的身边人胡兰成的，他也一一读过。他自己都感慨：若是能有一个读者对他像他对张爱玲那样，哪怕只有一个，他也心满意足了。

作为资深读者与老友，柯灵曾想延续这份友谊，新作在香港出版时，他特地挑了一本，在扉页郑重地写上“爱玲老友指正”，准备寄往美国。随后，想起张爱玲近年来深居简出，闭门谢客，这份情意即便发了出去也未必落得了地。他最后决定把这本已经写了题赠的书珍藏起来，作为他暮年天真未泯的一个纪念。

那个时候，柯灵已经在笑叹自己的天真。他意识到自己与张爱玲之间，不但隔着浩浩荡荡的时空鸿沟，还隔着一道悠悠忽忽的心理长河。但他依然说，直到张爱玲去香港之前，他们的友谊都善始善终。他曾为张爱玲编写的话剧出谋划策，张爱玲则赠以宝蓝色绸袍料答谢。张爱玲亦曾在他被日本宪兵队捕去时为他奔走，有胡兰成的回忆录《今生今世》为证。

看到这里，不由得要笑柯灵可能比自己以为的还要天真。比如，当他深情回忆和张爱玲的友谊时，万万猜不到，有一天，张爱玲会在书里写一个名叫“荀桦”的人。

《小团圆》的荀桦，跟柯灵的人生际遇有太多重叠之处，都是文化人、剧作家，都被日本宪兵队抓过，都曾得张爱玲营救，都和桑弧很熟，等等。我不能说柯灵是不是荀桦原型，只说有人愣是从“荀”字里看出一个“苟”字来。这不能怪人家想得多，且看书中这位荀桦君的所作所为，确实有点“苟”的意思。

张爱玲生动而尖刻地描述他：来了就讲些文坛掌故，有他参与的往往使他夹在中间左右为难，“窘真窘”是他的口头禅。他说话圆融过分，常常微笑嗫嚅着，简直听不见，然后爆发出一阵低沉的嘿嘿的笑声，下结论道“窘真窘”。

几句话勾勒出一个自我感觉相当良好的好事者。“窘真窘”的口头禅，好像是为了说明，他不是有意要掺和那些事，实在是迫不得已，实在是左右为难。所以他说的时候，要带几分嗫嚅，使他的讲述不那么高调。但他讲的事真有趣啊，说着说着就很配合自己地笑起来，最后再以“窘真窘”三个字收尾，以局外人的摇头晃脑，将自己洗刷干净。

听他说话的盛九莉，却是“书也没看过，人名也都不熟悉，根本对牛弹琴”，那种干瞪眼的无辜，透出对这个爱讲掌故的人的不耐烦。即便这样，毕竟在一个圈子里，荀桦又是个编辑，盛九莉也还跟他敷衍着，甚至于听说他被日本宪兵队抓起来后，还送了一封邵之雍帮他求情的信到荀家，让他的大小老婆送到宪兵队去。

荀桦不久便被放出来了。出来后，亲自来道谢，那谢还道得殷勤又暧昧，来了好几回，连盛九莉的姑姑都怀疑他是来追求盛九莉的了。

盛九莉本来就对荀桦的为人不以为然，他还弄了两个老婆同居着，乡下还有一个生了一堆孩子。姑姑这么一提醒，盛九莉不由得联想起小时候看的默片《多情的女伶》，说某个女孩嫁给军阀当姨太太，从监牢里救出被诬陷的书生，她怀疑在荀桦心里，她就是这“多情的女伶”。

柯灵也写他曾被宪兵队抓走，张爱玲去探望以及胡兰成的帮助营救，等等。但他说并不知道有送信这件事，很多年后看到胡兰成的回忆录才知晓。

事实上，对待此事他没有撒谎的必要，就算有追求之意，也与军阀姨太太什么的无关，我这张爱玲的铁粉，也不得不说，她可能是想多了。

柯灵劝张爱玲在孤岛时期的上海要谨慎从事。《小团圆》里引了荀桦的信“只有白纸上写着黑字是真的”，盛九莉脑补他的意思，是说跟邵之雍什么的都是假的。不管柯灵或者说荀桦的信，是劝她远离胡兰成还是远离那个是非圈，信上的话既是实话也是好意，但盛九莉却当作一个无谓的警告，付之一笑了。

她心里认定自己是一个无聊的人，一言一行都不做善意的理解。而邵之雍落魄之后，盛九莉在电车上遇见荀桦，后者的表现则更能证明她的看法没错。

他从老远的地方挤过来寒暄，荀桦笑道：“你现在知道了吧，是我信上那句话：‘只有白纸上写着黑字是真的’。”盛九莉看出了他幸灾乐祸的得意。然而，这还不算完，更让盛九莉也让后世读者震惊的事是：荀桦趁着拥挤，忽然用膝盖夹紧了她的两只腿。

按书中描述，盛九莉是坐着的，荀桦站着，我暗自模拟了一下，用膝盖夹坐着的人的腿，应该不是拥挤使然，也就是说荀桦是有意为之。性骚扰的罪名就此落下，而在盛九莉的理解中，似乎还有势利的成分：汉奸妻，人人可戏。

真的有这么龌龊吗？当然有一点儿。可是荀桦这样做，就是看准了汉奸妻可以调戏吗？窃以为未必。

无论是从张爱玲的描述中，还是柯灵写的《遥寄张爱玲》里都能看出，柯灵对张爱玲有十足的好感。比如柯灵被宪兵队释放后，看到张爱玲留的字条中说，她来看望过他，兴奋异常："我立即用文言复了她一个短笺，寥寥数行，在记忆里是我最好的作品之一。"

他究竟写了什么，让他觉得是自己最好的作品，如今已不得而知。但是，我们若猜测，柯灵对张爱玲有那么几分爱慕之意，想来也不算太离谱儿吧？

电车上膝盖夹人双腿，固然猥琐，但这是未被确定的小说家言，而且确实有些男人表达爱慕的手法就是如此拙劣。我曾听一个女友说，有个男人在饭桌下摸她的腿，但她当时正心仪对方，两人一拍即合，倒也成就一段露水情缘。

书中人荀桦虽然有一妻一妾，还有乡下的糠糟之妻，但他未必就知道如何示爱，结果弄巧成拙。也许他曾在自己的大小老婆那儿得手过，盛九莉恨不得当众扇他一耳光，他却只是笑着点点头，看她下车了。

《小团圆》里，盛九莉和荀桦又见面时，荀桦做了文化局的官员，人也白胖起来，两个女人都离掉了，另娶了一个。燕山约了盛九莉去他那儿吃饭，饭桌上荀桦不跟盛九莉说话，饭后立即走开了，倚在钢琴上，"萧然意远"。

四个字用得雅，所以讽刺的意味更足，是在说荀桦疏远落魄的她。但也许荀桦只是回想起电车上的事，觉得尴尬。

以上种种还可能是小说家言，我们唯一可以确定的是，在张爱玲与柯灵之间，一定不像柯灵所言的那样，是一个大才女和一个仰慕者之间的单纯美好。虽然柯灵不自觉地启动选择性记忆，但应也不会忘记曾有过的芥蒂。那么，柯灵何必写那样一篇文章，他是借张爱玲给自己脸上贴金吗？他欺负张爱玲不会翻脸吗？

非也非也，人跟人不一样，人的承受力与自洁力也不一样，那些事，对张爱玲来说也许像几十层羽绒被下的豌豆，在柯灵那儿不见得算是一件事。就算当时彼此尴尬、难以释然，我们不要忘了，柯灵写这篇文章，是在他自己也是劫后余生的20世纪80年代初，隔了那么久的时间，从前的恩也好，怨也罢，总归是一段交情，喜欢也好，不喜欢也罢，对方都是曾同你共度一段时光的人。

就像京剧名段《赠绨袍》里，战国时人范雎在魏国时被须贾坑得差点儿送了命，他九死一生地逃到秦国，改名换姓，做到了秦相。后来须贾使秦，范雎敝衣闲步去拜访须贾，须贾惊道："范叔固无恙乎。"以绨袍相赠。

之后的情节不用说，王蒙先生曾叹那一句"固无恙乎"里有万千感慨，在大难之后，在岁月尽头，仇人也是故人的一种，时光软化了爱怨情仇，只剩下一句，别来无恙乎？

柯灵写《遥寄张爱玲》时，心中便是那种"别来无恙乎"的柔软吧？

可是张爱玲不能以常人度之，她的字典里没有"故人"这个词，也没有"亲人"这个词。在文字间杀伐决断，是她毕生的爱好，她对自己尚且不放过，又怎能放过别人？

我们还必须注意到的是，据宋淇回忆，张爱玲写《小团圆》是受了朱西宁的刺激，朱西宁给张爱玲写信劝她和胡兰成和好，引耶稣以五饼二鱼食饱五千人做喻，讲耶稣给一个人是五饼二鱼，给五千人亦每人是一份五饼二鱼，意指博爱的男人，爱一个女人时是五饼二鱼，若再爱起一个女人，复又生出另一份五饼二鱼。他不因爱那个，而减少了爱这个，于焉每个女人都得到他的一份完整的爱。

想张爱玲早已在给宋淇的信里称胡兰成是“无赖人”，看了这封信必然大怒，更让她惊怒且不安的是，就是这个朱西宁，居然还想写她的传记，可以想象他笔下的自己必然循了胡兰成的那个腔调。张爱玲一边回信拜托他不要写，一边考虑写《小团圆》的事了。

她要写个跟《今生今世》、跟朱西宁有可能写的那种传记完全不同的自传，虽然她也说，她要写一个热情的故事，“我想表达出爱情的万转千回，完全幻灭了之后也还有点什么东西在”。但我们能看到，《小团圆》里，一定有赌气的成分，有要把一个花团锦簇的世界打碎的决心。

于是，我们看到，张爱玲打碎了胡兰成，打碎了母亲与姑姑，打碎了“荀桦”，也打碎了她自己。若不是在那样的心境下，张爱玲回忆“荀桦”时，会不会也闪烁一丝“故人别来无恙乎”的温存呢？

NO 09

# 母亲黄素琼：哪一种爱不百孔千疮

没有哪一种爱不是百孔千疮的。这句话在张爱玲总结她和母亲的关系时出现，问题是，百孔千疮的爱也是爱啊，也能够温暖人心。作为资深张粉，我对她最不赞成的，就是她这种感情上的完美主义。她一向反对文艺腔，可是，我得说，她对于完美整齐的感情的追求，实在是太文艺腔的一件事。

我那天写到张爱玲在香港大学时，她的老师佛朗士给了她八百块港币作为奖励，张爱玲得到极大鼓舞，拿去给她母亲黄素琼看。她母亲没说什么，只叫她放在那里。张爱玲惴惴然放下，离开，过两天再来，听说那钱已经被她母亲在牌桌上输掉了。

无法形容张爱玲心中的震荡。我说过，佛朗士也许是张爱玲的初恋，起码是她这一生里最为仰慕的人之一，在她惶惶然的少女时代，他给她的这份鼓励，被她视为一张“生存许可证”，这世上“最值钱的钱”，她母亲难道看不见她眼中的光彩，为何要做这残忍之事？

有个朋友看到这段对我说，也许她母亲觉得她太得意，甚至于她母亲觉得她与这教授有私情，要用这种方式小小地打压她一下。我一下子就很赞同这说法，因为我想起自己的一次经历。1998年，我接到省城某家报社的就职通知，高兴得发了疯，全家人都很高兴，只有我妈说，现在这么高兴，不知道哪天都不想去了呢。

我当时大不快，我爸也批评我妈太不会说话，可能是看群众不满情绪过于强烈，我妈解释说："我是觉得你们高兴得过了头，给你们泼点冷水……"好吧，母上大人，你的用心是好的，但真用不着这样不合时宜。

看张爱玲和她母亲的一生恩怨，归根结底也不过是这四个字：不合时宜。她母亲对她不算不好，也最大限度地尽到了义务，只是永远都不在点上，她们互相跟不上对方的那个节拍。

最初，张爱玲对她母亲亦曾崇拜有加。最初的记忆之一是她母亲站在镜子前，在绿短袄上别上翡翠胸针，张爱玲看得艳羡，声称："八岁我要梳爱司头，十岁我要穿高跟鞋，十六岁我可以吃粽子汤团，吃一切难于消化的东西。"她母亲给她提供了一个很梦幻的成人模板。

张爱玲四岁时，黄素琼携小姑出国，四年时光里，对于张爱玲，母亲都是个影影绰绰的传说。仆人们当然不会说她母亲的坏话，而张爱玲骨子里的文艺因子，又使得她愿意，把母亲打扮成一个美丽的女神。男女之间的爱，有一款叫作"爱上爱情"，当生活中找不到那个完美的对象时，人们就会把一个普通人，当成理想的样子，然后，义无反顾地爱上对方。对父母的爱，是否也有这一种？张爱玲的小说《茉莉香片》，是套着她父亲和弟弟写的，里面也出现了一个早逝的母亲，温柔，隐忍，静默，我觉得，这可能是母亲最初在张爱玲心中的概念。

八岁那年，黄素琼归来，带来异国的气息，还有那声音、色彩、光影，足够让一个八岁小女孩眼花缭乱，和灰扑扑的总是提不起精神的父亲一比，更是光彩照人。父母离异后，张爱玲在他们之间来来去去，母亲总出国，她在父亲那边的时间更长一点儿，没有距离所以也就没有了美，而对母亲世界的惊鸿一瞥，更令她心折。

母亲确实也有被美化的条件，她的“留学背景”——不要问她有没有学到什么，少女张爱玲在意的，只会是那种洋派头——她一往无前的先驱者形象，她的果断利落不含糊暧昧，都使她有了成为“女神”的可能。

当少女张爱玲厌恶地从父亲家中终年萦绕的鸦片烟雾里穿过，当她不得不接过继母递过来的碎牛肉色的旧棉袍，当她看见父亲与继母相互敷衍，没有一句实话，当她听见自己的心里很清楚地说“我对这里的一切都看不上”时，母亲的世界，就会像卖火柴的小女孩划亮火柴时那样瞬间出现，令她失神向往。

张爱玲十六岁那年，黄素琼再次从国外回来，张爱玲不免多去了几次，令她继母不满。争执中，父亲将她囚禁，过了大半年，她终于设法逃了出去，逃到她母亲家。

这通常是小说或者影视剧里的高潮，母女俩深情相拥，然而张爱玲的一生从来都是反高潮的，她说，在出逃之前她考虑了很久，她父亲有钱而她母亲没有，想到她父亲的钱也不会给她花时，她才下定决心。

当张爱玲在这厢反复斟酌，黄素琼未必就没在那厢细细思度，张爱玲的投奔，是一突发事件导致的，是计划外的一环，是否要接受这个女儿，如何接受？

这些年来，黄素琼活得天马行空，这次还有一位异国男友随行，她很可能没打算在中国待太久。为张爱玲留下来，是需要一定的牺牲精神的，为了儿女牺牲自我这种东西，比较多地体现在东方母亲身上，这些年来竭尽全力“全盘西化”的黄素琼，对它很感隔膜。

好在，还有一种东西不那么隔膜，那就是母性的本能和责任感，黄素琼不是一个母性泛滥的人，但是那一点点就够了，足够让她不那么情愿更谈不上欢天喜地地接纳女儿。何况，她的名媛淑女派头是半路出家，不那么到位，而十七八岁的张爱玲可以从根上抓起，可以在这个女儿身上，圆自己的梦，也不是完全没有乐趣和成就感的，从这一点说，她又很像一个中国式的母亲了。

黄素琼没正式上过学，一直心心念念想把张爱玲送进名校，这也是她和张志沂的争端之一。现在，没有任何问题，张爱玲是要被送到好学校的，黄素琼手头不算很宽裕，但她不惜血本，请了一个犹太教师给张爱玲补习数学，每小时五美元。

黄素琼还是个艺术迷，不见得真的喜欢音乐和绘画，但起码那种艺术氛围让她沉迷。幼年的张爱玲，曾见母亲在家里开沙龙，和一个胖太太并坐在钢琴凳上模仿一出电影里的恋爱表演，张爱玲笑得在狼皮褥子上滚来滚去。

现在，黄素琼可以实施她的“淑女养成计划”了，她教张爱玲练习走路的姿势，看人的眼色，照镜子研究面部神态，如果没有幽默天才，千万别说笑话之类，她一心一意打造出一个优雅的名媛出来，但很不幸，张爱玲实在不是这块材料。

我不知道张爱玲是什么血型，只是很自恋地猜测，她大概是与我一样的O型血，该血型人士一个显著的特点是协调性差，换成通俗的词叫笨拙。我走路总是跌跌撞撞，经常腿上青一块紫一块的都不知道在哪儿碰的，每年平均要跌两次跤，常常是毫无理由地倒下。有次是下雨天，我爬起来，抬起头，看看四周无人，暗自窃喜，不想很久之后的某一天，某人带着特别欠扁的笑容告诉我，她曾在楼上看见我突然跌倒，然后慢慢站起，很白痴相地四处张望。

不容易平衡，还体现在思想上，一个淑女，应该矜持优雅，但又不能凛冽难犯，这就太难为O型血了。张爱玲比我也强不了多少，始终学不会巧笑浅嗔，一笑就嘴巴全张开，一哭就是青天落大雨，让黄素琼很失望。

我知道如何看人脸色，但不知该如何对待，我不是没有幽默感，但一说起笑话，就显得生硬，说的和听的都觉得尴尬，对于张爱玲的不知所措，我完全能够感同身受。最要命的是，当她手忙脚乱地处理这一切时，她母亲在旁边静静地审视着。

那眼神里有一点儿投资人的味道，她投下那么多人力物力，还放弃了和男友在一起，张爱玲的表现，似乎配不上她的牺牲，她不由自主地，变得不耐烦了。张爱玲这时还颇不识相，三天两头问她要零花钱，黄素琼的烦躁可想而知，就是这烦躁，使得毫无准备的张爱玲猝然心惊，她还没有力量怀疑母亲，只能回头怀疑自己。

“常常我一个人在公寓的屋顶洋（阳）台上转来转去，西班牙式的白墙在蓝天上割出断然的条与块。仰脸向着当头的烈日，我觉得我是赤裸裸的站在天底下了，被裁判着象（像）一切的惶惑的未成年的人，困于过度的自夸与自鄙。”

有多少人，曾有过这样困窘的少年时代？敏感使我们看得懂父母的眉高眼低，单纯又使我们以为，一切都是自己的错，我们是这样缺乏经验，不知道父母也并不像他们标榜的那样完美。当我们受到伤害，我们只是惶惑地自省着，这种自省有如一柄锐利的刀，一下一下地，将自己的心灵，剜割得鲜血淋漓。

对于一个孩子，父母就是全世界，她在父母那里受了伤，是无处叫屈，无法疗伤的。而和父母的关系，也决定着孩子将来和世界的关系，跟父母之间是轻松，还是紧张，是尖锐，还是柔和，将来和世界也是一样。

童年留下的心理暗疾，就像一棵树苗上的伤痕，会随着树的长高长大而慢慢扩展，变成一生的隐痛。而这些伤痕，大多来自父母老师，他们不可能有恶意，他们只是被生活的重压挤得失去耐心，一些话语眼神轻易飞出，让柔弱的心灵独自承受。

张爱玲后来在跟人交往上很没有信心，也许在她内心，永远有一双眼睛，不是爱怜，不是赞赏，更不是怂恿，而是冷静地审视地望着她，身处其中，必然锋芒在背，动辄得咎，所以禁忌多多，当每一个动作都危险，张爱玲习惯了收缩自己，抱紧双臂，无声地呼吸，有谁知道或许这姿态不是傲慢，而是少年时代，在母亲挑剔的目光中形成的一种习惯。

惶恐的同时，张爱玲还经历着人生最大的一场幻灭，之前，在父亲那里，她感受到一次幻灭——虽然她长期尽己所能地瞧不起父亲，但这种瞧不起里，有一点儿撒娇赌气的成分，是对于老爸的恨铁不成钢。她万万想不到，父亲竟会如此无情，而且是在继母的调唆下，她无力分析父亲突兀举动背后那千回百转的心结，只是独自愤懑。

但不管怎样，至少她从不觉得父亲完美，而母亲在她心中，却是闪着天使的光环的。现在，天使掉到人间，不，是张爱玲自己掀开了天堂的帷幕，本以为该是仙乐飘飘，鲜花如锦，却发现寒意袭人，彻骨冰凉，不幻灭是不可能的。

可是，幻灭这东西，就是个坏东西吗？隔着浩渺时空，我看黄素琼，总有似曾相识之感，我在成长过程中，是遇见并崇拜过这类女人的，她们衣着入时，妆容讲究，举止优雅，爱好文艺，以前叫作小资，现在又加进了波希米亚元素，高级一点儿的还有贵族或留洋背景，一招一式都有个范儿。张爱玲的真性情，与之根本就是两条道上跑的马。现在她很紊乱，这无疑是一种负面影响，但紊乱之后的幻灭，未必不是有益的。

幻灭者，虚幻之破灭也，捅破虚幻的肥皂泡，方能触及真相，没有经过幻灭的人生多么虚浮，不曾经历幻灭的灵魂，多么脆弱。从某种意义上说，幻灭未尝不是一种淬火，所谓百炼成钢，总要经历这么几道工序。从此之后，张爱玲再也不会那么激烈地非黑即白、非此即彼，把人世间劈成天堂和地狱这两半，她学会静默艰涩地审慎地触摸生活，感受它的繁复多变。

黄素琼也许会申辩，说她制造这些压力全是为张爱玲好。事实也是这样，张爱玲发愤图强，1938年，她报考伦敦大学，获得了远东区的第一名，但这时欧战爆发，她没能去成伦敦，第二年改入香港大学，黄素琼则随美国男友去了新加坡。

你看，黄素琼的教育挺成功是不是？她对张爱玲的质疑、埋怨、批评，放在现在可以叫作挫折教育，我听过无数人抱怨，它让自己的成长期变得昏天黑地。“为什么你不如××？”“你看你有多蠢？”“考不到××分就别回家了！”……张爱玲提到，她看到美国棒球员吉美·皮尔索的传记电影，几乎号啕，“从小他父亲培养他打棒球，压力太大，无论怎样卖力也讨不了父亲的欢心。成功后终于发了神经病……”

是的，你给我的压力也许能让我成功，却会让我变成神经病，让我怀疑自己是不被爱的。这怀疑，若是放到一个以敏感著称的天才身上，更有被放大的可能，然后，在香港，张爱玲与黄素琼短暂相聚时，就出现了我们前面说过的“八百块事件”。

这件在张爱玲的心灵世界里惊天动地的大事，我暗自揣度一下，没准儿我妈也干得出来，假如她也爱打个牌的话。说不定，她还觉得自己这一招绝妙呢，四两拨千斤地打击了那个少女刚刚冒出的爱情小幼苗。在对待子女的感情问题上，很多父母都是自以为聪明的。

张爱玲回到上海后，写了篇“自曝家丑”的文章，得罪了她舅舅，她姑姑警告她说，你母亲回来会生气的。

张爱玲说，母亲怎么想，我现在完全不管了。她告诉她姑姑，是因为那八百块钱。她还说，她一定会把母亲在她身上花的钱全还给她的。

嗯，还了你，你就不是我的债主了，就不可以再对我评头论足挑三拣四，让我一直生活在你质疑的目光里了。

还了你，我们就不相干了，你就不能那么理直气壮地动我的钱了，你不知道，你动的，是我的一整个世界。

最完美的梦想是将钞票放在一打深色的玫瑰下，装在长盒子里还给母亲。但这抒情的梦想的前提是，她首先得有钱，在她成为一个作家之后，张爱玲对稿费的计较，众人皆知。

她跟胡兰成解释，胡兰成过后拿了一箱子钱给她，后来又给了她很多钱。她把这些钱变成黄金，像一条紧张的蛇，蛰伏在洞口，等待着她的债主归来。

旋即日本投降，胡兰成开始逃亡生涯，他需要钱，她知道他需要钱，她这时应该慷慨赠金，像戏文里上演的那样，用胡兰成的话，则叫"报他的恩"。但是，相对于这乱世情，还母亲的钱，仍然是她生命中的第一主题，她硬着心肠想，反正有他侄女青芸照顾他，反正青芸已经为他牺牲掉了。

她因此变得更敏感。当他沉默，她就觉得他是怪自己不拿出钱来；当他说别人"心肠坏"，她也觉得他是在指桑骂槐，怪她不拿出钱来；她可以千里迢迢去看他，牵肠挂肚，在他面前泪水横飞，就是不愿意拿出钱来；她觉得，自己逼出了住在他灵魂里的那个"泼妇"，变着法子诅咒她的一毛不拔，可她就是不肯拿出钱来。

近乎草木皆兵，胡兰成的朋友跟她说起胡兰成的新欢小周，她也觉得那人是用这种方法刺激她，要她拿钱。

"吓不倒我。"她心意如铁。没有比还母亲的钱更大的事件，她少女时代就积攒起来的意志与决心，谁也不能抗衡。

黄素琼终于回到中国。张爱玲选了个时机去还钱。没有玫瑰，没有长纸盒，二两小金条放在手心，简直担心会从手指缝里漏掉。她还赔着笑递过去，感谢母亲为她花了那么多钱，“我一直心里过意不去”。她说这是还她的。

她母亲落下泪来。这一招对黄素琼的打击，想来不比当初黄素琼把那八百块钱轻易输掉时，对张爱玲的打击小。不管张爱玲说得多么客气，她怎么会不明白，这二两金子上，聚集着的决绝与冷酷。她这样对女儿说：“就算我不过是个待你好过的人，你也不必对我这样。‘虎毒不食儿’嗳！”

这话让张爱玲十分诧异，她那女神范儿文艺腔的母亲，竟然以女佣余妈、碧桃她们的口气，引用这句南京俗语。

也许，她们母女最大的隔阂在这里，张爱玲始终高看了自己的母亲，就像她小时候，仰起脸看着她母亲梳头，以为她是那样美丽、强大、不可攻克。她因此高估了母亲对自己的伤害，黄素琼一个也许随意的举动，都被她读出深刻的恶意，假如她能明了她母亲不过是个普通人，不可能处处完美，做事也欠思量，是否，就能更早的时候，多一分释然与原谅?

黄素琼则是低估了女儿，当那些语言脱口而出时，她还是把女儿看成一个不懂事的孩子，以为自己的那些情绪发泄，不会在她心里留下痕迹——“反正是为了他（她）好”，做母亲的，通常以为“政治正确”就够了。

最后还是没还成，张爱玲硬着心肠想，不拿也罢，不拿也没有别的了。

我还了，你没要，这笔债也算了了，别以为你还能在我这里留点儿什么。

说起来真绝情。

但这一次，她不断地感到她母亲正在老去，感到周围的人，对她母亲的冷淡，她时常诧异，却不知道这诧异便是不平。她的作品被桑弧改编成电影，她母亲去看，非常满意，张爱玲诧异她也像普通父母那样，对子女的成就容易满足，她没想过，她母亲也许不过是个做得不太好的普通母亲。

黄素琼再次离去，去了她喜欢的、洁净的欧洲。张爱玲随后去了美国。她们母女此生再未相见。1957年，黄素琼在英国住进医院，她希望张爱玲能够到英国与她见一面，写信给她“现在就只想再见你一面”。张爱玲写信对她的好友邝文美说：“我没法去，只能多多写信，寄了点钱去，把你于《文学杂志》上的关于我的文章都寄了去，希望她看了或者得到一星星安慰。后来她有个朋友来信说她看了很快乐。”

一个月之后，黄素琼去世，没有亲人在身边，不知道她最后的时刻是怎样度过的。她留给张爱玲一箱古董，张爱玲靠变卖那些古董，挨过了和赖雅在一起时的困窘时日。

就在她母亲去世的前一年，张爱玲曾经怀孕，随后流产，许多人提起过这件事，《小团圆》里将它写得触目惊心。在小说里，赖雅化名为汝狄，他劝盛九莉生：“生个小盛也好。”盛九莉笑道：“我不要。

在最好的情形下也不想要——又有钱，又有可靠的人带。”

那个男婴最终是被抽水马桶冲下去了。她后来解释说她不想要孩子，是因为“觉得她如果有小孩，一定会对她坏，替她母亲报仇”。她心里对母亲是有歉疚的，但并不原谅。

她不要孩子的决定就当时的生活状态来说是对的，却使她失去了一个理解和原谅母亲的机会。并不是“养儿才知报娘恩”，生孩子是自己的决定，谈不上报恩这种话。只是，当一个女人有了孩子，才知道做母亲多么不易，手忙脚乱顾此失彼中，你会在原谅自己的粗疏时，体谅当年的母亲；你会因为变成女人，而将当年那个不成熟不完美的母亲视作姐妹，消解掉许多误会形成的隔膜；甚至于，你对一个孩子的母性会扩大到对整个世界，回头再看母亲，她的很多错，对你的很多伤害，都是因为她在自己的成长期，曾遭遇过更多的伤害。

以黄素琼为例，她出身名门，祖父为长江水师提督黄翼升，家中极为守旧，打小裹脚，读的是私塾，弟弟却被送进震旦大学。若是在过去，这没什么好说的，但是在那个大变革的年代，黄素琼心中就颇有一番起伏。她的要强，她对新世界的迷恋，皆是因此而起。

另一方面，她是遗腹子，没见过父亲，从小见的，只有嫡母和亲生母亲这两个寡妇，她心中有阴郁的一面，也就不难理解了。

她不是故意要那么暴躁严苛的，是命运要她这样，若能理解这一点，会不会就会少点儿伤痛？

就像我小时候我母亲也极端暴躁，经常口不择言，我是在很多年之后才领悟到，她不知道如何善待一个孩子，是因为她不曾被世界温柔相待，她以为这样也可以。事实上，比起她曾遭遇的那些，我所受到的伤害确实不值一提，她也许从来没有觉得这是个问题。

张爱玲有没有想过这些呢？也许她也想过，只是没有力量改变自己，积习已经积重难返，她也没有契机让自己从中脱离。

没有哪一种爱不是百孔千疮的。这句话在张爱玲总结她和母亲的关系时出现，问题是，百孔千疮的爱也是爱啊，也能够温暖人心。作为资深张粉，我对她最不赞成的，就是她这种感情上的完美主义。她一向反对文艺腔，可是，我得说，她对于完美整齐的感情的追求，实在是太文艺腔的一件事。

母亲，最后只能是睡在她的血液里。她们甚至没有一张合影。

No 10

# 父亲张志沂：前世的情人，还是怨偶

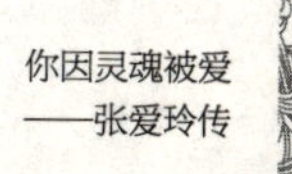

张爱玲的父母，一个过时得让人叹息，一个新锐得让人侧目，但是，正是有了这太旧的父亲，和太新的母亲，正是触及灵魂地感受到两种思想的交融与碰撞，撕扯与挣扎，才会诞生如此绝世而独立的张爱玲。她立于时代之上，不被成说牵制，不随潮流而动，孤独地固执地揭示人性的幽微之处，她的文字，也因此如河底美玉，几经时间之水的洗涤，愈加璀璨。

## 1. 他还没长大就过时了

张爱玲的小说《心经》，讲一个女孩子和自己的父亲相爱，热烈到惨烈的感情，偏偏用清淡的笔调写来，直叫人毛骨悚然。

张爱玲说自己的小说，大多有所本，不知这篇小说的原型来自何处？联想作者生平，就算我八卦吧，我也得说，这里面似有她本人的感情经验。不是都说，父亲是女儿前世的情人吗？虽没到小说里那个地步，但，同样是一种骤冷骤热的，被阻滞了的爱。

从默契融洽，到分道扬镳，几乎是在一瞬间，好像一只曾经精美的瓷瓶，被掼碎在地，光弧划过，碎片飞溅。张爱玲和她父亲张志沂，各自掉头走开，却在别人无法注意到的瞬间，拾起残瓷一片，珍藏在心，即便被那棱角划得伤痕累累，仍然无法舍弃。

当张爱玲和张志沂天各一方，彼此想到，是否各有各的委屈与芥蒂？其间的酸楚难言，倒跟爱情有点儿相似。创伤多半因为爱而不是不爱，求近之心往往弄成疏远之意。

要说清这一场父女恩怨，首先要弄清张志沂这个人。张爱玲笔下的张志沂，是一个非常容易被妖魔化的形象，他抽烟、逛妓院，不求上进，没有责任感，行为方式堪称简单粗暴。当年，张爱玲揭露父亲对自己施暴的文章《私语》以英文发表时，那家报纸就用了“What a life！What a girl’s life！”这一惊一乍的标题，显见得张志沂是一个十足的恶棍。

但是，张爱玲的文字和眼光，从来就不是平面的，只要读者再多一点儿耐心，就可以从张志沂的表面，看到他的内里——他是时代断裂造成的一个“多余的人”，他长成这样，不能由他自己负全责。

《孽海花》为张爱玲的奶奶李菊耦量身定做了一则传奇，说她在签押房里与张佩纶相遇，豪门小姐怜惜落魄才子，她为他写的诗偏巧被他看见，更加幸运的是，得到了老爹爹支持，才子佳人的戏码，演变成童话的结局：从此他们幸福地生活在一起。

但是，李菊耦和张佩纶唯一的儿子张志沂说，这个情节是假的，那首诗是假的，奶奶所有唱和的诗都是爷爷自己做的，而且，奶奶绝不可能在签押房里与爷爷相遇。

他干净利落地剔除了所有传奇元素，将“爷爷奶奶”的故事还原为“父母之命，媒妁之言”的平淡姻缘，两人年龄与身份的差异，则是因为李鸿章择婿太不按常理出牌。老李后来又将小女儿嫁给小她六岁的任家少年，完全不符合“中国式婚姻”的习惯，张爱玲的姑姑张茂渊说：（任家少年）一辈子嫌她老。

比较而言，李菊耦还算是幸福的，浪漫的前传虽是小说家言，她和张佩纶婚后的生活倒也算安逸，风晨雨夕，庭前阶下，他们煮酒烹茶，谈诗论画，简直有点儿像当年的李清照和赵明诚了。可是，首先，就像李清照的快乐生活终究风侵雨渍百孔千疮一样，有谁能够在时代大格局隐隐的威胁之下，坚守住个人的幸福堡垒？张佩纶不是赵明诚，李菊耦也做不了李清照，从一开始他们的快乐就不是多么真切，更像浮在荷叶上的露珠，晶莹流转，看上去很美，但跟荷自身总是隔了一层。

张佩纶晚年自称生不如死，可见他不曾真的幸福；李鸿章写给李菊耦的家书里，总是劝她要开心一点儿："素性尚豁达，何竟郁郁不自得？忧能伤人，殊深惦念，闻眠食均不如平时，近更若何？"……老父亲殷殷之言，令人感慨，却收效平平，李菊耦后来在亲戚间有孤僻的名声。我仿佛看见他们在风花雪月的背面，侧向无人的一隅，嘘出一口气，露出不快乐的表情。

《对照记》里，有李菊耦中年时期的照片，她发胖了一些，眼睛定定地看着镜头，像是一个极平凡的母亲，内心所有的稳定，都来自身旁的一双儿女。

这双儿女，就是张爱玲的父亲张志沂和姑姑张茂渊。

多年来，李菊耦配合张佩纶，上演隐士夫妇的风雅风范，但"煊赫旧家声"里的浮华影迹，未必真能在她心中消弭。何况，在当年，她就不是一个只识妇德与女红的千金小姐，也不是杜丽娘或者崔莺莺式的纯情女生，她是能帮助老爹爹看公文的，从婚后和父亲的来往书信中，也可看出，她对于官场人物、规则，都有着深刻的了解，这样的一个李菊耦，不大可能甘心于边缘状态。娘家的兄弟们时不时就有一个“阔了”，她内心的压力可想而知，压力转化为动力，动力放在培养儿子上。

可惜，正像周杰伦唱的那样，观念不及格，其他全是垃圾，李菊耦的苦心孤诣，也可以换成另外四个字，叫作“不合时宜”。她老爸和老公都是少年进士，科考高手，靠文章起家的，李菊耦立意在儿子身上复制他们的成功，打小就盯着张志沂背书。“三爷背不出书，打啾！罚跪。”这是老女仆的回忆，李菊耦的严厉取得了成绩，多少年后，张志沂还能将古文时文甚至奏折倒背如流，无事时在家里绕室咏哦，末尾处拖了长腔，一唱三叹地作结。

这份童子功是扎实得可以，但又有什么用？1905年，张志沂十岁左右清政府就废了科举，再也不是一篇八股定终身的年代了。张爱玲听她老爸背书总是觉得心酸，因为毫无用处，张志沂这样孜孜于背诵“毫无用处”的东西，是惯性还是潜意识中的一种抗议？搭进了金色童年不算，硬生生地被灌进一肚子无用的学问，不惆怅是不可能的。

除了学问，李菊耦在思想意识上也对儿子严防死守，纨绔子弟，鲜衣怒马，那么她就把儿子往土了吧唧上打扮，给他穿颜色娇嫩的过时衣服，满帮绣花的鞋，没有一副时尚的行头，他就该羞手羞脚地见不得人了，亲戚家那些时髦子弟也不会愿意带他玩。

不承想，上有政策，下有对策，张志沂小同学穿着绣花鞋，走到二门上，四顾无人，取出袖子里藏着的一双时尚新款，换下来，走出去，女仆在骑马楼的窗子里窥到，想笑，又不敢笑，“怕老太太知道了问”。一双绣花鞋，哪能挡住时代、家族、社会各种因素的进犯？何况这颗正在成长的少年心，就想扑通一声跳进那大染缸里去。

李菊耦从娘家带来的“先进”经验里，似乎只有一点是可取的，那就是培养儿子饭后“走趟子”的习惯。

所谓“走趟子”，就是踱步，所谓饭后百步走，活到九十九，好习惯，难坚持，李菊耦的老爸李鸿章属于能坚持下来的极少数，在军中也照做不误。

李菊耦将“走趟子”作为家族优秀传统，移植到儿子身上，多年后，张爱玲经常看见她爹围着铁槛一遍遍地转圈，在烟榻酒桌之间，秉烛夜游之余，他哪儿需要像走趟子这种投入时间少而收效巨大的运动？没有了李中堂家国在身的庄严感，张志沂的绕槛而行，就有了一种讽刺意味，一种笼中兽般的荒诞。

在其母的精心教育下，张志沂还没长大就过时了，一个天生的遗少，处处都别扭。

三十来岁的时候，他也曾在铁路局和银行做过英文秘书，第一次是因他生活放荡，声名狼藉，影响到引荐他的堂哥的官誉，致使堂哥“下课”，他也丢了工作；第二次则是因为他供职的银行有日方背景，抗日战争爆发后，他怕被误认为汉奸，主动辞职。两次原因不同，但给他留下的记忆都是不愉快的，他干脆再不出山，就靠着母亲的那份遗产，过着堕落但也不是很快乐的生活。

## 2. 被时代和妻子一同抛弃

也许李菊耦预感到，重振家业成了一个邈不可追的梦，她转攻为守，老女仆话说当年，首先想起的就是老太太怎么变着法地省草纸。

从李菊耦留下的丰厚家产看，她还没到这个地步，节省草纸，与其说是一种必须，不如说是内心恐慌的外显。既然希望无法抓摸，她只有用心算计手中的所有，延缓坐吃山空的速度，却想不到没等到坐吃山空，她的生命就走到了尽头，张爱玲说："命运就是这样防不胜防，她的防御又这样微弱可怜。"

李菊耦去世的第三年，张志沂娶了亲，对方是李鸿章的好友、长江水师提督黄翼升的孙女黄素琼。对于门当户对这件事，经常看到网络上的讨论，力挺者居多，尤其是一些当年不信这个邪吃了亏的主儿，大谈门当户对的好处，生活习惯相似，有共同语言，等等。不过这也难免有失偏颇，若是张志沂先生和黄素琼小姐九泉之下有知，一定要跳出来掰扯一番，这两位，都是"门当户对"的受害者。

黄素琼的祖父黄翼升戎马一生，官运亨通，却有一憾事——人丁不旺，他本人四十七岁才得了个独子黄宗炎，这个儿子快三十了，还没有孩子。黄宗炎的老婆贤惠，亲自跑到乡下给老公买了个姨太太。等姨太太终于怀了孕，黄宗炎却病逝于广西盐法道任上，姨太太肚子里的孩子，是黄家唯一的血脉，大太太唯一的指望。临盆这天，大太太紧张至极，听接生婆说是个女孩，当即昏倒过去，然而，极富戏剧性的一幕发生了：里面还有一个，而这个，是个男孩，大太太短时间内经历大悲大喜。

这是张爱玲早年散文里写到的，多年后，她在《小团圆》里告诉我们，那个男孩，其实不是姨太太生的。黄宗炎病逝时，姨太太还大着肚子，黄家的族人气势汹汹上门争夺财产，若生下来的是女孩，家产就没这些女人什么事了。大太太胸中有韬略，让用人去外面抱了个男婴送进内宅，只说是个双胞胎，一路的惊心动魄自不必说，好在，有惊无险地成功了。

不知道《小团圆》里这段是否属实，但大太太对这个帮助她们维护了家族财产的男孩仁至义尽，待他长大将他送进了震旦大学，那个女孩倒留在家里读私塾，还缠了一双小脚。那女孩，不消说，就是张爱玲的母亲黄素琼。

按这个趋势，黄素琼本该长成张爱玲笔下的白玫瑰，但不同的性格加诸不同的命运之上，会有不同的结果，黑夜给了她黑色的眼睛，她用它来梦想光明。

比如说，她没有进过学校，就对学校无比向往，她用幽深庭院里一个寂寞女孩的想象，将“学校”这个新生事物包装得光芒万丈。在那个天翻地覆的年代里，新生事物层出不穷，可样样都与她无关，她的向往，既甜蜜又酸楚。

二十岁那年，她带着嫁妆，更带着已成形、未出口的梦想嫁给了张志沂。他们开始时相处得不错，张志沂读过很多书，中英文都不错，乍一看也像个有新思想的人，而黄素琼漂亮、上进、志存高远，又有一些楚楚动人的缺失感，看上去也很可爱。《对照记》里，收有一张照片，张志沂小夫妻和亲戚家的几个年轻人围桌而坐，背景应该是个大花园，草木繁盛，绿意幽然，黄素琼跷着兰花指提起水壶续水，喇叭口袖子垂下来，风姿绰约，这场景好像一帮学生聚会，是他们最好的时光。

时尚杂志总是在对女人谆谆教导——不要梦想去改变男人，当然，男人也别想改变女人。其实，别说改变对方，改变自己都不容易。蜜月期里，张志沂也许会稍稍收敛自己的荒唐，但江山易改，本性难移，他不是不愿意好好对她，而是，他更爱自己，更舍不得让自己受委屈，时间一长，尤其在张爱玲和弟弟出生之后，他管不住自己了，又出去鬼混，抽大烟，逛妓院，跟过去的生活衔接上了。

黄素琼不能接受，从极封建的家庭里走出来，她比别人更向往光明健康的现代生活方式，纳妾、抽鸦片，如昏昧陈旧的梦魇，她躲之不及，唯恐沾身，如何与之朝夕共处？

这时小姑子张茂渊出国留学，她以监护为由，同去了英国。旧家庭出来的女子，一般是不太容易适应异国他乡的生活的，比如徐志摩的前妻张幼仪，但黄素琼不是，她一直那样向往文明社会，现在好了，她完全地在这社会中了，新鲜事物扑面而来：艺术、礼仪、穿衣打扮、生活方式……多么可爱多么浪漫多么华丽的这一切啊，黄素琼眼花缭乱，在英国的她一定是个很勤勉的学生，很快就从中国的小脚女子，进化成了西洋式的美妇人。

但终究不能彻底，国内有张爱玲和张子静，张志沂也不像《红楼梦》里的贾珍贾蓉乃至贾琏那样全无心肝。他一直催她回来，给她写信，信里有诗：

才听津门（金甲鸣）
又闻塞上鼓鼙声
书生（自愧只坐拥书城？）
两字平安报与卿

括号里的字都是年深日久，张爱玲不记得了，瞎猜的。

虽然黄素琼努力将自己西化，对于这中国式的感情表达，也不能完全无感，她将这首诗随身携带多年，直到成为遗物交给张爱玲，一块儿交给张爱玲的，还有张志沂的一张照片。

但是，写这首诗的同时，张志沂已荒唐到极限，他纳妾，把一个年龄不小脾气很大的妓女接回家，闹得鸡犬不宁，自己的脑袋也被打破；他吸毒，吸得过了度，“离死很近了”，坐在阳台上，额头搭一块湿毛巾，目光呆滞，喃喃自语……恣肆的荒唐过之后，会有一种酒伤式的空茫倦怠，这时，他想要回头了。

得到浪子回头的允诺，又有感情牵绊，离国四年之后，黄素琼归来。张爱玲这年八岁，八岁的小女孩感到母亲带回来了一个无比新奇的世界，又明亮，又轻盈，又柔和。从新式的装修，到“蕴藉华美”的客人，钢琴、绘画、表演，以及被母亲鼓励着，为一朵枯萎的花落泪，这些都是张爱玲未曾经历而又无比热爱的，她是那么喜欢母亲带回来的世界。

但张志沂未必喜欢。他尝到过旧世界的甜头，知道它种种微妙隐晦的可爱，即便它声名狼藉，他对它仍有感情。就算为了妻子，为了家庭稳定愿意洗心革面，可是，改变自己这件事，光有愿望是不够的，还要有力量，把自己从过去中连根拔起，即便血肉模糊也在所不惜。一般人如我是做不到的，而张志沂很可能连我都不如。

决心被时间稀释，细微的芥蒂生出，初时的快乐空气被破坏掉，张志沂故态复萌，照样抽鸦片逛妓院，连家用都不拿出来，想着把妻子的钱耗光了，她就得老老实实地待在家里。

他忘掉了，黄素琼是勇敢的湖南人，宁可壮士断腕，也不愿委曲求全，争吵不可避免地爆发，黄素琼提出离婚，张志沂不愿意。

绝大多数男人都不肯离婚，老婆再不好，有一个现成的摆在那里，就不用费什么心思了。尽管理论上说以旧换新是个合算的买卖，但是，在这一点上男女不同，除非已经找到特别可心的下家，不然男人懒得为一个理论上的东西折腾。

何况，黄素琼尽管脾气暴烈，却美丽优秀，张志沂对她有一点在乎，珍惜她的好，但对她又不那么在乎，可以看轻她的心情与脾气，他又是那么懒散的一个人，多一事不如少一事。

但是，这是20世纪30年代，“皇帝”溥仪对于“妃子”文绣的离婚申诉都无计可施，张志沂再不情愿，还是到了直面离婚协议书的一刻，他心绪如麻，绕室三匝，律师转头去做黄素琼的工作，黄素琼用一种非常欧化的语气，简洁明了地说：我的心已经是一块木头。

宛如弦断不可续，水泼不可回，她惜字如金，一个字都不想跟他啰唆，张志沂的自尊大受震动，终于，在协议上签了字。

回望张爱玲父母的十余年婚史，会发现他俩之间梗着的，是一个新时代。无疑，张志沂和新时代不投缘，和旧时代更相知，而黄素琼作为女子，在旧时代可没占到什么便宜，缠小脚，不识字，嫁给不称心的男人。旧时代是一只可恶的手，把这个心气挺高的女子摁得死死的，危急关头，新时代现身，像一个光明磊落高大英挺的男人，对她露出亲切的甚至是怂恿的笑容，成为她的后盾，她可以信赖的隐秘情人。

## 3. 怎样开罪“衣服癖”患者

当黄素琼丢下一切包袱，一往无前地拥抱新时代，张志沂心中则有一种酸溜溜的悻悻然。这个男人更加不走运之处在于，和他关系最为亲近的两个女人全对这新时代心悦诚服，另一个，就是他的女儿张爱玲。

父母离婚这年，张爱玲约十岁，前面说过，她对母亲带回来的新世界一见钟情，现在，越发情深意笃了。父母离异，一度使她微感不安，但是，当她来到母亲家中，看到了煤气炉子和陶瓷脸盆，她立即感到了莫大的安慰。假如父母的离异，能使她母亲，还有她自己，离那样一个光明现代的世界更近一点，把父亲抛弃掉也没什么关系。

其实张志沂固然荒唐，但对这个早慧的女儿很器重。他是她最初的知音，认真阅读她的所有文字，和她畅谈《红楼梦》，张爱玲对高鹗的续作大加抨击，张志沂颇以为然，同时指出，续作对于官场景况的刻画生动逼真，这跟高鹗本人出身有关系。张爱玲写过一篇很无厘头的《摩登红楼梦》，讲宝玉出国，贾琏当了铁路局局长，芳官变身娱乐明星，就像现在的《大话××》。不是所有的老爸都对这种文字有耐心的，但张志沂非但认真看完，还给拟了“很像样”的回目。

张志沂打心眼里没把这个女儿“小”看，他知道她什么都懂，心情好的时候，他愿意和她谈谈亲戚家的笑话，休要轻看这一举动，进行这种沟通，是相信对方在人情世故上，达到了和自己同样的层次。

很多年之后，张爱玲在美国，著文回忆父亲带她去买点心，她要小蛋糕，而他则总是买香肠卷，她偶尔也会尝一只。那年在多伦多，她看见类似的香肠卷，一时怀旧起来，买了四只，却不是那个味了。浅淡的文字间，透露出当年这对父女的好时光，他们也曾经那样亲密温馨过。

只是，那个时候，张爱玲是个成长中的少女，且有从母亲那里继承过来的文艺气质，即使她足够早熟，也难以避免该年龄段普遍具有的矫情：无限夸大自己对某些事物的爱好，无限强调自己对某些事物的厌恶，企图在这种夸张的表情里突出自己，建立自己，而黄素琼和张志沂客观存在的差别，正使得这种矫情，有了生根的土壤。

即使跟父亲在一起时，更轻松，更快乐，更有一种其乐融融的情调，但张爱玲还是告诉或者说暗示自己，父母的世界是光明与黑暗的两段，属于父亲的这一端，是黑暗没落腐朽的。“那里什么我都看不起，鸦片，教我弟弟做《汉高祖论》的老先生，章回小说，懒洋洋灰扑扑地活下去……父亲的房间里永远是下午，在那里坐久了便觉得沉下去，沉下去。”而母亲的这一端，是冷冽的新天新地，光明，秩序俨然，即便有点凉，却像是“在新房子里过年”，是兴旺的，有指望的，很提神。

黄素琼离婚后不久，就去了法国，没关系，姑姑还在，姑姑长期和黄素琼同出同入，是一个阵营的，张爱玲在姑姑家里感到了相似的空气。而姑姑给母亲寄信时也会夹上张爱玲的照片，并且告诉张爱玲，她是答应了黄素琼才来照顾她的，不至于离间她们母女感情。

张志沂这边的生活，也在有序进行着，他再娶，仍秉着门当户对的原则，娶了原北洋总理孙宝琦的女儿孙用蕃。孙宝琦鼎盛时期，妻妾成群，共计娶了五房太太，生下八个儿子，十六个女儿，赋闲之后没了进项，家里人又多，日子就不好过了。不过，再怎么着，人家孙宝琦也是做过总理的，前总理的女儿，这名头就像水果上打的那层蜡，固然无补于内在品质，但卖相光鲜了，价钱就上去了。

孙宝琦的女儿，专供权贵之家，其亲家囊括了冯国璋、盛宣怀、王文韶以及只做了八十三天皇帝的袁世凯等。张爱玲的小说《琉璃瓦》中，讽刺过一个将女儿做诱饵，一门心思钓有钱女婿，最后赔了夫人又折兵的老男人，不知道是不是以这位“外公”为原型。

尽管孙宝琦在嫁女儿方面很有经验，但是孙用蕃到了三十五岁才嫁掉，还是做填房，不能算作成功。看过孙用蕃一张中年时的照片，五官饱满，眼睛很大，也算是个美女了，未嫁之前，又有精明能干的名头，怎么着也不该轮到她嫁不出去，不知道是不是和她庶出的身份有关。

《红楼梦》里，凤姐说起探春的婚事，就感叹过有些轻浮的人，结亲要挑对方是正出庶出。黄素琼也是庶出的，但黄的父亲不过一妻一妾，正室无所出，基本上跟正出的一样。除了这个原因，孙用蕃还有鸦片之癖，不过我也怀疑，不是这癖好导致了她嫁不掉，而是她嫁不掉才有了这癖好。

孙用蕃珍惜这次婚姻，愿意和张志沂以及张志沂的儿女们搞好关系，还没有嫁过来，她就已经郑重地准备了送给张爱玲的见面礼——她自己的两箱子旧衣服。

我相信孙用蕃是抱着“友好”的态度准备这份“礼物”的，她的问题在于太主观，她自己家境不好，姊妹多，竞争激烈，可能跟《琉璃瓦》里描写的一样，一双袜子都是一笔会被他人觊觎的财产，但人家张爱玲家不是。李菊耦留下的那笔嫁妆着实丰厚，还没败坏完呢。

张爱玲还从黄素琼那里继承了“衣服癖”。她五岁时就梦想梳爱司头，穿高跟鞋，小时候的衣服，她一件件记得分明，白地小红桃子纱短褂，飞着蓝蝴蝶的洋纱衫裤，姨太太用整块丝绒做的小斗篷，被老妈否定了的俏皮的小红袄，还有那件还没有上身就小了的葱绿织锦的外国衣服，让她一想起来就觉得伤心，认为是终身遗憾。要想得罪这种“衣服癖”患者，最有效的办法就是限制她的衣着，孙用蕃自称自己的衣服料子很好，张爱玲却说，袖子都已磨破。

另一方面，张爱玲是个排异性很强的人，对别人的气味，一定很敏感，要是她喜欢的人倒也罢了，对于这位后妈，她从一开始就很抵触。姑姑跟她说她爸即将再婚的时候，她都哭了，发狠地想如果这个人站在对面，一定要把她从阳台上推下去，这戏剧化的设想虽没有变成现实，但是，她也一定不愿意穿孙用蕃的旧衣服。

但是，没办法，孙用蕃嫁过来，张爱玲在她治下，只能接受她的安排，穿她的旧棉袍。张爱玲说那颜色像碎牛肉，穿在身上的感觉是浑身都生了冻疮，冬天已经过去了，还留着冻疮的疤。在贵族化的教会女校穿着这样的衣服走来走去，相当难堪。学校里一度酝酿制作校服，张爱玲内心非常渴望，还想象也许像别处那样，是白衬衫，藏青色的十字交叉背带裙，洋服中的经典，又有少女气息。可惜学校当局最终没通过。

多年后她到台湾，还赞赏女学生的草黄制服，听说群情激愤要求废除女生校服，不禁苦笑，也知道这样“忆苦思甜”说出来会让年轻人生厌，没办法，“我那都是因为后母赠衣造成一种特殊的心理”。张爱玲晚年写到继母，仍是一股子冷嘲热讽的口气，我想，也许跟孙用蕃自我感觉良好的“赠衣”之举不无关系。

## 4. 他和她互相背叛

当然，更不可原谅的，还是她抢走了自己的父亲，孙用蕃嫁过来之后，张志沂对她言听计从，从张爱玲的弟弟张子静的叙述来看，这俩人从头到尾感情都不错，真应了那句话，谁都有谁的那杯茶。

孙用蕃和张志沂一样，在旧时代里生了根，如果说“遗少”也有女版的话，那么她就是。和张志沂一道躺在烟榻上，吞云吐雾，不管将来，在近乎微醺的气氛中，消磨掉这一生，有什么不好呢？她和老公志同道合，于是相亲相爱。

对此，张爱玲当然是不愉快的，有一种被剥夺感，她拼命地瞧不起父亲的生活，到了这会儿，还有自我保护的成分——用轻视将自己与他隔绝开来，装作根本不在乎他的感情，掩饰那一点点失落。

但是，正如她自己所言，她天生就是个写小说的人，“写小说的人”和普通人的一个区别，就是对别人特别有兴趣，甚至能超出个人好恶，把对方凝练为一个观察描写的对象。孙用蕃的到来，使得张爱玲有机会观察“继母”这个群体。这一群体历来公众形象不佳，但初见之时，孙用蕃也无意扮演经典版的后娘，愿意朝好里做，张爱玲则把这点体会放到作文中，写了一篇很是善解人意的文章叫《后母的心》，讲继母也很不容易。

孙用蕃读过之后非常感动，又拿给亲戚们看，但我总觉得张爱玲的“写”和孙用蕃的“感动”，都有表演的成分，张爱玲想表现自己别具慧眼，孙用蕃想展示自己初步取得成功。而所有的表演，都有谢幕的时候，身段撑久了，是会感到累的，张爱玲原本对孙用蕃没有好感自不必说，而孙用蕃再有向好之心，也消除不了旧时代里三十多岁才嫁掉的老姑娘内心的那股戾气。

孙用蕃不敢动张爱玲这个大小姐，就拣张子静这个软柿子捏，张爱玲用的词是“磨折”。不过，孙用蕃一定不会认可，人家不过是放弃“慈母”路线而改走“严母”路线而已，不是说棒子底下出孝子吗？为啥大家都不理解张孙氏的良苦用心呢？

目睹孙用蕃挑拨父亲教训弟弟，张爱玲受到了很大的震动，两人之间的裂痕，不可避免地产生了。但是，张爱玲毕竟不是那种爱撒娇发嗲的小姐，喜怒形之于色，大家族人多口杂，本身就是个江湖，早已历练过的张爱玲，跟这位继母，在很长一段时间里，都互相敷衍得过。

但两个女人之间的芥蒂，像一只不断充气的皮球，暗暗地，沉静地，等待着爆发的一大。

张爱玲中学毕业那年，黄素琼回国，张爱玲自认为自己态度没有多少变化，可张志沂感觉到了。他暗中不快，有点吃醋，此前他对张爱玲一直很不错，养活她，教育她，欣赏她的作文，鼓励她学诗，他以为张爱玲应该和自己父女情深，以为这个出色的女儿，将成为自己感情上的一种慰藉，不承想，黄素琼一回来，张爱玲就变了心。如果只是奔向黄素琼倒也罢了，关键在于，张爱玲同时还亢奋地奔向那新时代，又一次抛下他，抛下他身处的那个死气沉沉的旧世界。

就在此时，张爱玲又提出留学的要求，我想张志沂对于留学这件事，一定是有抵触的，花钱且不说，他的前妻若不是出国留学，怎会那样绝情地与他分道扬镳？而张爱玲留学心切，选择了最糟糕的说服方式——演讲。《围城》中说，演讲的感觉是站在台上，居高临下，我们可以想象，当张爱玲铿锵有力距离感十足地陈述她的理由时，对于张志沂和孙用蕃是怎样一种刺激？张志沂很恼火，说张爱玲是受了人家的调唆，这个人家，不用说就是黄素琼了。孙用蕃则当场就骂了出来："你母亲离了婚还要干涉你们家的事。既然放不下这里，为甚么不回来？可惜迟了一步，回来只好做姨太太！"

不久松沪会战爆发，日军日夜在苏州河那边攻打，张爱玲说她家临近苏州河，每天被炮声吵得睡不着，就跟父亲提出，要去母亲那里住几天，后来又说是她母亲安排她出去参加考试，总之，她去黄素琼那儿住了俩礼拜。走的时候，她跟父亲说，是去姑姑那儿，张志沂情知前妻和妹妹同住，但余情未了，在烟榻上柔声应了一声。

等到张爱玲回来，孙用蕃"忍无可忍"地发飙了，问张爱玲去她母亲那儿为什么不告诉自己，张爱玲说告诉父亲了，孙用蕃怒道："噢，对父亲说了！你眼睛里哪儿还有我呢？"便一个耳光打过去，张爱玲本能地要还手，被拉住，孙用蕃已经一路锐叫着奔上楼去："她打我！她打我！"

> 我父亲趿着拖鞋，拍达拍达冲下楼来。揪住我，拳足交加，吼道："你还打人！你打人我就打你！今天非打死你不

可！”我觉得我的头偏到这一边，又偏到那一边，无数次，耳朵也震聋了。我坐在地下，躺在地下了，他还揪住我的头发一阵踢。终于被人拉开。

张志沂对于黄素琼的感情是如此复杂，每时每刻都不相同，恨中有爱，爱中生恨。先前张爱玲来“请假”时，他躺在烟榻上，心情相对平和，黄素琼在他心里，模模糊糊地是个可爱的女人，于是柔声应下。而其他时刻，比如这个早晨，他有起床气，心情没那么好，再想起这个女人，就是一个尖锐的盛气凌人的影像，一意投奔过去的张爱玲，也跟着变得可恶起来，他的暴怒的另一面，是被伤害的感觉。

张爱玲被关了起来，姑姑来说情，孙用蕃一见便冷笑道：“是来捉鸦片的么？”不等姑姑回答，张志沂便从烟榻上跳起来，把姑姑也打伤了。这个细节，透出孙用蕃的心机，她知道怎样把张志沂激怒。“是来捉鸦片的么？”一句话，就把姑姑推到黄素琼张爱玲她们那边，成了张志沂又一个假想敌。

姑姑营救无效，张爱玲被她父亲关了大半年，表面上看，张志沂处于绝对强势，但是，当午夜梦回，张爱玲在被羁押的房间里看那月光如冷冷的杀机时，张志沂是否也曾辗转难眠思量遍，仍然不知如何与女儿握手言欢？

不是每个人，都知道如何让自己柔软、柔和下来，张家人的强硬，也是一个传统。

## 5. 最后一面

大半年之后，张爱玲找机会逃了出来，她在文中生动地描写了那个逃脱之夜：

> 一等到我可以扶墙摸壁行走，我就预备逃。先向何干套口气打听了两个巡警换班的时间，隆冬的晚上，伏在窗子上用望远镜看清楚了黑路上没有人，挨着墙一步一步摸到铁门边，拔出门闩，开了门，把望远镜放在牛奶箱上，闪身出去。——当真立在人行道上了！没有风，只是阴历年左近的寂寂的冷，街灯下只看见一片寒灰，但是多么可亲的世界呵！我在街沿急急走着，每一脚踏在地上都是一个响亮的吻。而且我在距家不远的地方和一个黄包车夫讲起价钱来了——我真高兴我还没忘了怎样还价。

张爱玲离开了她所看不起的父亲的家，来到她所向往的母亲的家，夙愿已偿，是不是从此就可以得其所哉？假如生活真的按照这个调子发展，张爱玲就不可能成其为张爱玲，不可能有这一手艳若桃李冷若冰霜参差对照风情万种的好文章。

关于张爱玲与母亲的关系，我们在前文里有详细叙述，这里抛下两人各种芥蒂不提，只说在母亲的支持下，她终于以极其优秀的成绩，考上了香港大学。

香港之于张爱玲，是一座特别的城，她带着隐秘的宏伟抱负来到这里，既踌躇满志，又忐忑不安。她两耳不闻窗外事，一心只读教科书，仔细琢磨老师的想法，门门功课都是优秀，一口气拿了两个奖学金，毕业之后还有可能被保送到牛津大学深造，大好前程就摆在眼前，她就等着展翅高飞了。然而，一个大事件发生了，大四这年，港战爆发，战争像一块大披风，遮蔽了个人的一切努力，张爱玲看得大过天的成绩，在兵荒马乱的世界里，是如此渺小，如此荒诞，仿佛眼前的布景被谁陡然转换，前途远景像海市蜃楼一般消失了，摆在眼前的，除了死亡，便是千方百计躲避死亡。

终于回到上海，张爱玲和弟弟张子静说起这次遭遇，仍然愤愤不已："只差半年就毕业了啊！"可那又怎么样？战争是没商量的，或者说，命运是没商量的。但我以为这对于女作家，未必是一件坏事，一次次的幻灭，剥除生命之上的附丽，使得张爱玲能和真相劈面相逢，无可躲避地，杀出自己的一条血路。

张爱玲想转入上海圣约翰大学续读，至少拿个文凭，但摆在眼前的问题是，钱从哪儿来？战争爆发之后，她与母亲失去联系，姑姑本来就没多少钱，现在又在失业中。姑姑倒是建议张爱玲去找父亲要钱，当初离婚协议上说好的，张爱玲的教育费用由父亲负担，后来她从父亲那儿逃出来，她父亲和继母好一通笑话，说黄素琼是自搬石头自砸脚，弄上这么一个包袱。如今让张爱玲回头要钱，不免让她视为畏途。

张子静却一力撺掇，回家之后又跟父亲提起，张志沂沉吟了一下，毫无表情地说，你叫她来吧。张子静认为，父亲这是对姐姐离家出走一事未能释怀，我从中看到的，却是一种不知所措，许多种感情一道涌来，怨艾，恼怒，怀念，怜爱……甚至还有一点点羞涩，张志沂不知道该如何面对这个女儿。

张爱玲那边，又何尝不是？张子静叙述了那次父女相见，张爱玲面色冷漠地走进了父亲家，在客厅里，见到了张志沂。她简略地把求学的事说了一下，张志沂很温和，叫她先去报名转学，“学费我再叫你弟弟送去”。

两人相见不过十分钟，张爱玲把话说清楚就走了。

张子静这段回忆，两百余字，若是让张爱玲来写，一定大大超过这个篇幅，重新走进父亲的家——尽管不是当年她离开的那座房子，她也一定会百感交集吧，沙发上是否还有散放的小报，窗前是否还有雾一样的阳光？她对气味那样敏感，一定不会忽略鸦片的味道，她曾经对那味道那样鄙视，时过境迁，那味道能否成为一条通道，领着她迅速回到从前的时光？

张爱玲的面无表情，不全是冷漠，可能还有百感交集，是面对太深太重的感情时的情怯，作为旁观者的张子静如何能懂得，那短短的十分钟，她和父亲什么都不用说，但什么都说过了，说完之后她匆匆离去，他们打那以后再也没有见过面。

这种决绝，谈不上原谅不原谅，有一种感情，你是不可以对它做决定的，是拿它没办法的，你只能一动不动地待在原处，听凭不讲道理的命运随意调度，命运没有安排这对父女再见面，他们便不见。

对于这段往事，张爱玲一字不提，那里面太浓厚太纠结的感情，怎样说，才不会错？

## 6. 漂泊于各自的路途

得到父亲的资助，张爱玲还是没有完成学业，张子静说原因有两个，一个是圣约翰大学太烂，张爱玲不肯浪费时间；第二点是学费有了着落，生活费也成问题，以张爱玲之敏感，是不愿意给窘境中的姑姑增加负担的。我以为，可能还有第三点，港战带来的幻灭感，使得她对文凭没有先前那么热衷，按部就班地上学、找工作实在太慢，哪有一个天荒地老放在那里任你慢慢铺陈？"快，快，迟了来不及了，来不及了！"想做什么，立刻去做，也许都来不及了。

"个人即使等得及，时代是仓促的，已经在破坏中，还有更大的破坏要来……如果我最常用的字是'荒凉'，那是因为思想背景里有这惘惘的威胁。"

急迫的语气，焦灼的心态，有乱世的影响，更源于内心深处对于现世的珍惜。

张爱玲小时候，过春节，除夕晚上跟保姆说好第二天早点儿喊她，但因她那一晚睡得太晚，保姆舍不得太早唤醒她，她一睁眼，见天光大亮，一切繁华都已错过，她失落到大哭，赶不上啊，穿上新鞋都赶不上了啊，荒凉从这小小的人儿的骨子里透出来，那种深刻的身世之感是与生俱来，还是早早地看了那么多小说、看过如此多的人生使然？

我有个朋友曾笑言，她只要做选择，就是错误的方向。我估计大多数人都会有共鸣，人们对自己占到的便宜通常视而不见，对犯的错吃的亏则耿耿于怀，张爱玲是否也会这样自嘲呢？不过，她在人生重大关口上，总能凭着直觉，迅速找到那条正确的道路，从父亲那里逃出来是这样，放弃学业选择写作也是这样，张爱玲坚定地走上自由撰稿人之路没多久，就获得了巨大成功，她的小说《沉香屑——第一炉香》在《紫罗兰》杂志上发表，老作家周瘦鹃称赞其行文有毛姆的风格。

据张子静说，他把这本杂志拿回家，告诉父亲，姊姊发表了一篇小说，他只“唔——”了一声，接过书去。张志沂后来对这部小说只字不提，但张子静猜，他一定仔细看过的，是啊，那流利的文笔，从容的叙事，亦得益于当年他曾与她“共话文学”，他的观点给她启发还在其次，更重要的是，他平等地、真诚地聆听并欣赏过她的见解，这种姿态给了她自信，让她在皇皇巨著面前也能神情自若，相信自己的感觉。日后，胡兰成接演了聆听者角色，可惜，他做捧哏技巧有余，却没有张志沂那份真诚，也没有他的底蕴。

小说处女作让张爱玲一炮走红，她深谙趁热打铁之道，新作有如泉涌，捎带着，又把五六年前，刚从张志沂那儿逃出来时，用英文写的那篇羁押与逃亡经历翻译成中文，扩充后在报纸上重新发表。当年张志沂在《大美晚报》上看到那篇文章时，大发雷霆，事到如今，不知又做何感想。

不过，既是扩充，必然增加了一些内容，像这句明显是后来加上的：

> 《心碎的屋》，是我父亲当初买的。空白上留有他的英文题识："天津，华北。一九二六·三十二号路六十一号。提摩太·C·张。"我向来觉得在书上郑重地留下姓氏，注明年月、地址，是近于罗唆无聊，但是新近发现这本书上的几行字，却很喜欢，因为有一种春日迟迟的空气，象（像）我们在天津的家。

张爱玲言语中颇有些感慨。

看到"我知道他是寂寞的，在寂寞的时候他喜欢我"这句，我都替张志沂感到了惆怅。"有太阳的地方使人瞌睡，阴暗的地方有古墓的清凉。房屋的青黑的心子里是清醒的，有它自己的一个怪异的世界。"这段话则像是十足的贬义，但身处其中的张志沂未必没有同感。也许，没有谁比这个女儿更懂他，只是，懂得是一把双刃剑，慈悲的另一面是残忍，于是爱恨交集，混合成没有名目的强烈感情。

时间如水，记忆如冰。张爱玲接着从上海，到香港，再到美国，无论是漂泊，还是暂时的稳定，于她，都像是在无日无夜的荒茫之中。她不像三毛，有父母做自己的守望天使，虽然那对父母平凡衰老，还有点唠叨，但在一个人的长路上，他们仍是可以依稀回望的家园。不过，这也成就了张爱玲与众不同的魅力，所谓绝代风华，就要有那种孑然独立的姿态与表情。

张志沂也许关注过女儿的成长，但那种关注，只是茶余饭后的一点念想，他的日子，还是要按照原先的节奏过下去，和孙用蕃一道躺在母亲的嫁妆上坐吃山空，那笔嫁妆真是不小，他就这么挥金如土的，到1948年，卖掉上海的最后一栋房屋后，在青岛还有房租可以收，每年至少八百元。

不过，说到他处置上海那套房子的所得，真让人对这位张公子的理财能力叹为观止，他看着物价飞涨，执意不听任何人阻拦，把到手的美钞和黄金换成了金圆券。在中国货币史上，金圆券算是一个臭名昭著的笑话，等到它几乎等同于废纸，张志沂后悔晚矣。

1949年，张志沂夫妇搬进了一个只有十四平方米的房间，他一生有过那么多钱，那么多洋房和别墅，却在这“比我家以前的佣（用）人房还不如”的屋子里度过余生。好在这个时间不是很长，1953年，张志沂去世。很多年后，他的儿子张子静借用朋友的话总结，说父亲命好，败得好，死得早，没受罪。想想也是，听过一个笑话，人最大的悲剧是，临终前感叹，我有那么多的钱，还没来得及花呢，张志沂起码不会有这种遗憾了。可是，回头再想，他活过这一生的意义，难道就是为了晕头转向匆匆忙忙地把这些钱都花完吗？

张志沂的所有个性，都与旧时代相宜，他善于背古文时文，放过去可以成为科考高手，小有才情，当能博一个才子的名头，至于他喜欢眠花宿柳，曾几何时那是一种无伤大雅甚至堪称优雅的气质，这些加一起，就是一个颇有派头的浊世佳公子，然而时过境迁，新时代像是一件不合体的衣服，他的人在里面，显得很蹩脚，很颓。

黄素琼与他截然相反，她一生都在寻找自己的事业，学习油画，给第一任印度总理的两个姐姐做过秘书，还曾在英国的工厂里做女工制皮包，目的是学会裁制皮革，自己做手袋销售。她这个计划似乎没成功，“后工业社会才能够欣赏独特的新巧的手工业。她不幸早生了二三十年”，张爱玲这样总结。

张爱玲的父母，一个生得太晚，一个生得太早，一个过时得让人叹息，一个新锐得让人侧目，但是，正是有了这太旧的父亲和太新的母亲，正是触及灵魂地感受到两种思想的交融与碰撞，撕扯与挣扎，才会诞生如此绝世而独立的张爱玲。她立于时代之上，不被成说牵制，不随潮流而动，孤独地固执地揭示人性的幽微之处，她的文字，也因此如河底美玉，几经时间之水的洗涤，愈加璀璨。

这，能不能算作歪打正着的收获呢？

NO 11

# 姑姑张茂渊：做剩女，挺有意思的

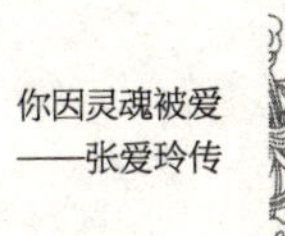

这就是张茂渊，她太真实，这种真实与勇敢相伴，使她敢于直面惨淡的人生，不用那些矫饰，来抵挡素朴到灰色的真相。张茂渊的一生，有如一杯清咖啡，黑得纯粹，苦得彻底，永远永远，不在里面勾兑进去哪怕一丁点儿庸俗妥协的牛奶和糖。

## 1. 关于她的爱情故事

2013年最热的电视剧是《咱们结婚吧》，据说有一半中国人看了这个电视剧，但是我对它很有一些意见。从一开头起，它就在说，做剩女，是件特别没意思的事，家人担忧，外人歧视，连工作都丢了，赶紧的，找个好人就嫁了吧。已经21世纪了，这种思想还这么有市场，我都觉得挺抱愧张爱玲她姑姑的。

对，是张爱玲的姑姑张茂渊，她在将近一个世纪之前，就坦然地做她的剩女了。

是不是每个家族都会有一些特别的传统？以张爱玲家族为例，打张佩纶这边下来，是坚硬，打李菊耦这边下来，则是剩女。李菊耦二十三岁才订婚，在遥远的19世纪末，这是一个有着失嫁风险的年龄。张爱玲本人二十三岁与胡兰成结婚，听上去不算晚，但是她的同学张如瑾，初中还没有毕业，就匆匆嫁了人。

不过，在这个传统里，最彪悍的还是中间那一环——张爱玲的姑姑张茂渊，一直到七十八岁才把自己嫁掉，可谓把剩女做到了极致。

传说张茂渊很年轻的时候，去英国留学，邂逅一位名叫李开弟的青年才俊，她用湿漉漉的文笔（一半热泪一半口水），描述那初见的辰光，该男生怎样对她大献殷勤，风起的时候为她披衣，寂寞的时候为她诵诗，但我总怀疑这些桥段是跟琼瑶老奶奶借来的，在此略过不赘。总之她很自然地爱上了他，可惜没有“没有早一步，也没有晚一步”的幸运，李开弟早有婚约在身。

也有人说李开弟另有一个原因，作为激进的青年学生，他不能接受张茂渊这个“大卖国贼”李鸿章的后代。持这种说法的人，估计没看过什么书，翻翻梁启超那本《李鸿章传》，就知道当时的有识之士，对李中堂评价颇高。

不管什么原因吧，他们为张茂渊编织的故事都不出“守望终身”这美丽的俗套，但是，从张爱玲以及张子静文章的字里行间读出来的“姑姑”，似乎并没有那么简单，她的剩女生涯，也许与这个男人有关，但，我想，那不见得就是全部。《小团圆》，在这部自传体的小说里，更证实了姑姑经历了两场非主流的爱情：爱慕嫂子的情人，与表侄恋爱。大家族中，难免有这样在外人看来荒唐的故事，本文无意于考证真伪，只想说，即使是这样，她还是有机会带着无望的爱情与其他男子结婚的，许多女子不都是这样的选择？为何，张茂渊一意孤行地把自己打造成一个剩女，令家族中人想起来都不寒而栗？

1928年，张茂渊从国外归来，这一年她二十六七岁，名门出身也许反倒是一种连累。《围城》里方老爷子的看法是，女中学生应嫁男大学生，女大学生应嫁男留学生，至于女留学生该嫁给谁，方老爷子没有提出个适宜的方案，大概他觉得这类人属于天生嫁不掉的一类，不说也罢。

用现在的话说，张茂渊是一个“三高”人士。高学历：不知道她在欧洲拿了个什么学历，反正是一个留过洋镀过金的海归，盖得过普通女学生。高收入：遗产也应该算一种收入吧，打了折仍然不菲；再说她还是职业女性，一度在电台读社论，工作半小时，就能拿几万元的月薪；高门槛：这里还得引用方老爷子的话，他说，嫁女须胜吾家，娶媳须不胜吾家，更加通俗的话叫，抬头嫁女儿，低头接媳妇，对张茂渊这样的名门之后，免不了要给予敬而远之的待遇。

虽如此说，只要愿意俯就，这世上就没有嫁不掉的女子，张茂渊的问题在于第四高：心气高。张爱玲说，她找起事来，挑剔得非常厉害，因为：“如果是个男人，必须养家活口的……怎么苦也得干……象（像）我这样没有家累的，做着个不称心的事，愁眉苦脸赚了钱来，愁眉苦脸活下去，却是为什么呢？”她所否定的这种生活状态，是包括本人在内的大多数人的写照，没来由地做着不快乐的事，除了随波逐流的天性，还有就是不把自己的感觉看得那么重要，就像在公交车上，木着脸隐忍地看窗外风景转换，不大去想为何踏上这段旅程。

张茂渊则敏锐地追问自己的感觉：“却是为什么呢？”同理，当喜欢的人不出现，出现的人不喜欢，她一定会选择“一直孤单”，哪怕“就这样孤单一辈子”。按照上面的格式去想：或是为父母所逼，或为经济所迫，或是像张爱玲笔下的那些女子，生活在大家庭里，无法忍耐手足间的挤压与倾轧，就算没有爱情，看不上对方，也是会劝自己俯就的。而张茂渊，父母早亡，因为遗产的问题，跟两个哥哥都闹僵了，经济上前面说了，虽不算富有，一个人也还过得去，那么，愁眉苦脸地嫁一个人，愁眉苦脸地活下去，却是为什么呢？

她不把惯性考虑在内，不把闲言碎语、他人的眼光考虑在内。

她是个太真实的人，没有一点儿自欺。比如她老爸张佩纶，仕途上是混得差了点儿，但是和李菊耦人所共知的爱情传奇，却为他失败的下半生增光添彩，他自己也挺喜欢说这个事，动辄在日记里晒晒幸福。少女张爱玲未能免俗，对这段“我爷爷我奶奶”的故事很来劲，缠着张茂渊说家史，张茂渊却很煞风景地来了句：“我想奶奶是不愿意的。”传奇陡然落到尘世，跌得七零八落，张爱玲简直不愿意听。

海德格尔说了，人，诗意地栖居。人们有着将人生诗化的需求，假如自己实在没料，那就去拔高父母好了，所以我们经常看到那样一些表扬稿，把父母塑造成勤劳善良勇敢坚定的楷模，高级一点儿的，就往佳话上靠，将父母打造成神仙眷属，与芸芸众生迥然不同。只有张茂渊，她说，我想奶奶是不愿意的。一句话，将那个勇敢追求传奇恋情的奶奶，还原成无数心不甘情不愿地执行父母之命的旧式女子中的一个，她那爱晒幸福的老爸，则更显尴尬。

这就是张茂渊，她太真实，这种真实与勇敢相伴，使她敢于直面惨淡的人生，不用那些矫饰，来抵挡素朴到灰色的真相。这份特质，一部分来自张佩纶的遗传，另一部分，则与她走过的路程有关。

## 2. “刀截般的分明”与“刻骨的真实”

《对照记》里有一张张茂渊和她两个哥哥的照片，异母兄张志潜最大，站在中间，张志沂和张茂渊分立左右，张爱玲都说这张照片像爷儿仨。

李菊耦去世后，遗产由张志潜代管，直到张志沂娶妻生子后才交割清楚。据说分得颇不公平，张志沂和张茂渊联手跟那位哥哥打起了析产官司，关键时刻，张志沂丢下妹妹倒戈，张爱玲说是她继母趋炎附势从中拉拢。张茂渊吃了个大大的闷亏，从此便不大与哥哥往来，声称不喜欢“张家的人”，只对张爱玲好一点儿，因为是她自己贴上来的。

张茂渊跟她家族的关系，让我想起《红楼梦》里的惜春，都是被生活的污秽所伤，而心灰意冷，张茂渊受到的伤害，可能比惜春还要大。惜春自小在贾母这边长大，与她那荒唐的哥哥往来不多，感情上没有太多牵扯，张茂渊是在哥哥的照管下长大的，很可能存有许多温情的记忆，就像那张“父子仨”的照片上呈现的那样，当亲情陡然转身，露出狰狞的面目，那种坍塌带来的幻灭感，比惜春以及张爱玲所经受的更甚。

如果是曹七巧式的女人，可能会暗中恨得咬牙切齿，却仍不妨照常走动，无他，惯性使然，交际欲望使然，为了避免将自己边缘化，她宁可在污垢中跌爬滚打。但张茂渊不然，精神洁癖让她不惜“对自己狠一点”，与虚伪的情意一刀两断，要“刻骨的真实”和“刀截般的分明”。

但水至清则无鱼，真实到极处，可能就会缺乏人情味——人情味常常是由半真半假的寒暄成就的。我们并不一定需要别人实打实地付出，我们只是需要对方呼应照顾我们的情绪，那些嘘寒问暖，那些唏嘘感触，即便口不对心，我们还是愿意被它打动，起码会觉得对方比较亲切。活在这个世界上，谁都有脆弱怕冷的一面，若真实的关心不可得，我们愿意退而求其次，以那些即使缺乏诚意的语言取暖。

另一方面，每个人也都有表现善心的需要，有时候显得冷酷，是因为成本太高，若是可以低成本高回报，比如说，只要费上些唾沫星，就可以把自己打扮成一个好人、善心人，大多数人还是会趋之若鹜的。别的不说，就看网络上，有多少人在貌似激愤实则兴奋地表现正义，就知道，有多少人会迷恋这种一本万利的道德消费，以自己为观众主体的道德演出。

但张茂渊明显不属于上面说的这些人，后面会说到，她对张子静的冷淡，她知道那是一个可怜的孩子，对他“吧达吧达”眨动的潮湿的眼睛，有着深刻的印象，在这种情况下，她只要随口关心他几句，或者陪着掉几滴眼泪，就能完成一次圆满的道德消费，但张茂渊就是没这个心思，赶到饭点，也会翻脸撵他走。张爱玲一走，她就没商量地对他关上了自己家的大门。之后的数十年，他们彼此不通音问，张子静倒是想过问候她，却没有这个勇气。

张茂渊固然显得不近人情，不过也情有可原，对张子静，她也没这个责任，又不是她把他生出来的，凭什么要强迫自己喜欢他？但对于还比较喜欢的张爱玲，她似乎也不怎么流露感情。

张爱玲说起这位姑姑，亲热里又有一点儿距离感，她认同姑姑的真实，认同中，又带点儿似笑非笑的不习惯。当年她从父亲那里逃出来，投奔母亲，母亲和姑姑住在一起，张爱玲跟这两位同住，心里是非常紧张的。

母亲总在挑剔她，姑姑心情也不好，“可是有一天忽然高兴，因为我想吃包子，用现成的芝麻酱作馅，捏了四只小小的包子，蒸了出来。包子上面绉着，看了它，使我的心也绉了起来，一把抓似的，喉咙里一阵阵哽咽着，东西吃了下去也不知道是什么滋味。好像我还是笑着说‘好吃’的。这件事我不忍想起，又愿意想起。”

张爱玲的那种感觉，叫作委屈，她以前跟母亲姑姑走得很近，现在投奔她们，尽管不是慷慨激昂着来的，多少也有点儿悲情的色彩，她们应该想方设法安慰她受伤的心才对。可是，母亲总在怀疑自己为这女儿所做的牺牲有没有意义，姑姑亦没有想象中的温情表现，现在，吃着她一时心情好捏出来的芝麻酱包子，怎能没有因为委屈衍生出来的酸楚。张爱玲的“不忍想”，为这姑姑算是自己最亲的人了，仍然有隔膜芥蒂；又“愿意想起”，则是，面对了它，才算逼近人生的最真实处。

当然，更真实的是姑姑，她从不表达内心没有感觉到的东西。张爱玲着急到阳台上收衣服，膝盖磕到玻璃门上，流下血来，直溅到脚面上，涂上红药水，更是渲染得可怖，她给姑姑看，姑姑弯下腰，匆匆一瞥，知道不致命，就关切地问起玻璃，张爱玲赶紧去配了一块。

张爱玲说，姑姑的家对于我一直是一个精致完全的体系，无论如何不能让它稍有破损，所以她打碎了桌面上的一块玻璃后，急急地把木匠找来，花了六百大元重新配了一块。

“精致完全的体系”，点明了和姑姑之间的距离感，只有对外人，才会那样深刻地感受到对方的完整性，时时处处留心自律，不要冒犯了那样一种完整，对此，张爱玲也不是不惆怅的，她又说，现在的家（姑姑家）于它本身是细密完全的，而我只是在里面撞来撞去地打碎东西，而真的家应当是合身的，随着我生长的，我想起我从前的家了。

这从前的家，就是父亲的家，她已经将它抛弃了，知道它有这样那样的不好，但起码，它让她不那么紧张。

张茂渊经常抱怨张爱玲：“和你住在一起，使人变得非常唠叨（因为需要嘀嘀咕咕）而且自大（因为对方太低能）。”低能倒也罢了，这是天才的特征，张爱玲似乎也乐于以此自诩，唠叨和嘀咕，不但使人显得琐碎，还因需要倾听者，显得太主动，太需要别人。这对于张爱玲是一种禁忌，她说，若是别人说我听，我会很愉快，若是我说别人听，过后想想就会觉得很不安。她后来爱上胡兰成，和这种禁忌不无关系——她终于遇上了有耐心听她讲话的人。

但张茂渊不在乎，她不把这种“受不了”看得多重，多么值得同情。真的勇士，敢于直面惨淡的人生，彪悍的狠角色，从来都不怕与真相劈面相逢，她自己习惯直面现实，就不大想得起来去照顾别人的情绪。

坚持真实，不但需要勇气，同时还需要能力，有能力判断，哪些是真情实感，哪些是不由自主地将自己套进了情感或情绪的公式，否则，很容易将模仿来的身段，当成自己的独特风姿，独自玩赏不已。

张茂渊擅长自嘲，自嘲是自恋的天敌。有一回，她生了病，很久都没有痊愈，换一个叽叽歪歪的人，黯然神伤在所难免，更高级的是把自己当成一个病西施式的薄命红颜，张茂渊却带一点儿嘲笑，说道：“又是这样的恹恹的天气，又这样的虚弱，一个人整个地象（像）一首词了。”就那点儿抒情的气氛，被她这一点儿自嘲破坏光光，让人想起某些矫情的形象，跟着心领神会地笑起来。

她说她不喜欢文人，不知道是否跟文人身段太足有关，动不动就声称自己是多愁多病的身，“哎呀呀我要死了”的忸怩口吻，这些装饰性的东西她全部不喜欢，她手里的珠宝，大多都被她卖掉，就剩一块披霞，因为不够好，实在卖不上价钱。

她经常把这块披霞拿出来，这里比比，那里比比，总想派个用场，可是：襟上挂着做个装饰品吧，衬着什么底子都不好看；放在同样的颜色上，倒是不错，可是看不见，等于没有了；放在白的上，那比较出色了，可是白的也显得脏相了；还是放在黑缎子上顶相宜——可是为那黑色衣服本身想，不放，又还要好些……

她于是感叹：看着这块披霞，使人觉得生命没有意义。是啊，这正是人生的真实写照：说起来是很珍贵的，但放在哪里都不合适，没有反而更好。她的悟性使得她能够直击要害，去掉无谓的装饰，将人生看得不那么隆重。

佛教里强调不执着：有言说而不执着言说，有名相而不执着、不分别名相，有心缘也不执着、不分别心缘，方是无碍智慧。张茂渊为人处事，貌似就有这么一种“不执着”，这么一种无碍智慧。

她的燃点有点儿高：

我心中的张茂渊，她心中可能有那么点儿爱情，比如对于李开弟的记忆，但不足以成为她全部的精神支柱，她应该有着更彪悍的表情，比如，套用网上某位很可爱的MM的口气来一句：做剩女，挺有意思的。

张茂渊的剩女生涯，确实挺有意思，偷个懒，让我大大地引用一段张爱玲的原文吧：

> 我姑姑说话有一种清平的机智见识，我告诉她有点像周作人他们的。她照例说她不懂得这些，也不感到兴趣——因为她不喜欢文人，所以处处需要撇清。可是有一次她也这样说了：“我简直一天到晚的发出冲淡之气来！”
>
> 有一天夜里非常的寒冷。急急地要往床里钻的时候，她

说："视睡如归。"写下来可以成为一首小诗："冬之夜，视睡如归。"

洗头发，那一次不知怎么的头发很脏很脏了，水墨黑。她说："好像头发掉色似的。"

…………

智慧不见得都能换成钱，不过它本身就可以娱乐自己了。至于张茂渊七十八岁那年嫁给李开弟，这也是一件很自然的事，她本来就挺喜欢他的嘛，现在天时地利人和纠集在一块儿，嫁给他有什么不好呢？普通人也许会觉得那么大岁数结什么婚，但张茂渊就是张茂渊，她只听从内心的指示。

## 3. 将清咖人生进行到底

和张茂渊这样的人打交道，你要预备着承受真实之伤。张爱玲自始至终跟人打交道都很有距离感，很紧张，她爱过的男人，胡兰成和赖雅，在很多方面都可以做对方的反义词，却有一个共同点，就是能让张爱玲放松。不得不说，张爱玲这一感情取向，某种程度上是拜张茂渊所赐。但张茂渊温度虽然不高，却没有华丽的外包装，显得货真价实，而且能探到底，不像面对那些巧言令色之徒，你不知道能在哪里着陆。

作为一个作家，张爱玲从她那里得到了更多。如果说，她读香港大学时，官样文字被历史教授佛朗士先生要着花腔一读，就露出了滑稽的底色，那么张茂渊的冷淡和真实，只言片语里的那种穿透力，则如一张网眼细密的筛子，筛去尘世间的拿腔作势，安然地放置自己的内心。

榜样的力量是无穷的，张爱玲能板着脸对迟到者说“张爱玲小姐不在”，能飘飘欲仙地穿着稀奇古怪的衣服，还自以为在保存劫后的艺术品，未必与这位姑姑无关。她教会了张爱玲按照内心的指示行动——“别的就管他娘”（张爱玲晚年有这样“粗嘎”的声音）。

甚至，我猜想，这么一个举重若轻的姑姑的存在，还有助于张爱玲打破内心的束缚，极尽真实地表达自我。常人都有窥破真相的能力，却为惯性及心理情感公式所阻，不敢朝前迈那么一小步，张爱玲却像拨开泉眼上的杂草那样拨开预设的遮蔽，掬起真相之水，她笔下的人物，人人眼中所见，人人笔下皆无。

张茂渊还点出了乱世情怀，点出了茫茫人世间枯荣自守的残酷与美丽，张爱玲笔下亦常有这样一种气氛，不可谓没有受她影响。虽然我不喜欢胡兰成文字中的气味，但他写张爱玲的那篇《民国女子》可谓解人，张爱玲在致友人的信里说：“不知从哪里来的quote（引用）我姑姑的话，幸而她看不到，不然要气死了。后来来过许多信，我要是回信势必‘出恶声’。”胡兰成的“quote”并没有注明，不知道哪些话是张茂渊说的，但漂亮句子多多，张茂渊的机智风雅也就此可见一斑。

1938年张爱玲从父亲那里逃出来，1952年离开上海去了香港，这期间都是和姑姑生活在一起。离开上海的时候，她们就约定，为了避免不必要的麻烦，从此不通音信。

二十多年后，她们才开始恢复联系。1985年，张爱玲屡屡搬家，和姑姑再次失去联系，1987年1月，张茂渊从柯灵那里得到宋淇的地址，给他写了一封信。里面有这样的字句：可否请先生把爱玲最近的通信址见示？并转告她急速来函，以慰老怀，我已经85岁，张姓方面的亲人唯爱玲一人而已。

看到过这封手书的信，正如张爱玲所言，是淑女化的字体，却不再是那种平淡的语气，“无聊的情趣，总像是春夏的晴天”。也许，衰老会让人变得柔软一点儿，透过这封信看到的张茂渊，终于让我们熟悉一点儿了。

张茂渊的一生，有如一杯清咖啡，黑得纯粹，苦得彻底，永远永远，不在里面勾兑进去哪怕一丁点儿庸俗妥协的牛奶和糖。虽然许多人标榜自己偏爱这独特的口味——就像朋友是用来出卖的一样，口味是用来标榜的——但我无法不怀疑这写进字里行间的爱好，不过是模仿来的一种范儿。而且喝一次清咖啡不难，难的是喝一辈子清咖啡，喝一辈子清咖啡也不难，难的是将清咖人生进行到底。

张茂渊是做到了，她的亲情可能不那么温暖，她的爱情可能不那么浪漫，但我是如此喜欢她的俯首扬眉之间的那种彪悍，“爱怎么着就怎么着”，这句经常被人挂在嘴上的口头禅，并不是那么容易做到的。放在米兰·昆德拉的辞典里，她的这种风范叫作“不媚俗”，萨宾娜对托马斯说：“我很喜欢你，因为你是媚俗的对立面。在媚俗之王国，你会是个恶魔。”张茂渊和这两位同调，但是她未尝刻意，她随心所欲，自管前行，总结的事，交给后人。

吊诡的是，偏偏是这样不俗的人生，可以做最为通俗的解释。假如张茂渊九泉有知，她竟被人用那样一种哼哼唧唧的语言，刻画成了一个死去活来的琼瑶女主角，不知道是何感觉，真得借用张爱玲那句话：幸而她看不到，不然要气死了。

NO 12

# 张爱玲的弟弟：他只是想有人注意他

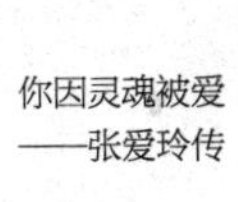

张爱玲对于弟弟，是有感情的，黄素琼对这个儿子，也不能说没有爱，这些都不是问题，问题在于，爱又如何？她们把自身的清洁，看得比感情更重，因为感情里会有他人的气味，有一点点的污秽感，当她们发现那黏叽叽湿乎乎的“雾数”可能打这里上身，马上就换上凛然的表情，步步为营地，避开了。

那次我去香港，见到宋以朗先生，去之前我有一百个问题想问他，因为他是张爱玲文学遗产继承人，没有人比他掌握有更多的关于张爱玲的资料。然而他是一个很典型的理科生，不喜欢演绎发挥，每当我问他“为什么会是这样……您怎么看呢……”时，他总是温和地微微一笑，做个很西化的耸肩摊手的动作。

有点儿失望，却也觉得这于“张学”亦是幸事，若宋以朗先生是个爱说话的文科生，又掌握那么多独家资料，别人还有什么置喙的余地？

唯有问到张爱玲的弟弟时，他很罕见地表了一下态，觉得张爱玲对弟弟很凉薄。他举例说，有一次，张爱玲带着弟弟的信出门，准备等公交车时看，公交车来了，她还没看，而那封信被遗忘在等车时坐过的椅子上了，张爱玲片刻不安后，想，也好，这样就省得看了。

她并不想看那封信，只是不能完全决绝，现在老天帮她把那封信推开了，更好。她并不愿意让弟弟的只言片语进入自己的生活里来，这个弟弟在她的生活中存在感如此之弱——倒也是历来如此。

张爱玲小时候，家里使的女仆，有很多是安徽人，唤作“张干”“何干”等，《合肥四姐妹》里关于女仆也是这样称呼，看来是俺们家乡当时对于女仆人的流行叫法。

带张爱玲弟弟张子静的，叫作张干，是一个刻薄厉害人，觉得自己带的是个男孩，处处要抓尖占巧，带张爱玲的何干亦因自己带的是女孩而心虚，总是让着她。张爱玲受不了张干重男轻女的论调，与她争执起来，张干便说，你这个脾气只好住在独家村，希望你将来嫁得远远的——弟弟也不要你回来！

“独”这个词，也是俺们家乡方言，小时候家里常有亲戚走动，有的还要小住几日，挤到我的小床上来，我辄有烦言，老妈就骂我“独”。我的理解，“独”的意思就是孤僻、个性强，对自我与他人的领地界限分明。

所谓三岁看到老，张干的眼光也算毒辣了，不过她那句“弟弟也不要你回来”，俨然将弟弟当成未来的户主，她作为资深保姆也能当得了半个家，张爱玲则不过是嫁出去的女儿泼出去的水。户主尚未得道，鸡犬已经升天，这是张干强悍的基础。

但是，具体到张爱玲家中，张干还是看错了风向，这个家庭许多方面延续旧有的风气，但在男女问题上，并不像她想象的那样。

张爱玲的母亲黄素琼，因嫡母重男轻女，受了不少委屈，等到她成为一个家庭的女主人，下定决心要改变这一状况。她坚持把张爱玲送进学校，张志沂不同意，她就像拐卖人口一样，推推拉拉地愣是把张爱玲送去了。对于张子静，她想着反正有他父亲管他，一个独子，总不会不让他受教育，不承想，张志沂非但没有她以为的重男轻女之思想，他连起码的为儿女前途着想的心都没有，嫌学校里"苛捐杂税"太多，"买手工纸都那么贵"，只在家中延师教子。

母亲不管父亲不问，张子静是夹缝中漏下的孩子。虽然他生得秀美可爱，有着女性化的大眼睛、长睫毛和小嘴，但是，一来他自小身体不好，二来他自幼无人问津，所以形成窝囊憋屈的性格，远不像他姐姐健康充沛，在父母亲戚的心中有分量。

"他妒忌我画的图，趁没人的时候拿来撕了或是涂上两道黑杠子。我能够想象他心理上感受的压迫。我比他大一岁，比他会说话，比他身体好，我能吃的他不能吃，我能做的他不能做。"林徽因的父亲曾感慨做才女的父亲不容易，从张子静的经验看，做才女的弟弟也难，在姐姐的强势存在面前，他唯有做一点儿带有破坏性的事情来表达自我。

尽管如此，他们还是经常在一起高高兴兴做游戏，扮演《金家庄》上能征善战的两员骁将，一个叫月红，一个叫杏红，张爱玲使一把宝剑，张子静使两只铜锤，开幕的时候永远是黄昏，他们趁着月色翻过山头去攻打蛮人……每次看到这段描写我都能听到那亢奋的稚嫩的呐喊，橙色的夕阳在身后落下，背上有涔涔的汗，这会儿早该凉了吧？那是太久远的童年。

那时，张爱玲是喜欢这个弟弟的，会在他腮上亲一口，把他当成一个小玩意儿。

后来张爱玲的父母离婚，张爱玲上了寄宿中学，放假回来就听众人讲述弟弟的种种劣迹：逃学、忤逆、没志气，而眼前这个弟弟确实看上去很不成材，穿一件不甚干净的蓝布罩衫，租许多不入流的连环画来看，人倒是变得高而瘦，可是因为前面的种种，这"高而瘦"非但不是优点，反而使他更不可原谅了。

张爱玲比谁都气愤，激烈地诋毁他，家里的那些人，又都倒过来劝她了。也许，他们原本不觉得他有多恶劣，他确实不够好，但他们所以要说他，不过是没话找话。张干的错觉早就被打破，张子静在家中的地位江河日下。多少年前，母亲出国留学，姨太太扭扭搭搭地进了门，她看张子静不顺眼，一力抬举张爱玲，固然是因为将张子静视作潜在的竞争对手——她一定认为自己将来也会生出儿子来吧——但如果父亲对张子静的态度足够好，这善于看人下菜碟的堂子里出来的女人，起码在一开始，是会假以辞色的。

现在，继母孙用蕃也看出来这一点：张志沂看重张爱玲，张爱玲也像贾探春一般自重，招惹她很可能把自己弄得下不了台，还是施以怀柔之道加以笼络比较好。对于张子静，就不用那么客气了。

张爱玲说孙用蕃折磨他，具体情形不得而知，她说了一个事例：在饭桌上，张志沂为了一点儿小事，打了张子静一个嘴巴，张爱玲大震，眼泪落下，孙用蕃笑了起来，说，咦，你哭什么，又不是说你，你瞧，他没哭，你倒哭了！

张爱玲丢下碗冲到浴室里，对着镜子，看自己的眼泪滔滔地流下来，咬着牙说："我要报仇。有一天我要报仇。"她自己都觉得像电影里的特写，而我更觉得，这夸张的表情，有一半是因为她还没有跳出那个爱好罗曼蒂克的时期。就在这个时候，一只皮球从窗外蹦进来，弹到玻璃镜子上，原来是弟弟在阳台上踢球，他早就忘了，这一类的事，他是惯了的，张爱玲没有再哭，只感到一阵寒冷的悲哀。

张爱玲到她母亲那里去——黄素琼刚从国外回来，张爱玲发愿，要“拯救”这个弟弟，哭着说要送他去学骑马，也许觉得这样能让弟弟培养一点儿男子气概。她母亲都笑了，但也没有更好的办法。因为缺乏营养，张子静的牙齿尖而泛绿，黄素琼担心儿子肺部有问题，叫他去医院照X光，他也逃掉。张爱玲和她母亲不是从一开始就打算放弃他的，但是她们的计划太高远，他纵然想追，也力不从心。

他只能是讲点儿家族故事给张爱玲听，一惊一乍地，因为姐姐在学校没有听闻，他便有了独家发布的优越感。他装作老辣或者恬淡来塑造形象，羡慕那些升官发财的人，在作废的支票上练习签名。他的内心并不像他外表那样平静，他希望能有一种方式，让人注意到自己。

不久张爱玲和父亲、继母彻底闹翻，起因是她在母亲那里住了一晚而没有告诉继母，继母发飙，父亲将她囚禁于两间相通的空房里。有一天张爱玲到其中一间她不常去的房间里，看见桌上有笔墨纸砚，还有一个纸团，打开来是她弟弟的笔迹，写着：“二哥如晤：日前走访不遇，怅怅。家姊事想有所闻。家门之玷，殊觉痛心。”

张爱玲暗暗吃惊：这是什么话？家门之玷，指的是张爱玲那一夜未归，她继母是以这个名义发作，但也只是恨张爱玲对自己不敬，经她弟弟这么一说，仿佛她做了见不得人的事。张爱玲气愤到麻木，只能在心里找了别的名目来怪他："念到《书经》了，念通了没有，措辞这样不知轻重。"她自己也知道这种责怪也是官腔。

张子静难道真的以为她做了什么？怕不见得，他父亲和继母都没有这样想，他一个小孩子家，怎么可能更高瞻远瞩，看透他姐姐的"不轨"？他只是故意要骇人听闻，因为他的存在感太微弱，要是能有点儿惊天动地的事讲给人听，也许人家就能高看他一眼。

张爱玲讲述这段生活的散文《私语》里没提到这个细节，到底是有点儿不忍吧，知道她弟弟看得到。许多年后，她写进了《小团圆》里，不再给自己，以及她的被写体们留余地。

还回到那时节，张爱玲最终找了个空隙逃出来，搬到母亲那里。夏天里张子静也来了，带着一只报纸包的篮球鞋，说他也不回去了，一双大眼睛"吧达吧达"地望着母亲，潮湿地沉重地眨动着，是这样的无助。但他的母亲是一个理性的人，不可能像无数有热情而没有头脑的母亲那样，把儿子搂在怀中——死也死在一起，这是一句多么愚蠢的话。

黄素琼很有耐心地解释给他听，说自己的经济能力只能负担一个人的教育费用，这个名额已经被他姐姐占据。张子静哭了，张爱玲也哭了，但我还是怀疑母亲给张爱玲活生生地上了一课，让她学会在严酷的现实面前保持理性而不是动用激情。

张子静回到了父亲的家，有很多年他一直在父亲家中，张爱玲在小说《茉莉香片》里虚拟过他的生活状态，把他描写成一个阴郁懦弱到有点变态的人，精神上的残废。张子静晚年时将张爱玲小说中人与现实人物一一对号入座，唯独对这篇小说不置一语，他大概不愿意接受这样一种描述。

而我感觉张子静没有这么惨，也没有这么狼狈，“阴郁”“变态”还是一种挣扎，徒劳无益，只会伤到自己。这些年来，张子静早就找到保护自己的办法，就是装作对自己的处境全不知情。这种“糊涂”是他的一件雨衣，替他挡过父亲、继母的伤害，他还经常穿着它来到姑姑家，像一只小狗，凑近不属于它的壁炉，为了那一点温暖，不在乎头上的唾沫和白眼。

姑姑不喜欢张子静，尽管她曾经衣不解带照顾生病的他，尽管他那“吧达吧达”的眼神给她留下深刻的印象，但那点感情早已在岁月中消磨掉，现在的她是一个一丝不苟的完美主义者，她不肯对自己装善良。张子静深知这一点：“她认为我一直在父亲和后母的照管下生活，受他们影响较深……因此对我保持着一定的警惕和距离。”

有次张子静去看张爱玲，聊得长了点，不觉已到晚饭时间，姑姑对他说：“你如果要在这里吃饭，一定要和我们先讲好，吃多少米的饭，吃哪些菜，我们才能准备好。像现在这样没有准备就不能留你吃饭。”张子静慌忙告辞，姑姑虽然在英国留学，但这做派，倒是一种德国式的刻板。

张爱玲对张子静的态度有点特别，她有时对他也不耐烦，经常“排揎”他。张子静跟一帮朋友办了份杂志跟她约稿，这位姐姐居然老实不客气地说，我不能给你们这种不出名的杂志写稿，坏我自己的名声。但是，另一方面，她也不是不愿意跟他聊天的，电影、文学、写作技巧……她说积攒生动语言的最佳方法，就是随时随地留心人们的谈话，并把它记到本子上，而想要提高中英文写作能力，可以把自己的一篇习作由中文翻译成英文，再由英文翻译成中文，如是几遍，必然大有裨益。

张子静似乎从没有从事写作的抱负，张爱玲跟他说这些，与其说是指导弟弟，不如说是她需要有个听众，毕竟，写作之外还有生活，而她的生活太寂寞了。投奔母亲之后，她发现了她和母亲在感情上是有距离的；姑姑则既不喜欢文人，也不喜欢谈论文学；炎樱颇有灵性，但中文程度太浅。唯有这个弟弟，虽然有点颓废，有点不思进取，但是他听得懂她的话，有耐心听她说话，她在他面前是放松的。所以，在她成名之前，她经常这样带着一点点居高临下的口气，和他谈天说地。

有时，张子静也和她说点儿父亲和继母之间的事，她只是安静地听，从不说什么，但这静听的姿态也可以理解为一种怂恿，她对那边的事，不是不感兴趣。

张子静跟张爱玲说起父亲的窘境，让张爱玲震动，张子静说，父亲把房子抵押出去，抵押到期也不去赎，收到通知信就往抽屉里一搁。“娘告诉我的。娘都气死了。”

这个“娘”指的是继母孙用蕃。言下之意，孙氏更会理家。

张爱玲提出质疑：“娘也许是气他不把东西落在她手里。”

她弟弟急了。“不是，你不知道，娘好！是二叔，（张爱玲算是被过继给伯父的，喊她父亲二叔，张子静也跟着喊），自己又不管，全都是这样糟掉了。倒是娘明白。”

张爱玲觉得，张子静爱这个曾经虐待过他的继母。

是斯德哥尔摩综合征吗？爱上虐待自己的人。好吧，就算她曾经虐待，也是对自己的一种重视，比起漠视远离自己的骨肉血亲，也许倒是她，待他像个至亲。而且，随着他长大成人，她对他也该有所改变，毕竟她自己没有生育。再者，在大家族里长大的她，既有敷衍的能力，也有敷衍的需求，在夫妻俩互相敷衍之余，她但凡稍有余力，敷衍张子静一下，于他，就是难得的温暖。

张爱玲成名之后，张子静再去看张爱玲，十次有九次是见不到她的，张爱玲骤然忙了很多，后来又有了更好的听众胡兰成。出于过往亲情，见面时，张爱玲还是会很放松地跟他聊天，比如说起有人追求自己，以及自己不会跳舞等，但只要话题停止，他们又重归于淡漠。

这里面，有前面说过的，她弟弟的那封近乎“落井下石”的信的影响。另一方面，也是张爱玲从父亲家出走之后，更看清了这世间的人情冷暖。

张爱玲的表妹曾说张爱玲又热情又孤独，热情来自天性，孤独源于多思。从父亲那儿逃出来，她孤注一掷地跟了母亲，许多年来，母亲在她心中都是个富有感情的形象，她以一种罗曼蒂克的爱来爱着她，有这个印象在前，她不免按照这个印象行事，结果却令她错愕。

比如说，一开始，她跟母亲要零花钱，自以为是一件亲切有味的事情，母亲这方面的感觉却与她大相径庭。前面说了，母亲对她的投奔，并不是欣然接受，黄素琼就那几箱子古董，她所干的营生不赚钱，跟坐吃山空也差不多。她是一个敏感的情绪化的女人，原本就是咬着牙为张爱玲做牺牲，看这个女儿笨笨地毫无长进不说，还三天两头带着愚蠢的自说自话的孜孜然的表情来找她要零花钱，不由得烦躁起来。“（我）为她的脾气磨难着，为自己的忘恩负义磨难着，那些琐屑的难堪，一点点的毁了我的爱。”

同时毁掉的，还有少女张爱玲对于这绝对光明的世界的毫无保留的信任，这使她从此充满了警惕。所以她在和弟弟打交道时，会有意无意地保持距离，不刻意扮演自己力不能及的形象。既然这世上，没有哪一种爱不是百孔千疮的，何必离得太近，让彼此都穷形尽相。

母亲给她带来的是幻灭，姑姑对她的影响是真实，姑姑说话做事，永远忠实于自己的内心，不会表演和蔼，也不假装亲切，你可以说她不矫情，但不矫情，有时也会显得没弹性，少了几分人情味。

虽然父亲反对张子静到学校里，后来还是送他上了大学——上海的圣约翰大学，张爱玲也在这学校上过一阵子，对于教学水准评价不高，不像香港大学那样保护学生的创造性思维，尊重学生的个性，但不是每个学生都介意这些的，比如张子静。

1946年，张子静随着表姐和表姐夫进入了中央银行扬州分行，待遇还不错，足够自食其力还有节余，但张子静染上了赌博恶习，不但搭进了钞票，还搭进了身体。

看起来张子静和他父亲很相似，但我还是觉得他比他父亲更值得原谅和同情，他自小姥姥不疼舅舅不爱，自然不知道理想为何物，一个没有理想的人，势必随波逐流——我凭什么、为什么克制自己的欲望？何况张子静一直在怯怯地想要凑到别人的世界里，现在有人愿意带他玩，他当然不会拒绝，从张子静后来很容易就戒了赌可以看出，他对这一“业余爱好”的忠实度也很低。

新中国成立前，张子静回到上海，黄素琼也再度从国外归来，先是住在国际饭店，后面搬到张爱玲姑姑家，她叫张子静过几天去家里吃饭，还问张子静要吃多少饭，喜欢吃些什么菜。张子静去的那天，姑姑上班去了，张爱玲也不在家，家中只有母子二人，想来总有一个安静又有柔情涌动的气场。但是黄素琼再一次向我们展示了一个理性者的刻板，她注意的有两点，一是张子静的饭量和爱吃的菜是否符合他以前所言，二是问张子静工作情况，教导他应该怎样对待上司和同事。

张子静说，这顿饭无疑是上了一堂教育课。几天后，因为张子静在舅舅的生日上没有行跪拜之礼，又被母亲教育了一通。

数年不见，面对这个长大的儿子，黄素琼就没想过问问他在想什么，打算过怎样的生活，目前的困惑是什么。若是不能如此高蹈，是不是可以问问他有没有喜欢的女生，打算啥时候结婚生孩子，就像一个最絮叨的老妈那样？也许他当时会有些烦，但在以后漫长而孤独的岁月里，他但凡想起，必觉得温暖。

可惜黄素琼不习惯这种家常的表达，就像张子静小时候，母亲逼着他和姐姐吃牛油拌土豆一样，她很科学地只注重营养，味道如何，则不在她的关注范围内，难道，她所向往的西方人都是这样一板一眼地生活的吗？

张子静也曾请求母亲留下来，找一个房子，跟姐姐和他共同生活，黄素琼淡漠地说："上海的环境太脏，我住不惯，还是国外的环境比较干净，不打算回来定居了。"

上海的"滚滚红尘"隔开了母子亲情，1948年，黄素琼再次离开上海，1957年，病逝在英国。

她的这份洁癖，遗传给了张爱玲。1952年，张爱玲离开上海来到香港，打算从这里去美国，行前，不知道是不凑巧还是基于安全考虑，张爱玲没有告诉弟弟。某日张子静一如往常地来看望姐姐，姑姑拉开门，对他说，你姐姐已经走了，然后就把门关上了。

张子静走下楼，忍不住哭了起来。街上来来往往的人，都穿着新时代的人民装，他被不愿意穿人民装的姐姐抛弃了，他的悲痛是多么空洞。在热闹的人流中，在长大成人之后，他猝不及防地，又做了一次弃儿。

张爱玲对于弟弟，是有感情的，黄素琼对这个儿子，也不能说没有爱，这些都不是问题，问题在于，爱又如何？她们把自身的清洁，看得比感情更重，因为感情里会有他人的气味，有一点点的污秽感，当她们发现那黏叽叽湿乎乎的"雾数"可能打这里上身，马上就换上凛然的表情，步步为营地，避开了。

张子静贴不上她们，只好转过头，还去找父亲和继母，孙用蕃是比黄素琼、张爱玲她们庸俗，但庸俗的人，对距离不敏感。

张子静跟着父亲和继母过了很多年，中间亦问题多多，比如说张志沂对自己慷慨，对儿子却吝啬至极，加上经济状况江河日下，他为了省钱，干脆不提为儿子娶亲之事。非但如此，有次张子静从扬州回上海出差，张志沂看他带了许多出差经费，就以保管为名要了过来，过了一些日子，张子静找他要，他竟然若无其事地说，已经花掉了呀！

相形之下，孙用蕃更有人情味一点儿。张志沂去世后分遗产，孙用蕃将青岛房租的十分之三分给张子静，怕他不同意，特地问他有没有意见。张子静说没有，他有工资，虽然微薄，不能奉养她，但至少不想动父亲留给她的钱。孙用蕃听后很是欣慰，说这些钱存在我这里，以后我走了还是会留给你的。

这话像是面子上的话，但她拿张子静当继承人是真心的，即便是那样一份微薄的遗产。

新中国成立后，张子静在上海人民银行干过一阵子，后来改行做中学教师，教语文和英语，常年在郊区学校生活，不过，孙用蕃这里，仍然被他视为落叶归根之所。孙用蕃一度想与她弟弟同住，将十四平方米的小屋换成大一点的房子，让她弟弟做户主，遭到张子静的激烈反对，因为这么一来，他退休就没法儿回到上海市区了。孙用蕃的弟弟很不悦，指责张子静不孝，但也知道他说的是实情，就此罢休，不久张子静的户口迁回市区，落在了孙用蕃的户口簿上。

经历了那么多人世风雨之后，孙用蕃和张子静这两人在某种意义上，算是相依为命，他们一直离得太近，难免会相互扎伤，可是疼痛也能证明自己不是孤单单地存活在世间。是要这不洁的带着气味皮屑的细琐烦恼，还是那赤条条来去无牵挂的空旷与清洁？如果只能两选一，我会选前者，平心静气地想想自己与父母手足，亦有这样那样的龃龉，有多少爱，不是恩怨交加？真的爱，就对“雾数”没那么害怕。

1986年，孙用蕃也去世了，寂寞中的张子静，唯有从报纸上追寻姐姐的一点儿音讯。1988年，有消息误传张爱玲也已去世，张子静忙去侨办打听，终于辗转和张爱玲联系上了。张子静给姐姐写了一封信，恢复了与张爱玲的通信往来。

在他口述的那本书里，有张爱玲的一封回信，其中有这样的句子，“没有能力帮你的忙，是真觉得惭愧”，又说到“其实我也勉强够过”，我怀疑张子静的信里，也有向张爱玲求助之语。在香港，我跟宋以朗先生提起这封信，他依旧微笑着翻出一封信，正是张子静写给姐姐那封，信里说，他找了一个对象，想要结婚。但他没有房子，虽然对方并不介意这点，可他总觉得不太好，希望能得到姐姐的帮助。

这，应该就是张爱玲写那些回复的原因。那么，张爱玲的经济状况像她描述的那样吗？坊间传闻张爱玲晚年贫困潦倒，但事实上，我曾看过宋以朗先生提供的一份清单，在她去世的前一年，她的存款与投资加在一起有三十多万美元，这笔钱当时可以在上海中心地段买十几套两居室。张子静给她写信就在之前的两三年，张爱玲是有能力帮他的，但是她拒绝了。

我问宋以朗，这是为什么呢？张爱玲本人开销很少，也不买车买房，为什么，她不愿意帮弟弟一下呢？

宋先生耸肩，摊手，微笑，说，我不知道。又说，我知道她曾考虑过给姑姑一些钱，还曾和我父亲商议给多少比较合适。给多了，怕政府清算，给少了，又觉得没意义，后来作罢。我不知道她为什么没有考虑过帮助弟弟一下。

虽然张子静说，女方不在意他的财产，但最后这个婚也没结成。张子静的晚年，是在孙用蕃留给他的那间十四平方米的小屋里度过的，从继母手中接过来的这份“遗产”，让他最终有了个栖身之所。将这事实本身与张爱玲的冷淡对照，再想当年张爱玲为弟弟不平的那些文字，怎不让人感慨系之。

因为受到误传的姐姐去世的消息的触动，张子静想到，姐姐长期幽居，万一她身患急病需要救治，谁能适时伸出援手？而自己一人独居，情况不也相近？从那之后，他白天都把小屋的门开着，邻居进进出出，路过都会探一下头。

不知道张爱玲有没有这种恐惧？就算有，她也不会把门打开，到了她的晚年，精神洁癖愈加严重，相对于清洁宁静，生死都是小事了。1995年9月，张爱玲意识到自己的生命将要走到尽头，她没有和任何人联系，把重要的文件都装进手提包，放到门边容易被发现的地方，安然等待死亡的到来，几天后，她在睡梦中去世。

张子静在大洋这边得到消息，大脑一片空白，他找出姐姐的书，一翻就是那篇《弟弟》，重温那些熟悉的文字，他的眼泪终于落了下来。“‘很美’的我，已经年老；‘没志气’的我，庸碌大半生，仍是一个凡夫。父母生我们姐弟二人，如今只余我残存人世了。”

他口述了关于张爱玲的一些往事，言语间不提自己曾受到的伤害，虽然姐姐同他这个弟弟疏于音问，张子静亦理解地说，我了解她的个性和晚年生活的难处，对她只有想念，没有抱怨。不管世事如何幻变，我和她总是同血缘、亲手足，这种根底是永世不能改变的。

我敲下这些引用的话，一字一句都觉得震撼，我知道他说姐姐那些事，和当年对姐姐说家族事，以及对堂哥说“家门之玷”有异曲同工之处，知道他在意这个终于可以跟人说点儿什么的机会。但他的天性依旧是温厚的。他这一生都温厚而平庸，作为一个配角穿梭在亲人的生命之中，虽然他不是作家，却提供了“这一个”弟弟形象，牵动着多年之后，我这样一个同样是“姊姊”的读者的感情。

就在张爱玲去世的第二年，张子静去世，没有文字描述他去世时的情形，希望不会像他姐姐那么冷清，因为，他是一个有点儿怕冷的人，他一直在朝温暖凑近。

NO 13

# 张佩纶往事

不是所有人，经过命运的淬火，都能练成金刚不坏之躯，有的是焚毁，有的是夹生，张佩纶属于哪一种？和张之洞谈话时，张佩纶流露出了生不如死之叹，看来，烟柳繁华温柔富贵皆不能安慰一个负荷太重的灵魂，他在黑暗中的挣扎，越发使自己伤痕累累。

张爱玲的家人，一说起爷爷，态度就会变得暧昧。

父亲和客人们高谈阔论时，偶尔会提起“我家老太爷”，但是当少年张爱玲站在他跟前，细细打听，他没来由地就有了几分悻悻然：爷爷有全集在这里，自己去看好了。

张爱玲于是去翻她父亲新近出钱翻印的一套册子，小书页，暗蓝布套，薄薄的一本本诗文信札奏折，“充满了我不知道的典故，看了半天看得头昏脑胀，也看不出所以然来。”当然没那么容易看懂，一个文官曲折的一生。

姑姑也不愿意讲，她不喜欢爷爷，她两岁那年爷爷去世，她跟他不熟，但她嫌他老，嫌他不漂亮，嫌他配不上年轻美丽的奶奶。很煞风景地对张爱玲说：我想奶奶是不愿意的。

再朝深里问，姑姑又不愿意说了，理由是跟小孩子说这个，不民主。“问这些干什么？”姑姑说，“现在不兴这些了，我们是叫没办法，都受够了，”她声音一低，“到了你们这一代，该往前看了。”

张爱玲因此对爷爷奶奶那些事一团糨糊，难免数典忘祖，比如她说她爷爷出身于只比三家村多四家的七家坨——实际上是河北丰润“齐家坨”，又说李鸿章也被他弹劾过，致使“褫去黄马褂，拔去三眼花翎”——事实是，张佩纶搏击满朝，唯独不参李鸿章。张爱玲固然全说错，但是她说起家事时，一改惯常的冷峻犀利，倒如孩童饶舌，煞是可爱。

追究自己的家事，是否会使一个人变小变得童稚？仿佛躺在层层叠叠的记忆里，看祖辈们的身影依次飘过，貌似无关，却血肉相连，他们的基因种在自己的性情中，今生，便自有来历。晚年的张爱玲，在美国，深居简出，不履尘世，有了更多的时间与空间回望她的亲人们，关于她那传奇的祖父母，她如是说：我没赶上看见他们，所以跟他们的关系仅只是属于彼此，一种沉默的无条件的支持，看似无用，无效，却是我最需要的。他们只静静地躺在我的血液里，等我死的时候再死一次。

## 1. 光辉岁月

1943年，二十二岁的张爱玲发表了包括《倾城之恋》《金锁记》在内的一系列力作，瞬时红遍了上海滩。1871年，她的祖父张佩纶是二十三岁，考中辛未科二甲进士，进入“国家高级公务员”行列，看起来不如张爱玲华丽喧嚣，但对于当时的读书人，这是一切成为可能的前提。就说张佩纶的老丈人，位极人臣的李鸿章，晚年说起自己二十四岁就中了进士，仍然觉得是个光荣的起点。

“出名要趁早”，这是张爱玲的名言。早早成名，确实能够事半功倍，谁不愿意看到传奇呢？即使怀着一点儿忌妒也好，还是会有意无意地推波助澜。当二十三岁的年轻进士张佩纶，朝着朝堂丹墀缓缓走去，属于他的日子，就这样开始了。

第二年，张佩纶进入翰林院，四年后，因表现出色，被擢为侍讲学士，可以单独上书，他把这份话语权用得很足，九年言官生涯共上书127件，其中三分之一说的都是得罪人的话。

很多年之后，人家跟张爱玲说，张佩纶诗文都好，八股也好，怕她不信，又补了一句：八股也有好的。张爱玲说，这些我都信。口气里很有些敷衍的意思，再好的八股，跟她都是两套话语，她对此的兴趣，可能还赶不上对麻油店门口贴的宣传告示的兴趣。

但是，对官场中人来说，那套话语并不是那么呆板，真正的高手，能在螺蛳壳里做道场，玩出精彩的花样。张佩纶显然是这样一个高手，语言在他笔下，可以放大为千军万马，横扫天下，又可以缩小为一把精致的小李飞刀，很优美地，直抵要害。这样形容，好像有点装那啥之嫌，让我转化成大白话吧，那就是：张佩纶，他是一个很会骂人的人。

做言官的那几年，真是张佩纶的光辉岁月，他年纪轻轻，声名鹊起，清流领袖李鸿藻，“浊流”大佬李鸿章，均对他青眼有加，他在民间，亦有很好的市场，试举一个小细节，他爱穿的竹布长衫，都成了时人的流行装扮，整个一闪闪发光的优质偶像。

多少年后，傅雷在评论张爱玲的文章里，冷峻得不近情理地说道：中国从来不缺少奇迹，只是大多没有好下场。张爱玲是否被他说中很难说，但张佩纶，似乎正中这个咒语。

就在他形势一片大好之际，若我们肯很负责地替他看一下牌，就会发现他看似稳健的晋升路线，其实有着天大的漏洞。

针砭时弊，或者抨击同僚，言他人所未言，一旦对上上面的心思，常常是一条晋升的终南捷径，在明清两代有许多人是这么上来的。但是，走这条路的，大多都是白手起家的新人，真正成熟的官员，都会慎用这一招，原因很简单，这是一条孤注一掷铤而走险的路线，一时得意之后，留下风险多多。

官场上枝蔓纵横，牵一发而动全身，天知道那些倒霉蛋身后都有哪些大佬，而且，死灰真的就不会复燃吗？即使那些与张佩纶没有瓜葛的人，纯粹的旁观者，对于他的凛利，也未必就有好感。

官场规则，倾轧皆在暗处，即使迫不得已，杀人见了血，也都是经过精确计算，确定所得大于付出的。谁会像张佩纶这样，抡着把大刀就上了场，一路砍瓜切菜似的杀将过来？纵然挣下些身家，也像透支来的。

张佩纶的所得无非是两项，一是升官，二是扬名，第一项并不可观，第二项说起来就比较复杂，他的好身手，确实赢得一片喝彩，但是从他日后倒霉时的孤立无援看，这些喝彩值不了几个钱，其中有些喝彩，甚至有别有用心之嫌。

比如他说翁同龢的侄子评上先进，容易给别人以口实，翁同龢不怒反赞，在日记里写道："张侍讲原折甚切实，真讲官也。"根据我对翁同龢有限的了解，实在难以相信他有这番心胸，只有冒着小人之心的风险猜测，一定是那折子写得他驳无可驳，强词夺理于事无补，不如干脆做大度状，把损失降低到最小。这是一个目的主义者的选择。

这世上有两种人，一种是过程主义者，一种是目的主义者。项羽是过程主义者，最后的关头，大势已去，他反要打足精神秀一下身手，对于观众，是炫技，对于自己，是过瘾，至于这场拼杀能不能改变结局，则不在他的考虑之内，他是一个活在当下的人。刘邦则是一个目的主义者，可以把孩子推下车，任老爸落在敌人手里，骂他流氓，他笑嘻嘻地浑不在意，只要结果是正数，他可以杀掉自己欣赏的人，却赏给讨厌的人（比如雍齿）一顶大大的乌纱帽。

对于目的主义者来说，过程中的不爽、不适、不舒服，在它发生的那一刻，就要当成过去式，"忍他、让他、由他、避他、耐他、敬他，不要理他。再待几年，你且看他"。所谓宰相肚里能撑船，并不是宰相喜欢在肚子里撑条船，而是，不掌握这项高难度技术，怎么可能做到宰相？尽管过程主义者做人的身段更好看，但成功，却总是朝着目的主义者走去。

那么，张佩纶是一个过程主义者吗？有人不这么认为，清代官场小说《孽海花》里，这样描述以张佩纶为原型的庄仑樵：他寒窗苦读，一路披荆斩棘，终于被授了翰林侍讲学士。然而清代的京官，薪水不高，若非身居要津，却也寒酸可怜，这位庄翰林就穷得连饭都要吃不上了。他心中郁闷，心想“那些京里的尚侍、外省的督抚，有多大能耐呢？不过头儿尖些、手儿长些、心儿黑些，便一个个高车大马，鼎烹肉食起来！我那（哪）一点儿不如人？就穷到如此！”又听说“浙、闽总督纳贿卖缺”“贵州巡抚侵占饷项”“还有最赫赫有名的直隶总督李公许多骄奢罔上的款项”，便夹着一股愤气，写了奏折。次日消息见报，轰动满京城。

“谁知仑樵自那日上折得了个采，自然愈加高兴。横竖没事，今日参督抚，明日参藩臬，这回劾六部，那回劾九卿，笔下又来得，说的话锋利无比，动人听闻。……上头竟说一句听一句起来，半年间那一个笔头上，不知被他拔掉了多少红顶儿。满朝人人侧目，个个惊心，他到处屁也不敢放一个。……人家愈怕，仑樵却愈得意，米也不愁没了，钱也不愁少了，车马衣服也华丽了，房屋也换了高大的了，正是堂上一呼，堂下百诺……”

照这说法，张佩纶的激烈、锋利，不怕把天下人全得罪光的那股狠劲，不过是为了脱贫致富奔小康，不但有目的，这目的还不怎么上得了台面。能把宏大光明的表象捅一个窟窿，窥见里面那点子见不得光的东西，向来是我爱干的事，但是，我看了又看，还是不能说服自己毫无负担地幸灾乐祸，因为，我不能相信，张佩纶是为了那点蝇头小利，走上这么一条决绝之路的。

他毕竟不是雪窗萤火的穷书生，一头撞进官场上来，他爹做过俺们安徽的按察使，虽然在他七岁那年就已去世，但是有这样一份家底，他对官场上的规矩，不会那么不明白。

问题是，明白之后，又怎样？有的人是顺水推舟，为我所用，你看同样是官宦子弟出身的吴三桂和袁世凯，运作起来那叫一个轻车熟路啊，但还有一种人，明白之后，仍执迷不悟，在独木桥上孑然而行，越走越远，那就是张佩纶这样的人。

"非如此不可！"这是贝多芬某个乐章的主题，也可以概括张佩纶那绝不妥协的个性。他自幼习学的儒家道德，在某些人眼中，可能只是科场上的题目，或者取悦大众的说辞，张佩纶却奉之为信仰，在这面信仰的大旗下，他只能前进，无法后退，"非如此不可！"这是他的进行曲。

史学家中，亦有人认为，张佩纶是一种大狡猾，是想把那份"忠直"打造成一面特别结实的金字招牌，一旦成了，就像武林高手练就某项独门绝技一般，再也没有谁能将他撼动。

这当然是有可能的，靠名声混官混饭，在明清两朝也甚是流行。张佩纶是清流中人，还是中坚力量，"社会良心"的名声出去了。反对他们，就是反对正义；反之，援助他们，则是表现正义的最佳方式。一个道德人士纵然一时落魄，一旦改朝换代，新主人为显示对于道德的重视，也会将被贬之人重新启用，眼下受苦便可视为一份收益长久的投资；二来就是在当时，也会有民间的道德爱好者给予赞助，比如当时有位因骂慈禧而扬名的安维峻，这边刚被革职发配，那边资助者就纷至沓来，其中竟有大名鼎鼎的大刀王五。

因此，做清流，未必就是一桩不划算的买卖。

## 2. 李鸿章喜欢什么样的人

既有清流，就有“浊流”，虽然清流自认为二者的分野在于道德多寡，但浊流也许认为，干实事就没法把自己摘干净，在他们眼中，清流似乎更会撇清。

李鸿章对于那些年轻的言官颇不以为然，曾说“此辈皆少年新进，毫不更事，亦不考究事实得失、国家利害，但随便寻个题目，信口开河，畅发一篇议论，藉此以出露头角，而国家大事，已为之阻挠不少”。

他这段话与英国经济学家、诺贝尔奖获得者安吉尔的说法，有异曲同工之处：涉及爱国主义问题时，人们的行为是非理性的，而且是不负责的，他们在处理自己的私人事务时绝不会如此。

把两人的说法汇总一下，可以这样总结，那些激进少年，看上去慷慨激昂，其实是把“国家大事”当成“公共事务”，既不理性又不负责，而这种态度的本质，是为有利于自己的“私人事务”——“藉此以出露头角”。

李鸿章对那些指手画脚的人的反感，由此可见。但是，他喜欢张佩纶。

李鸿章为啥喜欢张佩纶？说法有很多种，有人认为李鸿章也存了点儿利用之心，试图通过他，架立起与清流之间的桥梁；也有人说是李鸿章念旧情，当年在安徽打太平军时，他跟张佩纶老爸张印塘共过事；也有的说，他就是爱才，张佩纶的才华打动了他。

这些原因可能都有，但在当时，符合以上条件的，未必找不出第二个，可是，还有谁，让李鸿章有这么一份不加掩饰的厚爱与激赏呢？

当年张佩纶母亲去世，循例丁忧，李鸿章特地写信给他安排差事，后来张为庶母迁葬，李鸿章一出手就赞助纹银千两，《红楼梦》里，二十两银子够一个庄户人家过一年，算算这些银子，够过小半生了。李鸿章不但在经济上帮助他，还在精神上关心他，两人书信来往不断，实在是热络得紧。

李鸿章对张佩纶不错，张佩纶作为清流，好像也不拒绝和这位浊流大佬搅和一下。据说他搏击满朝，唯独对李鸿章手下留情，后人注意到这个问题，就觉得这个张佩纶，也没有那么简单。

但我还是觉得很简单，他们超越各自门派，互相欣赏不可以吗？

他俩的个性差别很大，张佩纶是个过程主义者，李鸿章正好相反，他是一个目的主义者，只为结果负责，这两种追求看上去水火不容，但他们却有相似的一点，那就是，不管站在哪个门派下，他们都不失为一个实在人。

有许多对峙，原本可以不那么剑拔弩张的，只是因为没有耐心听对方讲话，不能相信对方的诚意，怀疑那些俨然的大道理背后，藏着不可告人的想法，每一个字句的意义，都是垃圾。

看张佩纶和李鸿章交往始末，会发现他们都对对方够实在，张佩纶曾在信中对李鸿章说，做清流须清到底，犹公之谈洋务，各有门面也。他下定决心“清到底”是其一，另外，他不把这种“清”拔高为自己的道德修养，而是实话实说，就是个“门面”，这种诚实，也应该为老江湖李鸿章所欣赏。

李鸿章更是实在得出了名，朝廷派他办洋务，曾国藩问及思路，他得意扬扬地回答，无他，打痞腔耳。曾国藩是个正经人，完全无法理解“打痞腔”三字的精髓，当下大不以为然。其实，他完全可以换成另一套语，虽然我一时替他想不出来，但在咱们的文化中，能把那些上不了台面的事，说得冠冕堂皇的语码还少吗？不要忘了，人家李鸿章也是“少年科第”啊！

我想，李鸿章长期以来，坚持这么放肆地胡说八道，应该是因为，他享受到了那种说真话的快感。是的，说真话真的是有快感的，就像拿一把锋利的小刀，唰地割开臃肿的包装，把真相唰地抽出来。但是在一个谎话套话丛生的世界里，这个爱好显然是很不合时宜的，时人荣禄就说他“甘为小人”，不过比“伪君子”翁同龢要略好一点儿。

同是实在人，张佩纶的真实是严肃的，李鸿章的真实是不那么严肃的，张佩纶的真实是一板一眼的，李鸿章的真实是信马由缰的，张佩纶的真实，是缜密思索的结果，李鸿章的真实，更多地来自现实操作中的灵感，他二位的真实是如此不同，但是，没关系，是真的就好。

是不是张式的真实，加上李式的真实，成就了张爱玲的真实？曾有人问我为什么如此喜欢张爱玲，当时答不上来，她的思想不能算最深刻，文笔固然好，但我有时也嫌她堆砌累赘，后来才想到，我喜欢张爱玲，是因为她实在。我从来没有见过一个女作家，像她那样，一点儿也不装，不跟别人装，也不跟自己装，她是那样孜孜于逼近自己的内心。

扯远了，还说李鸿章和张佩纶，有了诚意的前提，对方身上呈现出来的闪光点，就变得真切可感了。张佩纶的锐利、孤介、耿直，尤其纯粹，那样一种充满理想主义光辉的品性，对于混沌圆通善于周旋妥协的李鸿章，未必没有一种吸引力。李鸿章也不是天生就是一个“浊流”，也曾有过翰林高第的风光和文臣治世的理想，一步步走到今天，当然因为他更成熟更理性更务实了，可是，理想主义时代，就像一个擦肩而过的情人，不管是不是适合自己，想起来总有一些惆怅与苦涩。

而张佩纶的智商，也让他能看到李鸿章的过人之处，1879年，他和张之洞煮酒论英雄，推陶澍为道光以来的最优质偶像，大伙儿都在学习他，但都只能学到局部，李鸿章“学其大而举措未公”。虽然张佩纶觉得李鸿章办事不够公道，但能学到几十年来最为优秀的人物之“大”，仍可算高度评价，张佩纶不是那种非此即彼的道德狂人。

在清流浊流两方面，张佩纶如鱼得水，看上去前途大好，直到，有一天，慈禧突降懿旨，张佩纶和另外两位清流系老兄，被派往各地办理海疆事务，张佩纶分到的地盘是福建。

出发前，他特地去天津拜访了李鸿章，李鸿章一眼看出，清朝水师羸弱，法军虎视眈眈，又有各方面掣肘，而张佩纶固然有才，一支利笔却当不得千军万马，没有任何迹象表明，他是一个隐藏已久的军事天才。

李鸿章认定，这次将张佩纶派往福建，是上面嫌他话多，但“未始非磨练英雄之具”。“磨练英雄”四字，应该不是指望张佩纶打赢这场仗。他从来没有设想过这场战争能赢，在一切结束之后，李鸿章说，所谓“会办”实系贬谪，“只合浮湛”。他心中的“磨练”二字，应该就是“浮湛”之道，在复杂的境遇中，如何虚与委蛇，自我保全。

张佩纶开始也是这么想的，打算到那儿先了解一下情况，奏明朝廷，如果能被很快召回，那当然非常好，如果不召，就“设辞乞病”。他想得很周全，却不知道，也不可能知道日后他的孙女张爱玲的一句名言：人，是做不了自己的主的。

一到福建，张佩纶的想法全变了，不但没有装病开小差，反倒驻进了战争最前沿——马尾船政局，殚精竭虑，细细谋划。难道，亲临前线之后，他发现了生机所在，掌握了制胜秘诀，从而变得信心满满？应该不是，直到最后，我们也没看出他掏出什么秘密武器，而且，在战争过程中，他给侄子张人骏写信，满纸的苍凉喟叹，对于打赢这场战争没有一点儿信心。

为什么要做这件明知不可为而强为之之事？还是因为，“非如此不可！”当张佩纶来到福建海疆，发现他的同僚皆是窝囊软弱靠不住之辈，他就丢掉了预先准备的那所有退路，假如他退，谁来顶上？明知道顶上就会身败名裂死得很难看，但是，没有办法，他只能这样选择。

我并不是一定要把张佩纶和张爱玲牵扯在一起，但是，谁让张佩纶这个不曾谋面的小孙女太擅长观察人性呢？不但善于观察别人，还善于观察自己，她去菜市场，看见少年骑着自行车，两手脱把，从人群中急速穿过，看似非常危险，但张爱玲分明地感觉到少年心中刺激的快乐，她感慨，人生的快乐，常常就在那一撒手之间吧！

一撒手的快乐是什么样的？就是不管不顾，随心所欲，任他凶险多多，只要快意江湖。张爱玲与胡兰成的那场恋情，正是一场“大撒把”，她闭上眼睛，在呼啸的风声中，品味内心尖锐的喜悦。

张佩纶的一撒手，没有那么快乐，却是一种比快乐更为高级的情怀，他背离了好心好意却琐屑庸俗的理性，站在信仰的巅峰，细致入微地，感受那样一种既悲壮又绝望的情怀。

那是一场没有悬念的战争，张爱玲说，很多年后，中国海军，在英语里都是一个笑话，张佩纶本人，则是一个本土的笑话，传说战败的那一刻，他是顶着铜脸盆逃跑的，一边逃一边还不忘大啃手中的猪蹄。还有人编造桥段，说激战时，他却躲到破庙里享清闲去了。

世人皆欲杀，吾意独怜才，又是李鸿章施以援手。其实在张佩纶跟法国人打仗时，还曾想向李鸿章借兵来着，被李一口拒绝，他看准这是徒劳无益，对于这个迂腐的张公子，那叫一个恨铁不成钢啊，怎么就有这样单纯认真不懂得迂回之道的人呢？可是，换一个思路，在那样混浊狡黠的官场里，这样一个不识时务的张佩纶又是多么可爱，李鸿章在痛责之后，又发出这样的叹息：能毋痛心耶？

我一直觉得，与张佩纶打交道的李鸿章，其实也很可爱，他何尝看不出这个人和官场水土不服？事到如今，优质股眼睁睁变成了垃圾股，不值得投资下注，可是，李鸿章还是一次次不计得失地帮助他，在张佩纶获罪被贬，发配到张家口戍边期间，李鸿章甚至特别派自己很亲近的幕僚任宣化知府，“为戍客添谈助”。

不说李鸿章用心良苦，只说戍边的张佩纶，在宣化城中，又有什么话可以跟别人诉说？曾经，他的调子起得那么高，原来只为这一泻千里，他的小半生，不过是一个编织致密的玩笑，造化弄人，这也不能算残忍，只是，为什么这么晚才揭开谜底？

从这一点说，命运对张爱玲要宽厚得多，当年她也曾如乃祖一般心高气傲，一心占领制高点，在香港读书时，她用心琢磨每个老师的心理，门门成绩名列前茅，一口气拿了两个奖学金，还有机会被送到英国读书，然而，一场战争，就让个人所有的努力灰飞烟灭。当上进心遇到虚无感，就会变成深刻的反省，相比张佩纶张爱玲起码提前二十年窥破了生命的玄机，这算是幸或不幸呢？

## 3. 就这样老去

张爱玲的《对照记》里，收入她祖母的三张照片，一张是“如花似玉”的十八岁——“如花似玉”这个词，是张爱玲的用语，她锦心绣口，很少吐陈词滥调，实在是这个被人用滥了的词放在她祖母身上，前所未有地合适。照片上，李家大小姐亭亭然站在母亲身边，修长飘逸，眉目清婉，恰如一朵开放在晨风里的白莲花，而她眼角唇边的一抹笑意，“也许是在笑钻在黑布下的洋人摄影师”，少女的活泼忍不住地从大家闺秀的矜持下透出来，楚楚动人。

1888年，李鸿章把这个“如花似玉”的女儿，嫁给了流放归来的张佩纶，张大她约二十岁，此前娶过两任妻室，皆已去世，留下两个男孩。条件如此悬殊的婚姻，放在今天，一定是重磅的社会新闻，在当时，也引起了好事者的惊呼，有人做了一副对联，说：老女嫁幼樵（张佩纶）无分老幼，西席变东床不是东西。这个对联是俏皮，但细想想不过是语言上的机巧，并没有抓住什么要害，说到底，该是时人嫉恨：你一个“劳改释放分子”，怎么就捡了这么个天大的便宜？

《孽海花》里影射说，李鸿章的老婆也不干，跟老公哭闹，还骂他是老糊涂来着，但是李小姐愿意，说是相信爹爹的眼光。

据张爱玲寻根，《孽海花》的作者曾朴跟李家很有些纠葛，不知这“小说家言”的背后，可有几分事实依据。我只是设身处地地想一下，觉得，当时的李菊耦，未必如她女儿张茂渊想象的那样“不愿意”。

李菊耦结婚时，已经二十二三——跟张爱玲遇到胡兰成的年纪差不多，旧时女子到这个岁数，如花已开到十分，而李菊耦却还待字闺中。这一方面是因为她父亲太看重她，想要多留她几年。另一方面的天机，则由张爱玲在以她姨奶为原型的小说《创世纪》中道破：姊妹两个容貌虽好，外面人都知道他们家出名的疙瘩。戚宝彝（影射李鸿章）名高望重，做了亲戚，枉教人说高攀，子弟将来出道，反倒要避嫌疑，耽误了前程。万一说亲不成，那倒又不好了。因此上门做媒的并不甚多。

如果说，张爱玲是以她的旷世才华外加矜持冷清容易紧张的个性使得自己高处不胜寒，李菊耦则是因豪门背景变成了剩女。花开堪折直须折，莫待无花空折枝，她怎么着都会有点儿焦虑吧？现在，一个男人被指定给她，按照张爱玲的说法，她就会去想他的好处。

如果是这样，那么，张佩纶不见得就是一个不可爱的人，他是一无所有没错——2000两银子的流放费用还是李鸿章替他付清的，但李菊耦这样的千金大小姐对于权势金钱是见惯了的，不见得如未经过者那么爱好。他的潦倒仕途，与曾经激扬并张扬的生涯参差对照，亦有一种动人之处，仿佛是在人生的跌宕起伏中淬火，一旦归来，就如王者归来，蹚过命运湍急的河流，他知道，原来，我还可以这样，我并不害怕这样，人生的极限被拓宽，他遥望着那苍茫的边缘，心旷神怡，无忧也无惧。

我承认，这所谓的为李菊耦“设身处地”，很有可能是我自己的YY（意淫，此处指想象），也许是人生相对顺利，也许是视野过于有限，我对于那归来的流放者有着相当的好感，他的戍边生涯，在我的想象中，亦有一种沉潜的寂寞的诗意，一如我读过的诗：

百年前英雄系马的地方
百年前壮士磨剑的地方
这儿我黯然地卸了鞍
历史的锁啊没有钥匙
我的行囊也没有剑

流放者张佩纶，太适合扮演这样一个沧桑的萧然的身影了。

然而，在张爱玲的《对照记》里，我看到他唯一的一张照片，正是流放归来时所照，非但不像我想象中那么清癯——我总有个偏见，清癯的人才能智慧——反而有点儿脑满肠肥之相，目光呆滞地望着前方。张爱玲说，画中人眼梢略微下垂，一只脚往前伸，像就要站起来，眉宇间也透出三分焦躁……眼睛里有点儿轻藐的神气。也或者不过是看不起照相这洋玩意儿。

他的老友陈宝琛也对他容颜尽改而感到吃惊：梦中相见犹疑瘦，别后何时已有髭？他年轻时可能没有这么胖，也没有这两撇小胡子。当然，肥胖和小胡子都不能说明什么问题，最多不过颠覆了我心中的行者形象而已，可是，除了外表，他的内心，也与往日迥然有异。

当初的他，激扬文字，指点江山，狂歌痛饮，意气风发，便是对他还算佩服的李鸿章，私下里亦可以肆意针砭，毕竟他俩一清一浊，并非全然的同道。现在，他官场中箭，落魄归来，投到李的门下，承他不弃，依旧对他高看一眼，还把女儿许配给他，可是，内心张狂如他，如何能扮演一个驯服懂事乖巧周到的女婿？何况李家还有上下人等，不是所有人都有李鸿章的卓越眼光，李家的大少爷李经方就对这位妹夫十分看不上眼。寄居在李鸿章的直隶总督府之中，置身于那样的眉高眼低之下，真是别有一番滋味在心头。

李鸿章有时也会咨询他对于时政的看法，开始，张佩纶还愿意说说，但他很快就发现，他的说法丝毫不能影响李鸿章，他们对很多问题的看法都截然相反。若是在意气风发的过去，这些分歧也许不算什么，他内心的强势使得他能够做到和而不同，而现在，不一样了，他受李鸿章天高地厚的恩，应该扮演好一个优秀的幕僚，提出的主意不被采用，自然有种挫败感，可能，还会感到某种耻辱。

他渐渐地沉默了，在李鸿章的府第里，刻意地将自己隐遁，甚至李鸿章的七十大寿，阖府上下张灯结彩，衮衮诸公络绎不绝，连皇上和太后都送来了匾额贺礼，真个是鲜花着锦，烈火烹油，张佩纶却躲在房间里，和李菊耦下了一天的棋。谁会喜欢这样刻意反高潮的人？除了对他无比欣赏的李鸿章，李家的人很难喜欢这位“古怪女婿”。

最讨厌他的，还是前面提到的那位大舅子李经方。张佩纶貌似低调，俯首敛眉之间，却有一种让人很不爽的坚硬。他深刻地得罪李经方，是在甲午年间，当时中日双方各自屯兵朝鲜，战争一触即发，中方有将无帅，李经方跃跃欲试，而张佩纶以自身经验知道，李经方也不过是纸上谈兵，一旦挂帅，十分凶险。他坚决地向李鸿章提出了反对意见。

这事最后是被搅黄了，李经方的恼怒可想而知，以至于有他要“手刃”张佩纶的说法。此说真伪且不必细辨，估计李大少知道在老爹面前说道没用，索性辗转到皇上那儿放水，光绪帝于是降下旨意，说“革员”张佩纶发遣释放之后，又在李鸿章署中，干预公事，屡招物议，实属不安本分，要李鸿章立即把他撵回老家去，不许逗留。

张佩纶已经在学着沉默了，但还是没忍住，“非如此不可！”这旋律是不是一直在他脑海中回荡，让他忘记自己的尴尬窘迫，艰难但又坚定地，发出声音？

李鸿章上折辩护无效，张佩纶只好离开，不过他没有回原籍，而是带着老婆孩子去了南京，小舟从此逝，江海寄余生，花遮柳掩的江南，适合栖息疲惫的灵魂，张佩纶自言：从此浪迹江湖。

是有很多文人，经历过这样的路途，从“热中”的朝臣，到淡定的隐士，比如诗人王维，亦有过意气风发的年轻时代，帅哥，才子，状元，高官，站在人生的制高点上，应有尽有。然而，一场安史之乱，以及延伸出的变故，改变了他的走势，他决然地从喧嚣中转身，与山水草木耳鬓厮磨。

张佩纶似乎也想走这条路，他和李菊耦感情之好是公认的，日记里亦常有两人饮酒煮茶赌棋读画的记载，还合著武侠小说《紫绡记》及食谱一部，虽然在张爱玲眼中，那小说枯燥无味，食谱也乏善可陈，但旧时婚姻，能够如此和谐，已经难得。不过，我总觉得他是在刻意“秀恩爱”，不能够意气风发，那就走风雅闲适路线吧。可是，到底，他也没有因为这美满姻缘而变得快乐强大起来，阴郁的表情，几乎贯穿了整个晚年。

张爱玲说她祖父母在南京盖了大花园偕隐，诗酒风流，“我姑姑对于过去就只留恋那园子，她记得一听说桃花或是杏花开了，她母亲就扶着女佣的肩膀去看。”这宅子原是一座侯府，按现在的话叫二手房。民国时候，刚搭上张爱玲的胡兰成感觉良好，也当自己是个“高干子弟”了，兴头十足地跑去怀旧，却见“一边是洋房，做过立法院，已遭兵燹，正宅则是旧式建筑，完全成了瓦砾之场，废池颓垣，惟剩月洞门与柱础阶砌，尚可想见当年花厅亭榭之迹”。

这座宅子如今在江苏海事职业技术学校院内，初夏时节我一路寻去，传说中的三座小楼还剩下一座，曰“小姐楼”，挂着“老年活动中心”的牌子，连废池颓垣都已不见，四周皆是崭新锃亮的现代建筑。我去的时候不对，大门紧锁，从木格的窗子望进去，不过是一个个不算很宽敞的房间，也许是后来隔成的。

草草看罢，转身离去，一回头，隔着翠绿的浓荫，看那朱漆斑驳的云头儿与栏干，在匝地蝉声中一语不发，忽然有一种恍惚，想很多年前，张佩纶是否就站在那云头儿与栏干之间，望尽斜阳？而他的命运转折点正因为“海事”，旧居如今为“航海学校”征用，也像是命运的讽刺。

张佩纶到底不是王维，虽然都是从高处跌下，但王维自小喜好佛教，他的生活方式是有哲学思想支持的，经过了那些历练之后，他知道自己能做什么，不能做什么：古人非傲吏，自阙经世务。偶寄一微官，婆娑数株树。王维的淡泊是主动的选择。

张佩纶起头就在仕途上奔驰，没有给自己留下后路，爬得高跌得重，他毫无设防地跌下来，不能像王维那样心如死水。他最初的抗拒与低调，未尝不是一种撒娇，只是，当撒娇无人理会，就可以换一个名称叫作自取其辱。

他后来变得那么冷，也是一种自我保护吧，害怕再次被内心的热情灼痛。来到南京的张佩纶几乎不与故旧联络，他的恩师李鸿藻就跟李鸿章抱怨，张佩纶都不给他来一封信。李鸿章笑笑，其实张佩纶对他这个“恩师”岳父，同样有所保留，李鸿章一度邀他出山，协助自己，张佩纶以需要避嫌推脱，实在躲不过，去了一趟，很快就找个理由溜掉了，我一点儿不认为他这是淡泊，而是，一个曾经那样恣肆纵放的人，怕是很难心平气和地在别人的帐下听喝吧？他是鸿鹄，做不好燕雀。

张爱玲的晚年，同样选择了离群索居，那种心意如铁的坚硬，与乃祖如出一辙。难怪她说，遗传真是神秘飘忽。

1901年，李鸿章去世，对于张佩纶来说，这个世界上最欣赏他的人去了，而自己始终没能拿出什么来印证他的赏识。张佩纶越发纵酒，当是在月光如水寒蛩细吟的夜晚，那个胖胖的中年人慢慢地浮上一大白，纵横心事，如脚前枝杈的投影，欲说还休，不说也罢，斟酌处，便是一生。

1902年，张之洞署理两江总督，住在南京。二十多年前，他俩分别是清流的两只“牛角”，命运却推动着他们朝着不同的方向越走越远，如今一个是封疆大吏，声震四方，一个却宦海潦倒，成为笑柄。按照陈宝琛为张佩纶写的墓志铭里的说法，张之洞几次提出要见张佩纶，皆遭拒绝。但也另有一种说法，张之洞为了避嫌，并不愿意在正式场合与张佩纶来往，甚至托人带话，建议张佩纶搬到苏州去，张佩纶断然拒绝，大为不爽。

不管是怎样一种芥蒂，在那个旧历年的年底，得到了消弭的机会，张之洞终于来拜访张佩纶了。

以张之洞的精明世故，应该是一次非正式的见面吧，我一定要再次冒着矫情的风险，想象那官声显赫的两江总督，在已过去的大半年里，俗事缠身，心有顾忌，想起那近在咫尺的故人，总有五味杂陈之感。直到岁末，急景凋年，许多旧感情纷至沓来，如歌岁月里的细节，已经漫漶成一片，他突然很想见那个人，他激扬青春的见证，实践着他生命里另外一种可能。于是，他悄然脱下官袍，换上便服，轻装简行，走上那条寻访故人的路。

他们见面了。

隔着二十年的光阴，隔着一重又一重的往事，还有彼此心中有数的恩怨芥蒂，四目相对的一刻，是否有泪盈睫？故人别来无恙乎？怎能无恙？时间的锣鼓兜头而下，充塞着四周的缝隙，“就谈身世，君（张佩纶）累郗不已”，张之洞这样回忆。

这是一次残酷的见面，张之洞像一面镜子，照出了张佩纶不如意的一生，仕途蹭蹬是其一，而且，他还是那样的不彻底，从“热中”，到颓唐，从清流，到淮戚，他说自己孑然孤立，一无倚著，我想，这倚著，指的应该不是某个人或某个集体，而是他在湍急的命运中，只能随波逐流，逐渐丢失了自己。

不是所有人，经过命运的淬火，都能练成金刚不坏之躯，有的是焚毁，有的是夹生，张佩纶属于哪一种？和张之洞谈话时，张佩纶流露出了生不如死之叹，看来，烟柳繁华温柔富贵皆不能安慰一个负荷太重的灵魂，他在黑暗中的挣扎，越发使自己伤痕累累。

和张之洞分别不久，张佩纶去世，死在大年初七，享年五十四岁。

NO 14

# 谁没有做过王佳芝

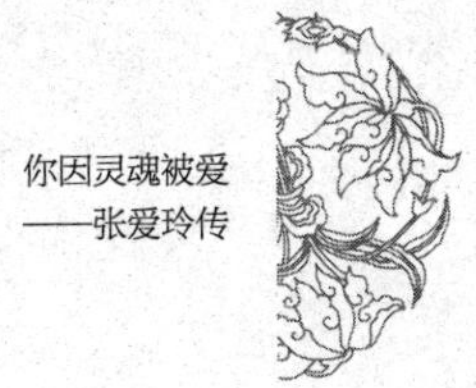

王佳芝的虚荣在于，妄图将庸常人生，套入传奇的剧情，装作自己是一个有着伟大情怀的人。但是，做革命者，她不是有着坚定信仰的秋瑾，所以会悔恨自己的傻；做痴情女人，她也不是崇拜爱情的小人鱼，所以会“牺牲”于一种错觉。她不过是比着葫芦画瓢，即使一开始像模像样，但总会有那么一刻，一个失手，画虎不成反类犬。

有次我坐在办公室里，听我的同事和一位来访者谈话，他俩第一次见面，不知道是不是这个原因，这位来访者，一直在不断地转换戏路，我的感觉是她打算找到一个最佳姿态，把我的同事忽悠住。

从细声细气的清纯女子，到热情奔放的前卫女郎，到犀利智慧的知性女人，她的语气和语码不停地在变，虽然我始终埋头于电脑屏幕前，但我还是能看到，她的心中，还有一双眼睛，欣赏地聆听着自己的每一处起承转合。

渐渐地，我开始修正自己的印象，她如此努力地寻找最佳角色，并不像我一开始所庸俗地设想的，有那么一个目的，不，她只是在这种演出中感到愉快，我的同事，充其量是一个非常合适的观众，她想拉着他坐下来，与自己一道欣赏。

她的做法很有代表性，在许多场合，我们都可以看到一些人，或力不从心地，或游刃有余地扮演着与自己的本性脱离的角色，比如我偶尔会在酒桌上遇到的一个男子，他刚落座时永远落落寡合，身体陷在椅子里，头却昂起，目中无人地吞云吐雾，在一群酬酢正欢的乌合之众中，显得特别“牛叉”。

但是，每一次，还没等我酝酿出足够的崇敬之情，他就像一块冰那样微微地融化了，先是半推半就地开了口，脸上还带着懒得搭理你的表情，但很快，这块冰就化得一塌糊涂，他摇身一变，成了桌上最为喧哗的一个，截下每个人的话头，把一场饭局，变成他自己的脱口秀。

往往要到饭局结束的时候，那种淡漠傲慢的表情才重新回到他脸上，但是已经不像一开始那么完整了，经过一晚上的揉搓，有点儿残，很沮丧——这个晚上，他又失败了，他原本给自己的定位是艳若桃李冷若冰霜，可是，躁动的、容易亢奋的天性总是使他功亏一篑，他永远无法顺利地到达彼岸，我猜这是他心中永远的痛。

我自己，有没有做过即兴的演出呢？有一年秋天，我买了一张藤椅，放在阳台上，换上白色的中式小褂，泡一杯菊花茶，接下来我觉得应该再找一本书捧读，最合适的当然是那本线装的宋词。这些道具把我打扮成我所向往的风雅才女，我为这个扮相陶醉了。

是啊，我们的人生如此平淡，如此不如人意，总要努力敷上些许华彩，覆盖它灰暗的底色，假如这些无伤大雅的表演，能够领我们走上奇崛的、戏剧化的道路，那么，何乐而不为呢？

张爱玲却在小说里沉痛地告诉我们，表演并不可怕，可怕的是，没有反观和自嘲，自己先就弄假成真了，把整个生活，倒入扮演的角色中，以为，自己真的就是所扮演的那个人。

这种高级的错误，一般由上过舞台的、演过戏的女孩子来犯，比如,《殷宝滟送花楼会》里的殷宝滟,《色·戒》里的王佳芝。

王佳芝是一个天生应该活在舞台上的人，这不在于她的天生丽质，抑或出色的演技，而在于，她对于那种追光之下的高潮人生的向往，她愿意把自己的寻常人生，推向辉煌的宏大叙事——也许，每个人都是这样的，只不过，王佳芝离她的梦想，似乎更近一点儿。

她是一个美丽的女子，学校剧社里的当家花旦，爱国历史剧里的女主角，还曾公演过一次，成功谢幕之后，她兴奋到无以复加，拽着女同学乘电车夜游车河——女同学是观众，而车窗外的霓虹灯，是略可与舞台匹敌的华丽背景。

她也许外表矜持沉静，但内心容易激越，爱好戏剧感，又赶上了一个激越的时代，那是乱世，激越容易碰撞上革命，然后一拍即合。

和电影《色·戒》中不同，小说里的王佳芝的爱国热情并非由目睹生灵涂炭而激发，不过是广州沦陷后，她所在的岭大搬到了香港，借了港大的教室上课，空间颇不宽裕，上课下课挨挨蹭蹭，半天才能通过。那点子不耐烦，经过年轻人善于煽风点火的心，就成了流亡学生的身世之感。而普通香港人对于国事不甚关心的态度，又让他们的激情略略受伤，因此越发激愤。

很偶然的契机，使他们有望接触到路过香港的汉奸易某，平时一道慷慨激昂的小团体一合计，定下了一条美人计，不外乎是让一个女学生搭上易某然后诓出来暗杀掉，看多了历史剧或间谍片的年轻人，一出手就是这个路数。

听上去不错，既有情色的艳异，又有死亡的黑暗，而卧底、暗杀这样的字眼，来得也足够刺激，出演女主角的任务众望所归地落到了王佳芝的身上，我想，对于这样一次伟大的演出，她也未尝不跃跃欲试。

一切进行得很顺利，她扮演成有钱人家的少奶奶，被人介绍给易太太做购物导游，伺机与易某眉来眼去，不几日，易某找了个借口给她打来电话，她这一役初战告捷。

这是一次空前的成功，王佳芝回到等信的同伴那里，像下了台还没有卸妆，她“自己都觉得顾盼间光艳照人”，如同演上了瘾的演员恋着她的观众，舍不得那些同伴走，一群人疯玩到天亮，一个问题顺理成章地冒出来了。

他们把她的身份设计成少奶奶，是因为学生太激烈，怕易某生出戒心，而一个少奶奶，肯定不能是个处女。这个问题抛出来之后，大家都沉默了，偶尔有两个人叽咕一声，冒出哧哧的笑声。

他们那群人中，只有梁闰生有性经验，因为他嫖过，王佳芝从来都看不上这个略显猥琐的男生，只是，她为了革命，就像演员为了艺术一样，大约只能牺牲一把了。好在，只要最后的目标实现，那种崇高感，完全能够拯救这种小小的不适，王佳芝横下心，把自己豁出去了。

但是，意想不到的事情发生了，还没等到他们下手，易某突然离开香港，她的牺牲打了水漂儿，豁出去的勇毅，也变成了一个笑话。仿佛水落石出，浪漫退场，人未散而剧已终，露出俗世的本色。王佳芝的同学们见到她，都有了似笑非笑的表情，背后，是普通人庸俗但是符合现实的小算计。她终于开始懊悔，对自己说：我傻，反正就是我傻！

两年之后，他们全部转学到上海，年轻时的豪迈激情，这时已经意兴阑珊，老易就在他们眼皮子底下兴风作浪，他们也顾不上了。然而，与一个地下工作者的相识，改变了这局面，他听说他们有这样一条线，鼓励他们一定要再试一把。

别人的情况很难说，但在王佳芝，这是把那个笑话重新变成伟大的机会，她打起精神，卷土重来，张爱玲写到这里，说，每次和老易在一起，都像洗了个热水澡把积郁都冲掉了，因为一切都有了个目的。

这样一个目的，使她能够跨越那些心照不宣的讪笑，普通人庸俗的小见识小算计，俗世里飞舞的尘埃，到达那个伟大辉煌的所在，在那里，她的付出不再是“傻”，而是让人肃然起敬的牺牲。

这一次她运气不错，老易一步一步跌入他们的局中。最紧要的关头到了，在珠宝店里，老易要送她一枚钻戒，俩人在灯下细细挑选，杀机四起，眼看就要得手，王佳芝却突然将老易一推，说，快走。

都说是美人为情所动，临阵反戈，可真的是因为爱吗？不如说，是她被一种气氛所催眠，珠宝店里的玻璃镜子，那颗六克拉的粉红钻炫目的光芒，更重要的是，他在灯下凝神的那一瞬，脸上出现的“温柔怜惜”的神气，都使他与她，不再像猎者与猎物，更像一对普通的情人。

这个人是真爱我的，她突然想。书上说，这一念之差，使王佳芝放掉了老易，送了自己的性命。可是，王佳芝真的以为老易爱她吗？我看，也未必，与其说，她这样认为，不如说，她要自己这样认为。

对于女人来说，爱情与革命一样，是升华生命意义的最好途径。童话里，那个小人鱼，她纵然能活上三百年，却只有被一个男人爱上之后，才能获得不灭的灵魂。女人的存在意义，是要男人来成全的。虽然，王佳芝一开始选择以革命来成全自己，但是，在香港的那些是是非非，一脚踏空的错愕，使她对于革命，已经有点儿离心离德。关键时刻，她转变戏路，爱情取代革命，成为新的主题曲。

可是，这一次的激越，何尝不是一种幻觉？她对老易的爱，是建立在“这个人是真爱我的”这样一个基础上的，是被老易的“爱”感动了，但是，作为观众的我们知道，老易肯定不爱她。逃出来之后，老易立即下令斩草除根。对于他与王佳芝的关系，他是这样认识的：他觉得她的影子会永远依傍他，安慰他。虽然她恨他，她最后对他的感情强烈到是什么感情都不相干了，只是有感情。他们是原始的猎人与猎物的关系，虎与伥的关系，最终极的占有。她这才生是他的人，死是他的鬼。

看这样一段心里独白，觉得老易还真像胡兰成，永远懂得怎样谋求利益最大化，不但确保了自身安全，还在意念中圆满了这场艳遇，获得感情慰藉，怎么算都是大赢家。

对于王佳芝两次的一脚踏空，有识之士皆有高见，我以常识来看，只是表演欲使然，而这种表演欲，是虚荣心所致。

王佳芝的虚荣在于，妄图将庸常人生套入传奇的剧情，装作自己是一个有着伟大情怀的人。但是，做革命者，她不是有着坚定信仰的秋瑾，所以会悔恨自己的傻；做痴情女人，她也不是崇拜爱情的小人鱼，所以会“牺牲”于一种错觉。她不过是比着葫芦画瓢，即使一开始像模像样，但总会有那么一刻，一个失手，画虎不成反类犬，虽然讽刺，但也让人痛心，汹涌人流中，究竟有谁从来没有为虚荣心和表演欲所弄，给自己催眠，摆出某种身段，试图以此，与芸芸众生区别开来呢？

从这个意义上说，我们可能都做过王佳芝。

NO 15

# 佟振保这样的凤凰男



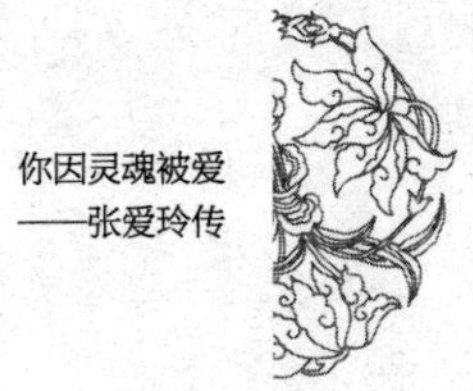

王子爱上灰姑娘，里面未尝没有对民间的、底层的生活的好奇，而凤凰男身上无尽的艰辛卑微，对于生活优裕的女子来说，也是神秘而生动的，单是他的存在，就如一种调剂，克服了她生存状况的简单平面，给了她额外的幸福感与优越感。

他背负着贫困的阴影，沦落的威胁，母亲的眼泪，社会的期望，无法重新回过头去。尽管心里有那样一种欲望，转化成了强大的压力，使他在奔袭的路途上不得安生。

《红玫瑰与白玫瑰》里，王娇蕊的魅力，在于妇人的性感和婴孩的头脑，但她只是天真，而不是不聪明，在男人面前，她自有一种机敏智慧和幽默感，这样，才能做到把调情当才艺。

她一路阅人无数，以至于玩世不恭，却居然也会马失前蹄，见到佟振保，她的心就不再是一座可以随时出租的公寓，而是专为他打造的心宅，旧有的经验全用不上了，她只懂得一件事，就是，单纯地、狠狠地爱他。

书中没有交代，佟振保何德何能，竟能让这看尽千帆的女子今是而昨非，放弃所有，为他重新做人。

这正是张爱玲的狡黠，她从来不肯扮演那拙劣的解说者，答案隐藏在话语的丛林里，让你从隐约的亮光中去辨认。

佟振保之所以能够越过她的旧爱悌米孙、待她不薄的老公王士洪，以及许多个男子隐晦的影子，进入她的心中，在于，他是那个时代里的凤凰男。凤凰男，向来是这养尊处优、未经过人世沧桑的女子的天敌。

先做个解释，“凤凰男”是网络上新流行起来的一个词，指那种从贫寒人家奋斗出来的青年才俊——鸡窝里飞出个金凤凰，说起来好像很光荣，但在刁钻刻薄的网络上，是带了几分嘲讽的。凤凰男刻苦上进忠厚仁义，那都放在外面，转回头面对自己最亲近的人，敏感会演变成多疑，坚忍会发展成残忍，因为他们是从最底层博上来的，吃苦不算什么了不起的事，要是你忍不住喊了痛，他就觉得你的呻吟，是矫揉造作。

但是，从网络上那么多激烈的声讨帖来看，那些女子，都是真心实意地爱过凤凰男的，甚至还放弃了条件更为出色的其他候选人，只对凤凰男意乱情迷。那么，凤凰男究竟有着怎样一种魅力呢？

还来说这佟振保，他出身寒微，正常出路，是当学徒做店伙计，一辈子在社会底层打转转。但他凭着出色的天分，钢铁般的意志力，从这种命运中挣脱出来，靠读书出了国，留了洋，眼瞅着混成了一个上等人，不但有了混迹于上流社会的各种技能，还学会了上流社会的生活方式。

比如说，和那个叫玫瑰的富家女交往，有一搭没一搭地做着恋爱的游戏。玫瑰是可爱的，有点小孩子式的没心没肺，佟振保吃不定她，却觉得自己有点儿着迷了。可是，在他回国前夕，最后一次约会玫瑰，他分明感到这个女孩子对他的爱，“玫瑰紧紧吊在他颈项上，老是觉得不对劲，换了一个姿势，又换一个姿势，不知道怎样贴得更紧一点才好，恨不得生在他身上，嵌在他身上”。

他没想到她爱他到这个地步，但是这是绝对不可以的——玫瑰可爱，却不符合他对于人生的规划，他的理想是学成归国，一点点地朝上混，混成一个大众眼中的成功人士，和这样的人生相配的，是一个贤淑贞静的女子，相比之下，玫瑰的天真烂漫，就是“疯疯傻傻”的了。

那个晚上，佟振保发乎情止乎礼，虽然她贴在他身上，哭得稀里哗啦，热情里裹着绝望，他要怎样就可以怎样。但他是用大脑而不是心灵考虑问题的人，他不可以这样破坏自己的规划，尽管她不会哭哭啼啼地要他负责，什么生是他的人死是他的鬼，可是，精于计算的他知道，“怎样”了，不过是一夕之欢，放在心里，日后寂寞的时候缅怀一下，不“怎样”，却可以作为一项纪录，拿出去跟人夸口，做个现代版的柳下惠，在众人的佩服中，有一种精神上的满足。

这样一种算计，暴露出佟振保的底层特色，刘庆邦的小说《到城里去》中，那个妇女便有一个观点，好东西自己吃了，是浪费，送给人家，还落一份人情。一个穷人，是不能把自己的欲望看得太重要的，有限的资源，应该拿出来派大的用场。

因此，佟振保不管是恋爱，还是嫖娼，都绷紧算计这根弦。他第一次去巴黎嫖，被那个妓女耍了，拿了他的钱，却没认真办事，让佟振保多少年后都耿耿于怀。他装作愉快地跟朋友吹嘘自己的巴黎猎艳，小心地掩藏起那份失落感，只是日后再嫖，就精明多了，千方百计要嫖得精刮上算。

这样一个佟振保，是分上半身和下半身的，上半身是后学来的主流经验，下半身是永远无法摆脱的寒微底色，两者加在一起，亦形成一种参差对照，使他整个人显得复杂、立体，有层次感，某些时候，就会形成一种独特的魅力。

比如说，他过去的寒微，会让人心生同情，而他现在的成功，则又让人敬仰，两者加在一起，落到有心的女子眼中，就会形成母性的柔情。张爱玲说，女人要崇拜才快乐，可是，若男人太强，各方面都没有破绽，让你只能够崇拜，那爱，来得太理所当然，反倒显得不那么有力。一个凤凰男，则是正正好，他能满足一个女人全部的感情需求，母性的，妻性的，女儿性的。

其次，他们努力刻苦的气质，会让她们误以为他们对爱也是这样的，他们能拿出来的爱，是真实厚重的，填补了她们的生命中不可承受之轻。

另外，人与人交往，即使撇开物质层面不说，也是希望能够从对方那里得到些什么，弥补自己的所缺，王子爱上灰姑娘，里面未尝没有对民间的、底层的生活的好奇。而一个凤凰男，他的来路上拥塞了无尽的艰辛卑微的体验，这些，对于生活优裕的女子来说，也是神秘而生动的，单是他的存在，就如一种调剂，克服了她生存状况的简单平面，给了她额外的幸福感与优越感。

好多年前，看路遥的小说，从《人生》到《平凡的世界》，总忍不住要笑，里面每一个贫寒的子弟，都能遇到青睐自己的官家小姐，那时觉得这是路遥的YY，可以跟笔下灰姑娘不断的琼瑶奶奶遥相呼应，现在想来，倒是理所当然。来一句八卦，就是张爱玲与胡兰成，也不能说不是一组小姐与凤凰男的经典搭配。

王娇蕊在佟振保面前也是优越的，她以为佟会对她的青眼、她的爱、她难得的给予感激涕零，以为只要自己没问题，他那方面就没有问题。但是，这次，她错了，凤凰男虽然出身寒微，但并不妄自菲薄，他的每一样都是很辛苦才赚到的，不会为了一个女子而轻易地撒手。

一旦娶了她，他的江湖名声就全完了，那一晚，在玫瑰面前的挣扎与坚忍换得的好名声也就就此作废了。他不是富家子弟，没有资本走花花公子的路线，他已经在“标准好人”的路上走了那么远，现在，要为一个女人前功尽弃，怎么可以？

一个“标准好人”的世界，有许多“可以”，又有许多“禁忌”，可以自私，可以无情，可以伪善，甚至可以偶尔去嫖，但不可以在女人上过于认真，对女人太好。张爱玲在一篇散文里说薛平贵：他致力于他的事业十八年，泰然地将他的夫人搁在寒窑里，像冰箱里的一尾鱼。有这么一天，他突然不放心起来，星夜赶回家去。她的一生的最美好的年光已经被贫穷与一个社会叛徒的寂寞给作践完了，他封了她做皇后，在代战公主的领土里做皇后！在一个年轻的、当权的妾的手里讨生活！难怪她封了皇后之后十八天就死了。可是虽然薛平贵对女人不甚体谅，依旧被写成一个好人。

佟振保正是这样的好人，侍奉母亲，谁都没有他那么周到；提拔兄弟，谁都没有他那么经心；办公，谁都没有他那么火爆认真；待朋友，谁都没有他那么热心，那么义气、克己。他做人做得十分兴头，喜欢忙得抬不起头，喜欢把额前披下的一绺子头发往后一推，眼镜后的眼睛熠熠有光，连镜片的边缘也晃着一抹流光，所以他喜欢夏天，那个汗流浃背忙得不可开交的形象，正对得上他心中的理想。他盘算着，先把职业上的地位提高，有了地位之后他要做一点儿有益社会的事，譬如说，办一所贫寒子弟的工科专门学校，或是在故乡的江湾弄个模范的布厂……

在这样一个完整的体系里，一个不着调的女人的贸然介入，是突兀的。

这时，王娇蕊，便不复是可爱的了，她像一块绊脚石，挡住了他通向好人的路。隔着她，他看见了他的寡母，他们曾相依为命，她在最艰难的情况下，还朝英国给他寄钱，寄包裹，曾几何时，他和母亲有着相同的目标，他们对于那光明的前途未来，都有一种眼含热泪的期冀，这些，都与王娇蕊无关。

最终，他放弃了王娇蕊，娶了孟烟鹂。

孟烟鹂出身普通人家，长得白白净净，宽柔秀丽，看上去正是那种简单的、好控制的、站在男人身后的女人，最适宜出现在男人貌似愧疚实则得意的祭文里。

按说她和佟振保的世界应该是合拍的，但是，佟振保错估了一点，他虽然一心想做个“标准好人”，但他的骨子里未尝没有“坏人”的因子，又跑了些江湖，见了些世面，尤其是蹚过玫瑰的汹涌溪流和王娇蕊的惊涛骇浪，他已经无法像史上的那些“标准好人”，娶个女人回家，放在那里，是个意思就够了，他已经变得口味刁钻。

在从前，祭文中的好女子，只要能像堂前的一帧条幅，安稳娴雅地站在那里就够了，没有谁对她们的智商、情趣做要求，但佟振保不同，在他对她那一点儿少女的单薄美厌烦了之后，她成了一个很乏味的妇人。

他挑剔她，当着众人的面，毫不留情地斥责她，而且又开始嫖了，专挑丰肥性感的女人，他刻意地亵渎着旧日的记忆。我以为，他的潜意识中，是在报复自己，报复自己所谓的理性，报复自己曾对自己是那么残忍，那样没商量地辜负了自己的心。

不是完全不懊恼的。

这种懊恼在他和王娇蕊又一次重逢时发展到了极致，是在公交车上，他碰到了她，她其实是有点儿落魄了，胖了，很憔悴，涂着脂粉，耳上戴着金色俗艳的缅甸佛顶珠环，抱着个孩子，跟当年那时髦精致的女子完全不能同日而语。但是，她柔软了，柔和了，她对佟振保说，是从你起，我才学会了，怎样，爱，认真的……爱到底是好的，虽然吃了苦，以后还是要爱的，所以……又说，我不过是往前闯，遇到了什么就是什么。还说，年纪轻、长得好看的时候，大概无论到社会上做什么事，碰到的总是男人。可是到后来，除了男人之外总还有别的……总还有别的……

这曾经性感撩人、以“爱匠”为职业的女人，在佟振保这里，她感受到了真爱的快乐，也经受了真爱的磨难，犹如蝴蝶终于飞过沧海，略过一路的风雨孤独，只是快乐地踏实地感受着翅膀的力量。她的憔悴，她的胖，包括她的俗艳，都是这一路挣扎与感受的痕迹，有着生命的味道。

而佟振保，娶了并不喜欢的孟烟鹂的佟振保，每三个礼拜嫖一次的佟振保，他没能成为一个“标准好人”，也没能成为一个遂了自己的心的“坏人”，他活得七上八下，十三不靠，在这简单的、勇敢的女人面前，他有挫败感，甚至，还发展成了难堪的忌妒。

对那没有变老也没有发胖的孟烟鹂，当然更没了兴趣，但是，孟烟鹂不是王宝钏，不甘心做冰箱里的一尾鱼，她和婆婆生出芥蒂，和裁缝有了一腿，佟振保的“好人”梦，彻底完结，他原是防着红玫瑰的泼辣放荡，不承想，白玫瑰并不弱于红玫瑰。

佟振保近乎破罐子破摔了，酗酒，公开找女人，常常整夜不回家，孟烟鹂开始还自欺欺人，后来眼看他要闹到连工作都没有，也无法再替他辩护。有一天佟振保回家，正碰到她在跟客人讲述他的种种不好，见他回来，就不开口了。

那一晚佟振保发了脾气，摔东西，砸人，她急忙返身外逃，振保觉得她完全被打败了，得意至极，立在那里无声地笑着，静静的笑从他的眼里流出来，像眼泪似的流了一脸。

潜意识中，他打败的，是他自造的那个世界，包括了他的妻，他的女儿，他那个有模有样的家，他的职场口碑和道德评语。他在那样的黑暗中，终于，将这一切颠覆了，那些不可告人的委屈、悔恨与怨怒，也就这样发泄出来了。

书上说，第二天，他又成了一个好人。

是啊，生命还在朝前，日子总要过下去，即使可以回头，他大概还是会放弃红玫瑰。他背负着贫困的阴影，沦落的威胁，母亲的眼泪，社会的期望，一个凤凰男朝主流迈进的全部动力，他无法，重新回过头去。尽管心里有那样一种欲望，转化成了强大的压力，使他在奔袭的路途上不得安生，可是，在这个发泄的晚上，反弹到这一步，也就差不多了吧？

于是，浪子回头，皆大欢喜！